교사교육과정,
수업 전략을 만나다

교사교육과정, 수업전략을 만나다

(행복한 수업을 위한 베이스캠프, 초등저학년 교사교육과정)

[행복한 교과서®] 시리즈 No. 57

지은이 | 이호창
발행인 | 홍종남

2021년 12월 8일 1판 1쇄 인쇄
2021년 12월 16일 1판 1쇄 발행

이 책을 만든 사람들
책임 기획 | 홍종남
본문 디자인 | 조서봉
표지 디자인 | 김효정
교정 교열 | 주경숙
출판 마케팅 | 김경아
제목 | 구산책이름연구소

이 책을 함께 만든 사람들
종이 | 제이피씨 정동수 · 정충엽
제작 및 인쇄 | 천일문화사 유재상

펴낸곳 | 행복한미래
출판등록 | 2011년 4월 5일. 제 399-2011-000013호
주소 | 경기도 남양주시 도농로 34, 301동 301호(다산동, 플루리움)
전화 | 02-337-8958 팩스 | 031-556-8951
홈페이지 | www.bookeditor.co.kr
도서 문의(출판사 e-mail) | ahasaram@hanmail.net
내용 문의(지은이 e-mail) | poong82y@hanmail.net
※ 이 책을 읽다가 궁금한 점이 있을 때는 지은이 e-mail을 이용해 주세요.

교사교육과정, 수업 전략을 만나다

| 이호창 지음 |

행복한미래

세상은 추상적이고, 아이들은 준비되지 않았다

세상은 추상적이다

"선생님은 추상적입니다."

알베르 카뮈의 『페스트』에 나온 말이다. 타지에서 취재를 위해 오랑으로 왔다가 페스트로 고립된 기자 랑베르가, 그곳을 탈출하고자 의사 리외에게 페스트에 걸리지 않았다는 보증서를 써달라고 요청한 후 이를 거절당하자 한 말이다.

개인적으로 『페스트』에서 가장 인상 깊었던 대목이기도 한 이 부분을 읽고 '추상'에 대해 생각해보았다. 『페스트』에서는 사랑하는 연인과 재회하며 얻는 개인의 행복과 대비하여, 페스트와 그로 인한 일상을 추상이라고 표현하였다. 하지만 추상이란 페스트와 같은 커다란 재난 상황에서만 만날 수 있는 것이 아니다. 우리의 삶 곳곳에 추상이 자리 잡고 있다.

우선 우리가 사용하는 언어부터 추상적이고 자의적이다. '사과'라는 단어는 실제 사과와 별다른 연관성이 없다. '사과'라는 말을 들었을 때 실제 사과의 본질을 느낄 수 있던 아담의 언어와는 달리, 바벨탑이 무너진 이후 인간의 언어는 자의성을 띠게 되었다고 한다.

우리는 실제 사건을 언어라는 불완전한 도구로 표현한다. 그리고 나름대로 생생한 간접 경험을 통해 어떤 일을 이해했다 하더라도, 실제로 경험하지 않았다면 결국 불완전하고 추상적인 이해에 그친다. 인간의 사고력은 언어를 만들고 활용했기에 크게 발달할 수 있었지만, 불완전한 인간의 언어로 세상을 온전하게 이해하고 표현하기는 어렵다.

결국 사람의 언어는 추상적인 것이며, 우리가 언어를 기반으로 세상을 바라본다는 점에서 세상도 추상적인 것이라고 할 수 있다. 물리적인 세상 자체는 추상이 아닌 실재이더라도, 세상을 바라보는 다양한 인식들로 인해 우리가 경험하는 총체적인 세계는 끊임없이 변화하고 재생산되는, 추상적인 것이 되기도 한다.

아이들은 준비되지 않았다

최근 교육계에서는 '학습자 주도성'을 바탕으로 '앎과 삶이 하나 되는 수업', '삶을 위한 수업'을 해야 한다고 강조한다. 교육을 이야기할 때 '사람'과 '삶'을 중심에 두는 것은 당연하다. 하지만 삶의 경험만으로는 진정한 배움으로 나아갈 수 없다. 삶의 경험과 함께 앎이 필요하며, 양자 중 어느 한쪽을 더 강조할 수는 있어도 둘 중 하나만이 절대적이라고 이야기하기는 어렵다.

마찬가지로 실재와 추상도 분리할 수 없다. 물리적인 실재만이 세상의 전부가 아니며, 추상도 세상의 일부이다. 이미 시작되었다는 4차 산업혁명은 추상의 세계에 실재성을 부여하고 있다. 어찌 보면 우리가 사는 세상에서 실재와 추상을 구분하는 것이 점점 더 의미가 없어지는 것 아닌가 하는 생각도 든다.

학교 교실로 시선을 돌리면, 초등학교 저학년 학생들은 아직 추상적인 도구로 세상을 이해할 준비가 되지 않았다. 구체적인 사물 조작이나 신체 활동이 더 익숙한 시기이며, 스스로 사고하기 위한 기본적인 도구가 갖추어져 있지 않은 시기이다. 물론 그렇다고 활동 위주의 수업만 진행한다면 발전할 수 없다. '구체적'인 방법이나 보조 수단을 이용하되, 점차 '추상적'인 언어와 개념, 그리고 세계를 이해해야 한다. 삶을 중심에 두되 앎이 함께 가야 하듯이, 실재적인 세상을 추상적인 도구와 더불어 이해해야 하는 것이다.

기본적으로 수업은 학생들이 사고하도록 가르치는 것이며, 저학년 시기에는 사고하는 재미를 알아가도록 하는 것이 중요하다. 세계를 이해하는 데 필요한 추상적인 도구를 활용하는 능력을 갖추고, 사고하는 재미를 알아갈 수 있도록, 다양한 방법을 연구하여 적용해보고 이를 정리했다.

이 책의 1부에서는 초등 수업 전문가가 되는 길, 특히 저학년 교사로서의 어려움과 초등저학년 수업 전략의 필요성에 대해 정리하였다. 이어지는 2부와 3부에는 초등저학년 수업을 위한 구체적인 전략을 담았으며, 마지막 4부에는 초등저학년 수업 전략을 적용한 실제 프로젝트 수업의 사례를 담았다. 비슷한 어려움을 겪고 있는 많은 선생님들께 도움이 되었으면 좋겠다.

이호창

"기본적으로 수업은 학생들이 사고하도록 가르치는 것이며,
저학년 시기에는 사고하는 재미를 알아가도록 하는 것이 중요하다."

차 례

1부. 수업에도 전략이 필요하다

2부. 초등저학년 수업을 시작하는 7가지 키워드

3부. 수업을 풍요롭게 하는 방법은 따로 있다

4부. 교사교육과정, 수업전략을 만나다

초등 저학년, 수업 전략을 찾기 위해

이제 교실로 들어가볼까요?

수업에도 전략이 필요하다

1

수업전문가의 길은 험난하다

 5년이면 한 분야의 전문가가 되기에 충분한 시간이라고 한다. 물론 노력 없이 그냥 된다는 것이 아니라, 각고의 노력을 다한다는 가정하에 5년이면 해당 분야에서 전문가라고 부를 수 있는 경지에 도달할 것이라는 이야기이다. 하지만 특별한 노력을 기울이지 않는다 하더라도 5년이면 일상적인 업무 처리에는 큰 어려움이 없지 않을까 싶다.

 그렇다면 교사, 특히 초등학교 교사로 한정하여 생각한다면 어떨까? 주변 선생님들과 이야기를 나눠보면 정말로 가르치는 일에 자신이 있다고 느끼는 경우는 별로 없었다. 이는 경력이 어마어마한 베테랑 교사들도 별반 다르지 않았다. 물론 베테랑 교사들의 실질적인 경험치와 기술은 감히 넘볼 수 없겠지만, 내적인 자신감은 그와 별개이기 때문이다. 오히려 경력이 쌓여감에 따라 학교 일에 대한 자신감은 더 떨어지는 것이 아닌가 하는 생각도 들었다.

 그렇다면 초등 교사에게는 어떤 어려움이 있을까?

 다른 분야와 같이 교육에서도 새로운 조류가 강력하게 휘몰아치다가 어느 순간 다른 것으로 대체되어 낡은 것이 되며, 이러한 주기는 너무도 짧다. 지배적인 교육 이론이나 방법이 유행처럼 단기간 휩쓸다가 사라져간다. 잠시 새로운 것에 관심을 끊고 지내면 어느새 옛날 사람이 된 듯한 느낌도 든다. 그만큼 교육의 유행은 빠르게 지나가고, 장기적이고 깊이 있는 연구와 실천 면에서는 아쉬움을 남긴다.

초등학교 교사가 가르치는 일보다 학교의 행정 업무를 우선적으로 해야 하는 곳도 여전히 많다. 교사라면 당연히 가르치는 일이 주가 되어야 하는데, 현장에서는 잘 지켜지지 않는 것이다. 또 사회의 변화에 따라 학교 업무의 처리 방식이나 시스템도 달라지므로 이에 적응하는 것도 쉽지 않다.

하지만 이러한 어려움은 어느 정도 극복할 수 있는 것이다. 가장 근본적인 어려움은, 교육이란 교사의 능력이 탁월하거나 교사 혼자 잘한다고 해서 좋은 결과가 나오는 것이 아니라는 점이다. 교육은 다른 사람의 변화를 돕는 일이기에 다양한 변수가 작용한다.

1990년대 말 IMF 사태 이후 교육대학교 학생들의 입학 성적은 상당히 높게 유지되고 있다. 입학 성적이 개인의 능력을 반드시 담보해주는 것은 아니지만, 예비 교사와 교사들 개인의 능력은 결코 부족하다고 말하기 어렵다. 그렇지만 교육의 대상인 학생들은 너무나 다양하고, 그마저도 1년을 주기로 새로운 학생들로 바뀌게 된다. 또 그들을 지도하는 교사의 권한은 갈수록 줄어들고 있으며, 가르쳐야 할 과목은 너무도 많다. 한 과목만 가르친다면 교사도 그 과목에 대해 깊이 연구하여 전문적인 지식을 쌓을 수 있겠지만, 초등 교육은 다양한 과목의 기초를 가르치는 것이기에 매시간 새로운 수업을 하게 된다. 같은 과목, 같은 차시를 반복하여 수업하는 경우는 거의 없다. 그래서 교사로서 한 해 한 해 새롭게 적응하는 것만으로도 벅차고, 시간이 흘러도 가르치는 일에 자신감을 갖기가 쉽지 않다.

2

초등저학년 교실의 쓴맛을 보는 순간

수능을 마치고 몰아서 읽었던『해리 포터』시리즈가 2002년 영화로 제작되어 개봉한다는 소식을 듣고 달려가서 보았다. 너무 기대를 많이 한 탓인지 다소 아쉬움도 있었지만, 귀여운 주인공들을 보며 즐겁게 관람했었다. 그런데 시리즈가 더 해갈수록 그 귀엽던 주인공들은 무럭무럭 자랐고, 시리즈 중후반 즈음엔 '저 정도면 거의 어른이 아닌가?' 하는 생각도 들었다.

초등학교에서 보내는 6년이라는 시간은 결코 짧지 않은 시간이다. 초등학교 1학년 아이들을 보고 있으면 도저히 그들이 6학년이 된 모습을 상상하기 힘들다. 신체적으로나 정신적으로나 1학년과 6학년의 차이는 엄청나다.

이 교사는 올해 학교를 옮겨서 새로운 학교에 부임하게 되었다. 긴장한 마음으로 새 학교를 찾아가서 교장 선생님과 교감 선생님, 새로운 동료 선생님들을 만나고, 대학교 때부터 알고 지내던 동료를 만나 내심 안심하기도 했다. 그런데 새로운 업무와 담임 배정표를 접하고 깊은 고민에 빠졌다. 아직 미혼인 이 교사가 맡게 된 학년이 1학년이었

기 때문이다. 항상 고학년을 맡았고, 최근에는 몇 년간 체육을 전담하느라 담임으로서 적응 기간도 필요했기에 좀처럼 마음을 놓을 수가 없었다.

하지만 시간은 속절없이 흐르고 어느새 3월 1일이 다가왔다. 신입생과 학부모 못지않게 긴장한 상태로 입학식을 치르고 교실로 돌아오니 교실 뒤편은 학생들의 아버지, 어머니, 할머니, 할아버지, 동생 등으로 가득 차 있다. 이 교사는 어수선한 상태에서 간신히 학교생활을 안내하고 학생들을 돌려보냈다.

다음 날도 쉽지 않았다. 아직 등교가 익숙하지 않은 학생들을 위해 어머니가 교실까지 들어와서 가방을 걸어주고 가거나, 수시로 전화나 문자 연락을 하는 학부모들도 많았다. 지나서 생각하면 충분히 이해할 만한 일이었지만, 당시로서는 이 교사도 어리둥절하기만 했다. 주의력이 부족한 학생들 때문에 아무리 간단한 지시나 설명을 할 때도 천천히, 자세하게 같은 이야기를 여러 차례 반복해야 했다. 또 수업 시간에는 가만히 앉아 있는 것이 어려운지, 단 1분도 집중하지 못하고 뒤를 돌아보거나 옆 친구와 이야기하는 것은 물론, 망설임 없이 일어나서 사물함이나 쓰레기통으로 가는 경우도 있었다. 평소 연구했던 사고력을 키우는 수업을 해보려 했지만 도무지 쉽지 않았고, '1학년 학생들은 아예 생각이란 것을 하지 못하는 것이 아닌가?' 싶기도 했다. 최대한 구체적으로, 어젯밤에 무엇을 했는지 물어보고 생각할 시간도 주었지만 제대로 대답하는 학생은 몇 되지 않았다. 급기야 발표를 시켰던 학생은 울음을 터뜨렸다. 화를 내지도 다그치지도 않았는데 왜 우는지 도무지 이해가 되지 않는다.

과거 경험을 바탕으로 1학년 담임 생활을 가정하여 적어보았다. 1학년이라 더 어려운 점도 있겠지만, 2학년 학생들도 1학년 때 바르지 않은 습관이 들어버리면 오히려 더 지도가 어려워지는 점이 있어, 2학년 교실도 어려운 것은 마찬가지다. 고학년 담임을 주로 맡던 교사가 저학년을 맡게 되면 누구라도 당황하지 않을 수 없을 것이다.

어느 정도 의사소통이 가능한 3학년 이상의 교실과 달리 저학년 교실에서 수업을 진행하고 생활지도를 하려면 이전과는 다른 관점에서 고민하고 접근해야 한다.

3

초등저학년 수업 차별화 전략?

한형식 선생님의 책 『수업 사례로 배우는 수업기술의 법칙』이나 『수업기술의 정석 모색』을 읽어보면 의사에게는 환자의 증상에 따라 대처하는 표준적인 의료 기술이 있는 데 비해 교사에게는 표준적인 대처 기술이라는 것이 없다는 이야기가 있다. 교사는 검증되지 않은 자기 나름의 기술을 이용하여 수업을 하는데, 이를 의사에게 대입하여 의사마다 자기 나름의 의료기술로 수술을 한다고 생각해보면 참으로 곤란한 상황이 발생할 수 있다는 것이다. 따라서 지적인 장애 등 예외적인 상황을 제외하고 보통의 학생을 대상으로 모두에게 적용할 수 있는 표준의 수업 기술이 필요하다는 생각에, 본인이 평생을 통해 연구하고 적용한 결과물을 책으로 엮으신 것이다.

아이함께 연구회(구 경남협동학습연구회)를 통해 한형식 선생님을 만나 선생님의 수업기술을 여러 해 공부했는데, 막상 저학년 교실에 이를 적용하기는 쉽지 않았다. 그래서 선생님을 다시 만나게 되었을 때 질문을 드렸다.

"수업은 학생들로 하여금 사고하도록 하는 것이라고 하셨는데, 저학년의 경우에는 사고하는 것이 참으로 어렵습니다. 저학년 수업은 어떻게 해야 될까요?"

그러자 선생님께서는 이렇게 대답하셨다.

"저학년 수업에서는 학생들이 사고하는 재미를 느끼도록 하면 된다네."

상황이 허락지 않아 더 자세한 이야기는 듣지 못했지만, 이날 들었던 '사고하는 즐거움'이라는 말을 내 나름의 방법으로 구현하고자 한 것이 바로 이 '초등저학년 수업 전략'이다. 모든 경우에 효과적인 '법칙'과는 달리 '전략'은 사용자가 적용 대상이나 시기, 방법 등을 한층 더 면밀히 고려하여 적용해야 한다. 2부와 3부에서는 초등저학년 수업 전략을 설명하고, 4부에서는 이를 적용한 사례를 제시하고자 한다.

수업 차별화 전략 이해되셨나요?
이제 7가지 키워드 속으로 들어갑니다.

2부

초등저학년 수업을 시작하는 7가지 키워드

|기본| 수업의 기본은 생활과 학습에서 출발한다

2학년들은 학교를 다닌 지 이제 겨우 1년이 지났을 뿐이다. 1년의 경험과 그것이 가져다주는 변화를 과소평가하는 것은 아니지만 여전히 기본적인 학습 태도가 바르게 잡히지 않은 경우가 많다. 또 아직은 사회적인 덕목이나 규범보다는 1차원적인 욕구에 더 충실한 시기이다. 수업 중인데도 하고 싶은 이야기가 있으면 망설임 없이 자리에서 일어나 친구에게 가기도 하고, 자리는 지키고 있다 하더라도 쉬지 않고 이야기하기도 한다. 1학년 때의 경험에 따라 차이가 있고 개인차도 큰 시기이긴 하나, 전반적으로 기본이 바로 잡히지 않은 시기인 것은 분명하다.

학습의 기본이란 반드시 공부하는 태도만을 말하는 것이 아니다. 수업 시간에 학습에 임하는 자세를 지도하는 것으로는 충분하지 않다. 학교생활에 대한 전반적인 태도가 바르게 갖추어져야 수업 태도도 올바르게 형성된다.

생활의 기본을 갖추게 한다

수업에 참여하는 기본적인 태도에 대해 원칙을 마련하여 반복하여 알려준다. 그리고 학생들 스스로 학급의 규칙을 만들어보도록 하여 주인의식을 갖고 실천을 다짐하는 시간도 갖는다. 고학년 학생들도 마찬가지지만, 특히나 저학년 학생들에게는 지켜야 할 사항을 안내하고 학급 규칙을 만든다 해도 곧바로 좋은 결과가 나타나는 것은 아니다. 생활 속에서 계속하여 강조하고 상기시키는 과정이 필요하다.

■ 수업 시간에 반드시 지켜야 할 사항
① 바른 자세로 앉기
 - 교사가 앞에서 수업을 할 때는 고개만 돌려서 보는 것이 아니라 의자와 몸 전체가 앞을 향하도록 한다.
② 자유롭게 이야기하되 수업과 관련 있는 이야기 하기
③ 수업 중에 개인적인 이유로 자리에서 일어나지 않기

■ 규칙 만들기
① 각자의 생각 마련하기
 - 필요한 규칙을 각자 개인 칠판에 적는다.
② 전원 동시 발표하기

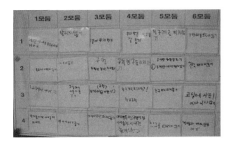

③ 비슷한 것끼리 모으기

④ 토의·토론을 통하여 규칙 정하기 및 다짐하기

■ 학급 자치를 통한 생활지도

학급 대표를 뽑을 때도 후보를 추천받아 바로 투표에 들어가는 의례적인 과정만 밟는 것이 아니라, 충분한 의미를 가질 수 있도록 한다. 봉사위원이 하는 일, 좋은 학급이란 무엇인지 등에 대해 이야기하는 시간을 가진 뒤 선거를 실시하였다.

① 자기 생각 마련하여 칠판에 전원 발표하기

② 칠판에 분류하고 토의·토론하여 정리하기

또한 생활지도와 관련한 주제를 학급 자치 안건으로 하여 협의할 수 있다. 저학년 학생들에게 생활지도와 관련된 사항은 자신의 일이 아니라 '어른들이 그렇게 하라고 하는 것'으로 여겨져, 그저 불편하고 자신과 관련이 적다고 느낄 수 있다. 문제를 자신의 것으로 인지할 수 있어야 규범을 스스로 만들어가고 내면화할 수 있으며, 이것이야말로 실생활에서 익히고 배우는 과정이다.

물론 저학년 교실에서는 아이들만으로는 회의가 잘 이루어지지 않으므로 교사가 적절히 개입하여 회의를 진행하는 것이 효과적이다.

일반적으로 학생들이 회의에서 결정한 사항이 실천으로 이어지는 것은 쉬운 일이 아니다. 저학년 교실이라면 주체적인 결정 자체도 어렵다. 하지만 학급 자치 활동 본연의 가치를 생각하면 충분히 시도해볼 만한 활동이다. 저학년 교실에서는 봉사위원을 뽑기만 하고 별다른 역할이 없는 경우가 많다. 뚜렷한 역할을 믿고 맡기기가 간단하지 않기 때문이다. 이런 저학년 교실에서 봉사위원이 할 일을 함께 생각해보는 것도 좋다.

학습을 위한 기본을 갖추게 한다

생활의 기본을 갖추어가는 것과 함께 학습을 위한 기본을 갖추는 것도 필요하다. 저학년 시기는 자기 중심성이 강한 시기라, 타인에 대해 인식하는 것이 어렵다. 그래서 공동생활 장소인 학교에 적응하는 데 여러모로 어려움을 겪는다. 이런 점은 생활 면에서뿐만 아니라 수업 참여 시에도 마찬가지다. 저학년 학생들은 모둠 활동이 잘 이루어지지 않으므로 짝 활동을 많이 활용한다.

나는 15년째 '아이함께 연구회'에 속해 있는 만큼, 협동학습의 기본 구조를 학습의 기본으로 활용하고 있다. 협동학습에는 화려하고 복잡한 구조들도 많지만 가장 근본적인 부분은 역시 기본에서 나온다. 기본이 되는 구조이기에 다른 책이나 연구회에서도 유사한 형태의 구조가 많다. 다른 곳에서는 또 다른 이름으로 불릴 수도 있겠지만, 협동학습에서 사용하는 명칭을 중심으로 작성하였다. 또 한형식 선생님의 저서『모두가 참여하는 수업에는 법칙이 있다』에서 소개한 '전원이 참여하는 수업기술' 중 몇 가지 기술에 내가 연구한 활용 팁과 유의할 점을 추가하였다.

■ 번갈아 읽기
① 하나의 텍스트를 정하거나 제공한다.
② 짝과 약속한 만큼씩 번갈아가며 읽는다.
· 효과 및 유의할 점
◦ 혼자 읽는 때에 비해 짝과 함께 읽음으로써 더 흥미 있게 참여하고, 집중하여 텍스트를 읽게 된다.
◦ 각자 읽을 경우 소리 내어 읽다가도 슬그머니 목소리가 줄어들거나 소리를 내지 않는 경우가 있다. 이때 번갈아 읽게 되면 이것을 방지하여 학생 참여를 보장할 수 있고, 소리 내어 읽기 지도에도 용이하다.
◦ 보통 한 문장 단위로 읽게 되는데 저학년 학생들은 '한 문장'의 의미를 알지 못한다. 마침표나 물음표, 느낌표 단위로 '한 문장'이 끊어진다는 것을 예를 들어가며 설명하고, 연습할 시간을 주는 것이 좋다.

◦ 짝과 함께 두 사람이 텍스트에 집중할 수 있도록 하나의 텍스트를 두 명이 함께 보는 것도 좋다.

번갈아 읽기

■ 번갈아 말하기

① 교사가 주제를 제시하고 각자 생각한다.

② 짝과 번갈아가며 말한다.

• 효과 및 유의할 점

◦ 다른 학년에서도 마찬가지지만 저학년의 경우에는 특히 두 사람 중 어느 쪽에 앉은 학생이 먼저 이야기할지 정해주는 것이 좋다.

◦ 고개나 허리만 돌리는 것이 아니라 반드시 몸 전체를 서로의 방향으로 돌려 앉아야 한다. 서로 마주 본 상태에서 이야기하고 듣는다.

◦ 짝과 이야기해야 하므로 반드시 자기 생각을 마련해야 한다는 점에서 모든 학생의 수업 참여를 보장한다.

◦ 보통은 한 가지씩을 번갈아 이야기하지만 다양한 답이 나오는 주제라면 계속 번갈아가며 이야기할 수 있다.

번갈아 말하기

■ 번갈아 쓰기

① 하나의 학습지를 두 사람에게 제공한다.

② 교사는 주제를 제시하고 학생들은 각자 생각한다.

③ 각자 다른 색의 펜으로 자신의 생각을 번갈아 적는다.

• **효과 및 유의할 점**

◦ 간단한 낱말 수준으로 여러 개의 답이 나올 수 있는 질문에 주로 활용하지만, 주제에 따라 깊이 사고하여 자신의 생각을 짝과 번갈아 적으며 활용할 수도 있다.

◦ 누구의 생각인지 알 수 있게 학습지에 이름을 적을 때 자신의 색 펜으로 적도록 한다.

번갈아 쓰기

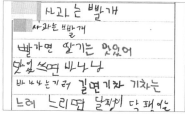

번갈아 쓰기 학습 결과물

■ **짝과 확인하기**

교사가 발문을 하고 학생이 자신의 생각을 적은 후에는 반드시 짝과 확인하는 과정을 거치는 것이 좋다. 그렇게 하지 않으면 발표하는 몇 사람을 제외하고는 생각을 하지 않는 경우가 생긴다. 짝과 확인하는 간단한 수업 기술을 통해 모든 학생의 학습 참여를 유도할 수 있다.

짝의 생각 확인하기

■ 번호순으로

① 교사가 주제를 제시하고 학생이 자신의 생각을 적는다.

② 각 모둠의 1번 학생이 모두 일어난다.

③ 교사의 진행에 따라 일어선 학생이 차례로 발표한다.

④ 학생이 발표하면 교사는 학생의 의견을 칠판에 적는다,

• 효과 및 유의할 점

◦ 처음 발문에 대해 1번 학생이 발표했다면 다음 발문은 2번 학생이 발표하는 형식으로 모든 학생이 골고루 발표하도록 한다.

◦ 하나의 발문에 대해 1번 학생만 발표하는 것이 아니라 2번 학생까지 발표할 수 있고 3번, 4번까지 할 수도 있다.

◦ 앞서 나왔던 의견과 같은 내용이라도 발표하도록 한다. 자신이 직접 말하는 것에 큰 의미가 있기 때문이다.

◦ 하나의 발문에 한 번호의 학생만 발표하면 다양한 의견을 듣지 못한다. 그렇다고 전체의 의견을 다 듣기에는 시간이 부족하다면, 한두 번호의 학생들이 차례로 발표하고 학생들의 의견을 칠판에 적은 후 칠판에 없는 의견을 가진 학생은 손을 들어 자신의 의견을 발표하도록 할 수 있다.

◦ 발표의 형태는 자신의 생각을 이야기하는 것만이 아니라 퀴즈 형식으로 문제를 내면 동시에 모양을 만들어 답하거나 개인 칠판을 이용하여 답할 수도 있다. 이렇게 발문 형식과 대답 형식을 다양하게 변형할 수 있다.

■ '섞이고 – 짝 – 나누기'
① 교사가 주제를 제시하고 학생이 자신의 생각을 적는다.
② 자유롭게 이동하며 친구를 만나 하이파이브한다.
③ 자신의 생각을 이야기하고, 짝의 이야기를 듣는다.
④ 위 과정을 반복하며 새로운 짝을 거듭하여 만난다.
⑤ 만날 사람 수를 정해주거나 일정 시간을 주고 그 시간 동안 친구들을 만나며 나눔 활동을 한 후 자리에 앉는다.

· 효과 및 유의할 점
◦ '섞이고 - 짝 - 나누기'는 모든 학생이 개인 활동을 완료한 후에 해도 되지만, 속도의 차이가 큰 경우에는 완료한 학생들부터 먼저 나눔 활동을 시작한다. 나머지 학생들은 개인 활동을 마무리하고 차례로 나눔 활동에 참여한다.
◦ 개인 활동을 다 완료하지 않은 학생들이 여전히 앉아 있는데, 다 한 아이들이 서서 '섞이고 - 짝 - 나누기' 활동을 한다면 자칫 어수선해질 수 있다. 또 아이들이 서서 돌아다니면서 동작이 커지면 나눔 활동을 하는 아이들의 마음가짐도 흐트러질 수 있다. 그러므로 한정된 공간에 앉아서 나눔 활동을 하거나 서서 이동하되 나눔은 앉아서 하는 것도 좋다.
◦ 모둠·학급 세우기와 같이 활발하고 화기애애한 분위기를 형성하는 것이 중요하다고 판단될 때는 서서 이동하는 편이 좋다.

섞이고 – 짝 – 나누기

■ 개인 칠판으로 모두 발표하기

① 교사가 발문하고 각자 생각한다.

② 자신의 생각을 개인 칠판에 적는다.

③ 칠판에 붙인다.

・ 효과 및 유의할 점

◦ 칠판에 붙일 때 모둠 번호 순서대로 나와서 붙이고 교사와 함께 확인한 뒤, 다음 번호 학생이 붙이고 교사와 확인하는 과정을 반복할 수 있다. 이는 한형식 선생님이 만드신 파상형 전원 동시 발표인데, 이를 통해서 각자 생각을 수정할 시간을 충분히 줄 수 있다.

◦ 파상형 전원 동시 발표와 달리 교사의 의도에 따라 번호별로 끊어서 붙이지 않고 작성한 순서대로 붙이고, 필요에 따라 수정할 기회를 주어도 좋다. 저학년 학생들은 자신의 생각을 적는 것이 쉽지 않으므로, 모둠 번호대로만 하면 속도를 따라가지 못하는 학생이 많다. 그런 경우 학생들의 개인별 속도에 따라 먼저 작성한 학생부터 붙이도록 하는 것도 좋겠다. 그러면 아직 작성하지 못한 학생은 앞에 붙은 내용을 참고하여 적을 수 있다. 저학년 학생들에게는 모방에 의한 학습이 다른 학년 학생들보다 큰 비중을 차지한다.

◦ 개인 생각은 고무 자석 화이트보드를 활용하면 붙이기 편하지만 칠판과 보드마카, 지우개를 나눠주고 받는 데 많은 시간이 걸린다. 저학년 학생들은 집중

력이 부족하고 몸이 움직이면 자신도 모르게 소란스러워지거나 교실을 돌아
다니게 되므로 보드마카와 지우개는 각 개인이 준비하여 항상 가지고 있는 것
이 좋다.

◦ A5 크기로 자른 이면지를 나눠주고 네임펜으로 작성하게 한 후 칠판에 자석
으로 붙일 수 있다. 이면지를 이용하면 교사가 학생들의 생각을 보관하여 추
후 참고하기 쉽다. 종이를 그대로 보관하거나 이를 디지털화하기 위해 스캐너
를 이용하면 손쉽게 보관할 수 있다.

개인 칠판으로 모두 발표하기

발표용 판 및 A5 자석 칠판 이용

2

|개념| 가르칠 것은 가르치자

　학습자 중심 수업, 학습자 활동 중심 수업, 학생이 주인이 되는 수업 등 최근의 교육 흐름을 단순히 생각하면, 교사가 직접 가르치는 행위를 멈추고 학생들의 활동을 안내하여 학생 스스로 모든 것을 익히도록 해야만 할 것 같다. 하지만 이것이 항상 옳은 것은 아니다. 학생의 사고력을 함양하여 스스로 사고하고 학습하게 하는 것은 장려할 일이지만, 교육은 단순한 놀이가 아니며 마술도 아니다. 요리 재료 없이 요리 도구를 가지고 논다고 해서 훌륭한 요리가 만들어질 수는 없다. 마술처럼 유에서 무를 창조하는 것은 더더욱 아니다.

　학생들의 사고력을 함양시켜 새로운 지혜를 얻도록 하려면 그 재료가 갖추어져야 한다. 아무런 기반 없이 사고할 수는 없으며, 기본을 가르치지 않는 수업은 활동과 놀이만 있고 배움은 없는 수업이 되기 쉽다. 저학년 학생들의 특성상 놀이와 활동 위주의 수업이 필요하다는 것에는 충분히 공감하지만, 가르쳐야 할 기본을 가르치지 않는다면 수업이 제대로 이루어졌다고 하기 어렵다. 무조건 활동 위주의 수업을 고민할 것이 아니라, 가르쳐야 할 기본을 어떤 방법으로 저학년 학생들에 맞게 가르칠까를 고민해야 한다. 이때 '가르친다'는 말이 무조건 일제식의 수업으로 설명한다는 것은 아니다.

2학년 교육과정에서 기본적으로 가르쳐야 할 주요 내용은 다음과 같다.

과목	가르쳐야 할 주요 내용
국어	• 마음을 나타내는 말
	• 일이 일어난 순서대로 내용 정리하기
	• 소리와 표기가 다른 낱말
	• 글쓰기(경험한 일, 편지, 설명하기)
수학	• 받아올림이 있는 두자릿수 덧셈
	• 받아내림이 있는 두자릿수 뺄셈
	• 곱셈 구구

앞으로 이어지는 장들을 하나씩 찬찬히 살펴본다면 기본이 되는 개념을 저학년 학생들에게 맞게 가르칠 방법을 찾을 수 있을 것이다.

|그림| 그림으로 공부한다

저학년 학생들은 사고하는 능력이 원활하지 않다. 자신에게 주어진 과제를 해결할 능력이 있으면서도 스스로 이를 인지하지 못하기도 한다. 그렇다고 해서 사고하지 않는 아이들을 그대로 둘 수는 없다. 수업의 목적은 학생들이 사고하도록 하는 것이기 때문이다. 이는 저학년 수업에서도 마찬가지다.

하지만 무턱대고 고학년 학생을 대하듯이 말로 과제를 제시하고, 말이나 글로써만 과제를 해결하도록 한다면 그 또한 기대하는 결과를 가져오기 어렵다. 저학년 학생들이 사고할 수 있도록 그들에게 맞는 방법으로 과제를 제시하고 발문하는 것이 중요하다.

저학년 학생들은 신체를 이용한 활동과 그림 그리기 등의 활동에 흥미를 갖는다. 특히 아직 뇌가 발전하는 과정이므로 손가락 감각을 통해 뇌에 자극을 주는 그리기 활동은 더없이 중요하다. 학생들의 흥미에도 부합하고 뇌 발달에도 긍정적인 그리기를 통한 학습이야말로 저학년 학생에게 적합한 방법이다.

다만 그리기 활동을 구성할 때 교사의 분명한 의도와 활용 정도에 대한 적절한 판단이 필요하다. 무의미하거나 지나친 그리기 활동을 반복하면 학습에 대한 흥미를 떨어뜨릴 뿐이다. 내가 활용한 사례를 중심으로 저학년 학생들의 그림을 통한 학습 활동을 살펴보자.

■ 변형 꼬마출석부

기존 협동학습에서 제시한 꼬마출석부는 개인에 대해 묻는 질문을 글로 제시하면, 학생이 이에 대한 답을 작성하여 나누는 활동이다.

본디 이 활동은 학년에 특별히 구분을 두지 않았으나 저학년 학생들에게 적용하기에는 무리가 있다. 일단 한글 습득이 완전하지 않아 쓰기 활동에 부담이 있고, 과도한 쓰기 활동은 학습에 대한 흥미를 반감시키기 때문이다. 무엇보다 자신의 생각을 마련하고 이를 문자로든 말로든 표현하는 행위 자체가 상당히 어렵다. 따라서 학생들이 흥미를 느끼도록 그림 위주의 활동으로 변형하였다. 또 단순히 그리기 활동을 추가하는 것만이 아니라 양적으로 최소화하고 난도를 많이 낮춘 간단한 질문으로 변형하였다.

이 활동을 통하여 학기 초 학생들은 자신에 대해 돌아보고 자신을 소개하며, 친구들에 대해 파악하고 친구를 소개할 수 있다. 다음과 같은 활동지 형태를 기본으로 하여 다양한 제재에 대상과 질문을 변경하여 활용할 수 있다.

변형 꼬마출석부

• 다양한 활용 방법 및 유의할 점

◦ 섞이고 - 짝 - 나누기 : 각자 변형 꼬마출석부 활동지를 작성한 후 활동지를 들고 교실을 자유롭게 이동하며 만나는 사람과 서로 소개하기.

- 시간을 정하여 특정 시간 동안 계속 다른 사람들과 나누도록 할 수도 있고, 만나야 하는 사람 수를 정하고 모두 만나면 원래 자리에 앉도록 할 수도 있다.

- 서서 돌아다니다 보면 교실이 소란스러워지거나 번잡해질 수 있으므로 일정한 공간에 앉아서 활동할 수도 있다.

'섞이고-짝-나누기'를 통한 꼬마출석부 나눔 장면

◦ 하얀 거짓말 찾기: 학생들이 작성하고 한 차례 소개 활동을 하거나 나눔 활동을 한 후에 이루어진다. 친구에 대한 문제를 내고 맞히면서 서로 얼마나 알게 되었는지 알아보는 과정이다. 친구를 알기 위해 노력하고 즐겁게 참여하면서 결과적으로 친구과 가까워질 수 있다.

- 모둠 내 하얀 거짓말 찾기: 모둠의 1번 학생이 모둠 친구들의 활동지를 가진다. 그중 한 장을 선택하여 활동지에 기록된 사실(좋아하는 것, 잘하는 것, 되고 싶은 것)을 읽어주되 한 가지는 그럴듯하지만 틀린 사실로 변경하여 읽어준다. 그러면 모둠 내의 나머지 학생들이 틀린 사실 한 가지를 맞히는 것이다. 역할을 바꿔가며 활동을 반복한다.

- 학급 전체 하얀 거짓말 찾기: 학생이 본인의 내용으로 하얀 거짓말 찾기 문제를 낼 수 있고, 교사가 활동지를 모두 모아서 활동지를 선택하며 문제를 낼 수도 있다.

◦카드 놀이를 통해 친구 알기: 변형 꼬마출석부 활동지를 스캔하여 A4 1/4 크기로 인쇄한 후 이를 이용하여 카드 놀이를 할 수 있다. 카드 제작 시 변형 꼬마출석부 활동지를 활용해도 되고, 얼굴 부분은 실제 사진을 붙이고 그 외의 부분을 그림으로 표현한 활동지를 이용해도 좋다. 제작 및 활용 방법은 6장과 7장에 제시한 내용을 참고하기 바란다.

얼굴 사진을 이어서 그린 활동지

■ 마인드맵

마인드맵은 이미 익히 알고 있는 방법이지만 보통 교실에서는 종이를 나눠주고 주제를 알려준 후 '그리세요'라고 지시하는 정도로 그친다. 아래 제시한 순서와 유의할 점을 따르면 보다 효과적인 활동이 될 것이다.

① 중간에 주제를 적는다.

② 주제와 관련된 주 가지를 그린다. 이때 가지별로 다른 색상으로 그린다.

③ 주 가지들과 관련된 주제의 하위 내용을 부 가지로 그린다. 부 가지의 색도 주 가지의 색과 같은 색으로 한다.

• 효과 및 유의할 점

◦개인별로 해도 되고 짝이나 모둠과 함께할 수도 있다. 저학년 특성상 여러 사람이 소통하면서 진행하는 모둠 형태보다는 각자 하거나 짝과 함께 하는 형태

가 좋다. 짝 활동으로 하거나 모둠 활동으로 하는 경우 하나씩 번갈아가면서 쓰도록 한다. 다른 사람이 쓰고 있을 때 나머지 학생들은 쓰는 내용을 잘 살펴볼 수 있게 한다.

◦ 먼저 칠판에서 교사가 마인드맵을 활용한 수업을 몇 차례 진행하여 활동 방법을 익힌다. 그 후 짝 활동으로 마인드맵을 해보고, 최종적으로는 개인 활동으로 나아간다. 그러나 반드시 최종 과정이 개인 활동일 필요는 없으며 짝 활동과 개인 활동을 적절히 선택할 수 있다. 개인차가 크고 아직 자기 생각을 마련하는 데 어려움이 많은 저학년 학생들에게는 짝과 생각을 교류하고 보완할 수 있는 짝 활동의 효과가 크다.

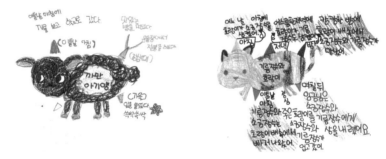

이야기를 듣고 일이 일어난 차례대로 정리하기

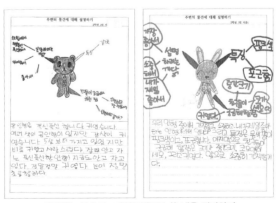

설명하는 글쓰기－마인드맵으로 쓸 내용 정리하기

바른말 사용에 대한 글쓰기-마인드맵으로 쓸 내용 정리하기

■ 웹구조

웹구조는 구분하여 별도의 것으로 생각할 수도 있으나 마인드맵의 특수한 한 형태로 여길 수도 있다.

① 중간 원에 주제를 적는다.

② 주제와 관련된 내용을 줄과 줄 사이 칸에 적는다.

③ 되도록 칸을 채우되, 채우는 것이 어려운 경우 쓸 수 있는 데까지만 쓴다.

④ 개인 활동과 짝 활동으로 할 수 있고, 짝과 함께 할 때는 펜의 색을 달리하여 누구의 생각인지 구분이 될 수 있도록 각자의 색으로 번갈아가면서 작성한다.

• 효과

◦ 웹구조는 마인드맵과 달리 줄로 칸이 나뉘어 있어 마인드맵보다 쉽게 접근할 수 있다. 주제에 대한 하위 내용이 마인드맵과 달리 한 단계만으로 되어 있어, 저학년 학생들도 쉽게 이해하고 접근할 수 있다.

◦ 텅 빈 활동지를 제공하는 마인드맵과는 달리 칸의 수가 정해져 있다. 따라서 커다란 종이에 고작 낱말 몇 개를 적는 것으로 그치던 학생들에게도 많은 아이디어를 적게 하는 효과가 있다.

◦ 마인드맵에 비해 그림을 그리는 요소가 적으므로 그리기나 칠하기가 아닌 학습 주제 자체에 집중하는 효과가 있다.

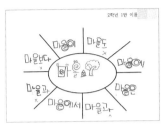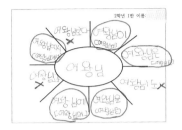

웹구조 – 글자와 소리가 다른 낱말 찾기

■ 비주얼씽킹

비주얼씽킹은 범주가 다양하다. 넓게 보면 앞서 소개한 마인드맵이나 웹구조 등의 다양한 형태를 모두 포괄하여 비주얼씽킹 학습법이라고 하기도 한다. 하지만 여기서 언급하는 비주얼씽킹은 3~4가지 정도의 단계로 구분하여 내용을 담은 형태로 한정한다.

비주얼씽킹은 책의 내용을 정리하거나 어떤 일을 계획할 때 간단히 그 과정을 나타내는 등 다양한 용도로 활용되며, 짧은 시간에 전체 내용을 간단히 정리하는 것이 주된 용도이다. 하지만 저학년 학생들이 비주얼씽킹의 방법으로 단 5분 안에 정리하고자 하는 내용을 잘 표현하는 것은 쉬운 일이 아니다. 그래서 짧은 시간에 간단히 나타내는 것을 장기적인 목표로 하고, 그보다 그림을 이용하여 내용을 정리하는 것 자체를 더 중요한 목표로 적용하였다. 최종적으로는 되도록 빨리 내용을 정리하는 것이 목표이지만 처음에는 시간을 넉넉히 주고 익숙해지면 차츰 시간을 줄여서 제시하였다.

대체로 일이 일어난 차례대로 내용을 정리하는 활동에 활용하였고, 이를 통해 자신이 경험한 일을 정리하거나 이야기를 읽고 내용을 정리할 수 있었다.

저학년 학생에게 방금 들은 이야기나 경험한 일을 순서에 따라 정리하라고 하면 잘하지 못한다. 또 자신이 충분히 할 수 있는 일도 제시한 과제의 형태에 따라 전혀 손대지 못하는 경우가 종종 생긴다. 그러나 제시하는 형태나 접근 방법을 변형하면 충분히 해낼 수 있는 경우가 많다. 그림을 이용하여 일이 일어난 순서대로 정리하는 활동으로 구성하고, 예시를 통해 비주얼씽킹을 충분히 이해시키고 연습한다면 더 재미있고 손쉽게 수업 목표를 달성할 수 있다. 구체적인 방법은 이어지는 장을 참고하기 바란다.

비주얼씽킹 – 경험한 일을 일어난 순서대로 정리하기

4

|시연| 함께하며 익힌다

　누구에게나 처음은 있다. 그리고 처음에는 무엇인가를 창조하거나 일을 해내는 데 어려움을 느끼게 마련이다. 아직 모든 면에서 경험이 부족한 저학년 학생들이 학습 활동에 어려움을 갖는 것은 자연스럽고 당연한 일이다. 따라서 교사는 조급해하지 않고 인내심을 갖고 차근차근 학습 활동을 제시해야 한다.

　한 가지 방법은 어떤 활동을 처음으로 할 때 반드시 교사와 함께 해보면서 배우는 것이다. 시간을 충분히 가지고 한 차시, 필요할 경우 그 이상의 차시를 할애하여, 구성한 수업을 체화하도록 하는 것이 중요하다. 개인 활동은 그 이후 일이다.

■ 마인드맵 함께 익히기

　개인이나 짝 마인드맵을 하기 전에 교사와 함께 칠판에 마인드맵을 이용한 수업을 진행한다. 이때도 마인드맵을 설명하는 데 많은 시간을 쓰기보다는 학습내용을 칠판을 활용한 마인드맵으로 진행하면서 자연스럽게 익히도록 하는 것이 좋다. 단순히 설명을 듣는 것보다는 실제로 직접 해보는 것이 더 큰 도움이 된다는 것은 누구나 경험으로 알고 있을 것이다. 어린 학생들은 집중할 수 있는 시간이 짧고, 재미없는 설명에는 좀처럼 집중하지 않기에 더욱 그렇다.

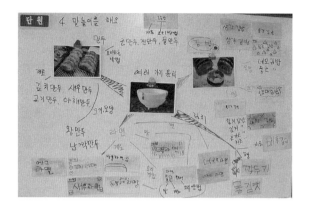

■ 비주얼씽킹 함께 익히기

내가 활용하는 비주얼씽킹은 3~4단계로 나뉘어 있고 각 단계가 화살표로 연결되어 일이 일어난 순서를 나타내는 형태이다. 특히 저학년 학생은 함께 해보며 연습하는 과정이 필수적이다.

다음과 같은 요소를 중심으로 연습하여 비주얼씽킹 과정을 익히도록 하였다. 유튜브 등에 관련 영상이 많으니 적절한 영상을 학생들과 함께 보면서 연습하면 효과적이다. 이 장에서 사용하는 비주얼씽킹 요소별 그림은 유튜브 영상을 보며 내가 직접 그린 그림이다. (https://youtu.be/iof9HvyEixg)

① 사람 그리기

• 짧은 시간 안에 그리는 것이 목적이므로 되도록 간단한 형태로 그린다. 비주얼씽킹은 세부적이고 정교한 그림보다는 간단한 그림

으로 내용을 표현하는 것이 중요하다. 사람 한 명 한 명에 집중하여 자세히 그리기 시작하면, 의도한 학습 목표보다 그림에 초점을 둔 미술 수업이 되어 버린다.

② 장소 그리기

- 장소를 상세히 그리는 것이 목적이 아 니므로 특정 장소에 어울리는 소품을 그리거나 표지판에 장소 이름을 적어 표시한다.

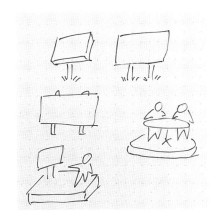

③ 단계 구분하기

- 내가 활용한 비주얼씽킹 형태는 3~4 단계 정도의 구분이 있는 것으로, 단 계의 구분은 다양한 모양의 화살표를 활용하였다.

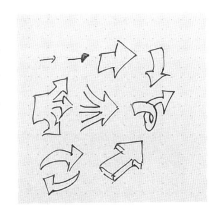

④ 말풍선 넣기

- 단순하게 그리기 때문에 내용 이해를 돕기 위해 말풍선을 활용한다. 다만, 만화와는 달리 등장인물의 대화가 내용 표시의 주된 방법이 아니므로 꼭 필요한 경우에 활용한다.

⑤ 글 넣기

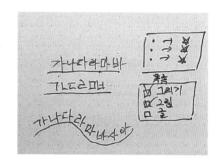

- 제목이나 특정 목록 등에 글을 활용하며 글을 굴곡진 형태로 넣는다든지 글씨체나 글씨 크기를 다양하게 바꾸어 용도를 구분하여 사용한다.

⑥ 강조를 위한 색상 넣기

- 비주얼씽킹은 간단한 그림을 통하여 내용을 표현하는 것이므로 일반적인 그림 그리기와는 다르다. 보통의 그림에서는 다양한 사람들이나 배경을 상세히 표현하겠지만, 비주얼씽킹에서는 중요하지 않은 부분은 생략하거나 간단히 표현한다. 중요한 부분도 무조건 자세히 그리기보다는 그 부분을 강조하여 표현하는 편이 좋다.

강조를 위해 색깔을 이용할 수 있는데, 이를테면 여러 명의 사람들 사이에 있는
주인공을 강조할 경우 그 한 사람만 색깔을 넣는 방법으로 강조한다.

⑦ 효과 넣기

- 그림자나 명암, 표정, 간단한 선이나
물음표, 느낌표 등의 효과를 통하여 분
위기나 마음, 동작 등을 표현할 수 있
다. 간단한 그림자, 표정만으로도 표현
하려는 내용을 더 효과적으로 표현할
수 있다.

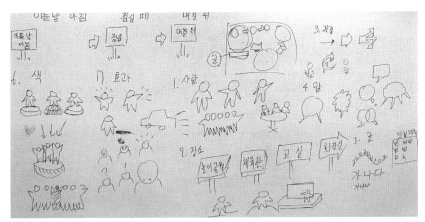

비주얼씽킹 요소 알아보기 – 판서

시간을 나타내는 말을 찾고 이야기 내용 정리하기

■ 초등학교 2학년 1반 이름:

1. '기름 장수와 호랑이' 앞부분을 듣고 시간을 나타내는 말을 찾아봅시다.

    어느 아침 / 깜깜한 밤 / 저녁 /
    깜깜한 밤

2. 시간을 나타내는 말을 일이 일어난 차례에 맞게 써 넣어 봅시다.

    가. 아침: 호랑이는 소금 장수를 삼켰습니다.

    나. (저녁): 호랑이는 기름 장수도 삼켰습니다.

    다. (밤): 호랑이 배 속에서 소금 장수와 기름 장수가 만났습니다.

3. 비주얼씽킹 연습을 해봅시다.

시간을 나타내는 말 및 비주얼씽킹 요소 연습 활동지

■ 글쓰기 방법 함께 익히기

처음 저학년 학생들을 접하는 교사는 학생의 사고력 향상을 위해 그동안 연구하고 공부한 수업 기술을 적용할 수 없어 답답함을 느낄 수 있다. 또한 아직 사고력의 발달이 부족한 저학년 학생들이 할 수 있는 것이 많지 않다는 사실에, 수업에 대한 열의를 잃기도 쉽다. 하지만 마냥 좌절하고 있을 수만은 없다. 나는 저학년 학생이 할 수 있는 것을 중심으로 앞으로의 발전 가능성에 대한 믿음을 갖고 글쓰기 지도의 첫걸음을 다음과 같은 방법으로 내디뎠다.

저학년 학생에게는 새로운 것을 창조하는 것이 그리 쉽지 않다. 모방을 통하여 비슷하게 따라 하고, 차차 자신만의 글을 쓸 수 있도록 지도해야 한다. 따라서 글쓰기를 지도할 때는 학생들이 글 쓰는 방법을 파악할 수 있도록 칠판이나 TV 화면 등으로 예시를 보여주고, 함께 살펴보는 것이 좋다. 예시글을 보며 종류별로 글쓰기 구성 요소, 방법 등을 학습하는 것이 먼저이다. 이때 전자칠판의 큰 화면이나 플로터를 이용한 대형 인쇄물을 활용하는 것이 효과적이다.

- ◦ 편지글 쓰기: 받는 사람, 첫인사, 보내는 사람 소개, 할 말, 끝인사, 보내는 사람 및 날짜
- ◦ 책 소개하는 글쓰기: 마음을 나타내는 말이 들어간 부분, 재미있는 부분, 본받고 싶은 점, 기억에 남는 부분
- ◦ 친구 소개하는 글쓰기: 소개하는 친구 이름, 특징(외양 등), 잘하는 것, 좋아하는 것

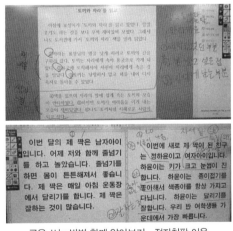

글을 쓰는 방법 함께 알아보기 – 전자칠판 이용

|도구| 활동 결과물이 수업 도구가 된다

사람들은 자신이 흥미를 갖는 활동에는 자발적으로 참여하지만, 흥미를 갖지 않는 활동에는 어쩔 수 없는 경우를 제외하고는 되도록 참여하지 않으려 한다. 이때 어쩔 수 없는 경우란 주로 일과 관련된 것들인데, 학생에게는 수업이 그에 해당한다. 교사는 수업에 힘쓰며 가르치려고 하지만 학생의 마음은 그렇지 않다. 달리 어쩔 방법이 없어 앉아 있긴 하지만, 머릿속으로는 이미 다른 곳을 헤매고 있는 경우도 많다.

그렇다면 이렇게 학습 내용에 관심이 없는 학생들을 적극적으로 학습에 임하게 하는 방법에는 무엇이 있을까? 이번 장에서 소개할 방법은 도구를 이용한 것이다.

타인을 인식하는 것에 익숙하지 않고 주요 개념에 대한 이해력이 충분치 않은 저학년 학생들에게는 익숙한 소재를 공부에 활용하는 것이 좋다. 한 가지 방법으로, 수업 시간에 학생들이 완성한 결과물을 활용하여 후속 활동을 구성하였다.

내가 활용한 활동지의 대부분은 앞서 소개한 변형 꼬마출석부의 활동지 형태를 기반으로 한다. 활동지의 구조는 다음 그림과 같다.

마음을 나타내는 말 활동지

활동지는 세 부분으로 나뉘어 있다. 첫 번째 줄에는 '마음을 나타내는 말'이 들어가고, 중간에는 크게 그림을 그릴 수 있는 칸이 있으며, 그 아래에는 간단히 글을 적을 수 있는 부분이 있다.

수업을 할 때는 구조가 복잡한 활동지도 적절하게 활용할 수 있겠지만, 결과물을 활용하고자 가공하기에는 적합하지 않다. 그래서 활동지 형태를 단순화하였다. 이 단순한 활동지를 스캔하고, 가공하여 '카드 만들기', '책자 만들기', '수업 교구로 만들기', '학습용 환경 구성하기' 등 다양한 용도로 활용하였다. 각각의 상세한 활용 방법 및 의미 등은 이어지는 장을 통하여 서술하고, 여기서는 간단히 소개한다.

■ 수업 교구로 만들기

마음을 나타내는 말 활동지를 스캔한 후 활동지의 그림 부분을 크게 인쇄하고 뒷면에는 각 그림에 해당하는, 마음을 나타내는 말을 적었다. 칠판에 붙여서 활용하는 경우에는 A5 크기로 만들었고, 교사가 손에 들고 하나씩 보여주며 활용하는 용도로는 A4의 2/3 크기로 제작했다.

오래 보관하면서 자주 활용하기 위해 A4 도화지와 같이 두꺼운 종이에 인쇄하거나 코팅하였다.

수업 교구(마음을 나타내는 말, 소리와 표기가 다른 낱말)

■ 카드로 만들기

수업 교구와 마찬가지로 그림 부분만을 인쇄하고 학생들이 쥐기 좋은 크기로 인쇄하여 잘라 활용한다. 수업 시간에 2~3차시 정도 활용하는 경우는 코팅하지 않은 상태로 제작한다. 반면 교실에 비치해두고 활용하려 한다면 카드를 A6 정도 크기로 제작하고, 코팅하여 오래 사용할 수 있도록 한다.

수업 중 활동용 카드(마음을 나타내는 말, 글자와 소리가 다른 낱말)

교실 뒤편에 비치하는 카드(마음을 나타내는 말, 글자와 소리가 다른 낱말)

■ 지도에 붙이기

수업의 한 활동이자, 교실 환경 구성에도 활용하는 용도로 지도에 학생 작품을 제작하여 붙이는 경우가 있다. 이를 위해 별도로 작품을 만들 수도 있지만, 나는 마음을 나타내는 말 활동지와 같이 처음 활동한 활동지를 스캔하여 적절한 크기로 인쇄한 후 이를 지도에 붙이도록 하였다.

지도에 붙이기

■ **마인드맵**(개인 칠판, 학생 작품)

'1 |기본| 수업의 기본은 생활과 학습에서 출발한다'에서 학생들의 다양한 생각을 동시에 발표하는 방법으로 '개인 칠판으로 모두 발표하기'를 소개하였다. 그때 활용하는 것이 개인 자석 칠판 또는 A5 크기로 자른 이면지이다. 이렇게 작성한 학생들의 생각은 발표뿐 아니라 마인드맵 등 후속 활동에도 활용할 수 있다. 또 그림으로 표현한 활동 결과물도 마인드맵에 활용할 수 있다.

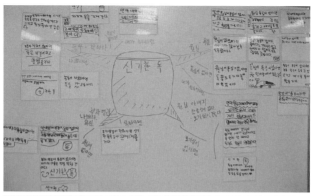

학생 생각으로 마인드맵 활동하기

■ 분류하기 – 우리 동네 가게

학생 작품을 이용하여 어떤 기준을 정한 후 분류하는 활동을 할 수 있다. 학생들의 작품을 스캔하여 적절한 크기로 인쇄하여 활용한다. A5 정도 크기로 인쇄하면 칠판에 붙여 전체 활동으로 분류하기 활동을 할 수 있다. 개인 활동이나 짝 활동으로 활용할 때는 작게 인쇄한다.

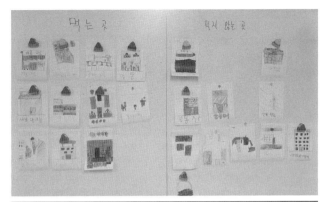

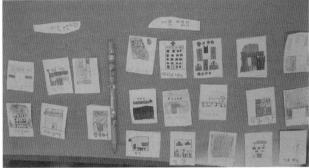

학생 작품을 이용하여 분류하기 활동하기

6

|활용| 만나고 만나고, 또 만나게 하자

　학습한 내용이 머릿속에 자리 잡도록 하려면 일상적으로 그 내용을 접하고 반복하여 활용하는 것이 가장 효과적이다. 처음에는 효과적인 학습 경험과 집중력 등도 중요하지만, 이를 넘어서는 것이 반복의 힘이다. 하지만 학습을 통해 얻은 지식을 평소 생활에 떠올리고 활용하기는 쉽지 않다. 따라서 교사는 학생들이 수업 시간에든 쉬는 시간에든 이러한 경험을 할 수 있도록 자연스럽게 유도해야 한다.

　이 장에서는 학생들이 수업 시간에 배운 지식을 학교생활에서 자주 접하고 활용할 수 있도록 하는 방법을 소개한다. 앞에서 2학년 과정에서 확실히 가르쳐야 할 내용으로 제시한 '마음을 나타내는 말'과 '소리와 표기가 다른 낱말'에 대한 학습 사례를 소개하고자 한다.

마음을 나타내는 말 학습

■ 마음을 나타내는 말 - 교사용 교구

'마음을 나타내는 말' 학습을 위한 기본 자료는 이전 장에서 소개한 학생 활동지가 기본이다. 교사가 제시한 말을 학생 수에 따라 한 명에 두 가지 낱말 정도로 나누어 활동지를 해결하도록 하였다. 그리고 이를 스캔하고 가공하여 몇 가지 교구를 제작했다. A4 용지의 2/3 크기로 만든 교사용 교구(앞면에는 그림을 인쇄하고 뒷면에는 그림에 마음을 나타내는 말을 적어 완성한다)는 다음과 같이 활용하여 학생들이 마음을 나타내는 표현을 자주 접할 수 있도록 하였다.

① 교사가 마음을 나타내는 말 수업 교구를 가지고 선다.

② 학생들에게 그림을 하나 보여주고 다 같이 입을 모아 그림에 해당하는 낱말을 말하도록 한다.

③ 맞게 대답하면 다음 그림을 보여주며 반복한다.

 - 새로운 그림은 맨 뒤에서 가져오며 보여준다. 이렇게 해야 교사는 그림을 보지 못하더라도 뒷면에 적은 낱말을 미리 볼 수 있어, 학생들이 말한 낱말이 맞는지 쉽게 확인할 수 있다.

④ 처음에는 천천히 짚어주며 넘어가고, 어느 정도 숙달되면 속도를 높인다.

④ 이와 같은 과정을 수업 시작 즈음에 자주 반복한다.

교사용 교구

교실 비치용 카드

■ 마음을 나타내는 말 – 칠판 부착용 교구

마음을 나타내는 말 활동지를 스캔한 후 A5 크기로 인쇄한 자료 뒷면에 판 자석을 붙여 칠판 부착용 교구로 활용할 수 있다. 오래 사용하기 위해서는 두꺼운 A4 크기로 나오는 도화지에 인쇄하여 제작한다.

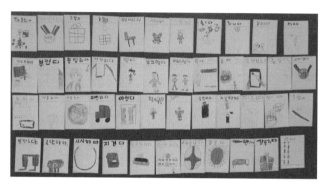

마음을 나타내는 말 부착용 교구(A5 크기로 인쇄하여 자석으로 칠판 우측 앞판에 부착한다)

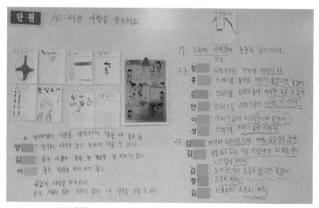

수업 활용 장면 – 듣는 사람의 기분을 생각하며 말하기

A5 크기 교구가 너무 크다는 생각이 들면 자석 A4 용지를 활용하여 마음을 나타내는 말만 적절한 크기로 인쇄하여 사용할 수도 있다. 이를 칠판 한쪽에 항상 부착해두고 활용하여 학생들이 자주 접할 수 있도록 했다.

감동하다	두렵다	사랑스럽다	억울하다	편안하다
걱정되다	망설여지다	속상하다	외롭다	피곤하다
고맙다	미안하다	슬프다	우울하다	행복하다
곤란하다	밉다	시시하다	자랑스럽다	화나다
기대하다	부끄럽다	실망하다	자신만만하다	황당하다
기쁘다	부담스럽다	싫다	좋다	힘들다
긴장되다	부럽다	심심하다	즐겁다	

자석 A4 용지에 인쇄하여 제작한 교구

마음을 나타내는 말 종류가 많으면 어떤 표현이 어디에 붙어 있는지 쉽게 알 수 없다. 배열은 가나다순으로 하되 아래 예와 같이 우측 하단에 숫자를 적어 순서대로 정리하면 수업 중에 원하는 낱말을 쉽게 찾아 활용하기에 좋다.

감동하다 1

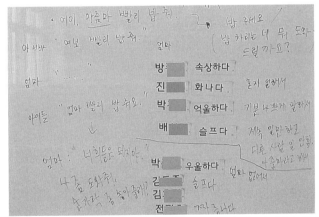

수업 활용 장면 – 같은 방식으로 제작한 학생 이름표와 함께 학생들이 인물의 마음을 짐작하여 발표할 때 활용할 수 있다.

■ 마음일기

일기를 쓸 때 가장 먼저 괄호 안에 그날의 일에서 느낀 자신의 마음을 쓰고, 그 뒤에 그에 관한 내용을 쓰는 방법이다.

아이들이 일기를 쓰면 끝부분은 대부분 '재미있었다'이다. 화가 나는 일이 있어도 '그렇지만 재미있었다', 지루한 일이 있어도 '그렇지만 재미있었다'로 끝맺는 경우가 많다. 일상에서 다양한 감정을 느끼지만 '재미있었다'는 말 하나로 모든 것이 대표되고 마는 것이다. 그래서 처음 일정 기간 동안에는 마음을 나타내는 말 중 '재미있다'는 사용하지 않도록 했다. 그리고 마음일기를 쓸 때는 항상 칠판에 마음을 나타내는 말을 붙여두고 참고할 수 있도록 한다.

일기를 쓰는 시기에 대해서도 고민이 필요하다. 나는 학교 수업 중 가장 마지막 시간에 알림장을 쓰고 나서 마음일기를 쓰도록 했다. 대체로 학교에서 있었던 일을 쓰는 경우가 많으니 그때의 기억과 감정이 되도록 생생하게 느껴질 때 쓰는 것이 좋겠다는 판단이었다. 또 숙제로 하게 된다면 따로 시간을 내야 하기도 하고 마지못해 쓰거나 정성 들여 쓰지 않는 경우가 많기 때문이다.

마음일기는 A4 용지를 1/4 크기로 자른 활동지 양식에 쓰기도 하고 마음일기 공책을 따로 마련하여 쓰기도 했다. 두 가지는 각각 장단점이 있는데, 활동지에 쓰게 하면 학생들이 쓴 후 교사가 걷어서 매일 읽고 스캔하는 등의 방법으로 보관할 수 있다. 이는 시 쓰기를 포함한 여러 가지 글쓰기 활동에 활용하기 쉽다는 장점이 있다. 하지만 교사가 스캔한 후 돌려주면 학생이 스스로 자신의 글을 보관해야 하는데, 파일철에 넣도록 지도해도 자신의 것을 잘 챙기지 못하는 학생들이 있다. 공책을 이용하면 이 단점이 해결되지만 보관을 위해서는 사진을 찍든지 스캔을 해야 한다.(공책을 스캔할 때는 vflat 등의 스마트폰 어플리케이션을 이용하면 편하다.)

나는 초기에는 제대로 쓰는지, 쓰는 방법에 지도할 요소는 없는지 등을 관리하기 위해 활동지를 이용했지만, 어느 정도 익숙해지면 공책을 이용하여 자신의 일기를 스스로 관리하며 뿌듯함을 느낄 수 있도록 했다.

- **마음일기의 효과**
  - 마음을 나타내는 말을 실생활에 자주 쓰면서 익히게 된다.
  - 생활 속에서 일어나는 일에서 다양한 감정을 표현함으로써 삶이 풍성해진다.
  - 학생들에게 일어난 일을 파악할 수 있고, 같은 사건을 다양한 아이의 시각에서 볼 수 있어 생활지도에 유용하다.
  - 시 쓰기나 다양한 글쓰기의 소재로 활용할 수 있다.

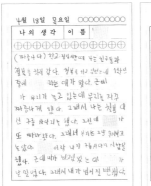 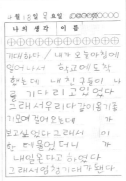

활동지를 이용한 마음일기

소리와 표기가 다른 낱말 학습

저학년 과정에서 중요하다고 판단한 또 다른 부분은 소리와 표기가 다른 낱말 학습이다. 2015 개정 교육과정에서 한글 교육이 강조되기도 하였고, 과거에 비해 다문화 가정 자녀가 늘어감에 따라 한글 교육은 더욱 중요해졌다.

1학년 때는 한글 교육이 학년 초 적응 활동 교재나 국어 교과에 어느 정도 포함되어 있지만, 당장 2학년만 해도 교과 내용에 한글 교육에 관한 부분은 생각보다 많지 않다.

문법 영역에 대한 어려움은 수업 연구에서도 마찬가지다. 아무래도 문법 영역은 특성상 학생이 흥미 있게 참여하는 수업으로 구성하기가 쉽지 않다. 그래서 많은 경우 지식 전달 위주로 간단하게 수업하고 넘어가게 된다. 이런 상황에서 집중력이 부족한 저학년 학생들은 흥미 없는 학습에는 좀처럼 참여하려 하지 않으므로 잘 이루어지기 어렵다.

'마음을 나타내는 낱말'과 마찬가지로 '소리와 표기가 다른 낱말'을 학생들이 자주 접하고 활용할 수 있도록 했다. '식히다', '맞히다'와 같이 소리와 표기가 다른 낱말들을 칠판에 쓰고, 학생별로 자신이 맡을 단어를 분담한 후 활동지에 그림과 해당 낱말에 대한 간단한 설명을 적도록 한다. 그리고 활동지를 스캔하고 이를 다양한 크기로 인쇄하여 소리와 표기가 다른 낱말 학습을 위한 학습 교구와 카드를 만들고, '마음을 나타내는 말' 학습에서와 같은 방법으로 활용하였다.

수업 교구 - A4 2/3 크기   교실 비치용 카드

|카드| 놀며 배우는 수업 전략, 카드 놀이

'아이들은 놀이를 통해 배운다'는 말은 이전부터 널리 알려졌고, 놀이를 통해 사회성과 사고력 등이 향상되는 것도 분명한 사실이다. 그래서 최근에는 학생들의 놀이 시간을 충분히 확보하고 놀이 공간도 구성하도록 하고 있다. 공간을 구성하는 과정도 민주시민 교육의 일환으로서, 학생이 주도적으로 참여하여 구성하는 것을 권장한다.

오로지 놀이를 통해서만 수업을 하는 것은 지양해야겠지만, 놀이의 긍정적인 면을 충분히 활용하는 것도 좋겠다. 지금부터 소개하는 카드 놀이는 학생들이 암기해야 할 사항들을 놀이 활동을 통해 즐겁게 암기할 수 있게 한 것으로, '소리와 표기가 다른 낱말', '마음을 나타내는 말'을 학습할 때 주로 활용하였다.

■ 카드 놀이 준비

학생용 카드(주로 두 명이 한 세트의 카드 사용)

소리와 표기가 다른 낱말을 나타낸 학생 작품을 이용하여 카드를 만든다는 것은 앞에서 설명했다. 먼저 학생 활동지를 스캔한 후 작게 인쇄하여 학생들에게 나눠주었다. 그림 파일을 전자칠판이나 TV 화면을 통해 하나하나 살펴보고, 그림이 나타내는 단어와 그 이유를 점검하며 학생 스스로 카드 뒷면에 낱말을 써서 완성한다. 이 작업은 카드 놀이를 위한 준비학습 과정이며, 이 과정에서 낱말의 뜻을 익히게 된다. 카드 제작을 위한 교사의 사전 작업은 3부에서 설명하기로 한다.

■ 짝－카드 맞히기 놀이

① 한 학생이 카드를 모아 들고 뒤에서 앞으로 한 장씩 넘겨가며 그림을 보여주면 다른 학생이 그림에 맞는 낱말을 맞힌다.

② 정답을 맞히면 맞힌 학생에게 카드를 주고, 맞히지 못하면 그대로 두고 다음 카드를 보여준다.

③ 맞히지 못한 카드가 남으면 다시 보여주고 그래도 못 맞히면 힌트를 준다.

④ 역할을 바꾸어 활동한다.

• 효과 및 유의할 점

◦ 저학년 학생들이므로 누가 먼저 할지 순서를 정해주거나, 가위바위보 등 순서 정하는 방법을 정해주는 것이 좋다.

◦ 재미있는 게임 활동을 통하여 낱말을 익힌다.

◦ 짝 활동 특성상 이어지는 모둠 - 카드 맞히기 놀이에 비해 참여 기회가 많다.

짝 - 카드 맞히기 놀이

■ 모둠 - 카드 맞히기 놀이

① 한 학생이 카드를 모아쥐고 뒤에서 앞으로 한 장씩 넘겨 가며 그림을 보여주
면 다른 학생들이 손을 들고 그림에 맞는 단어를 맞힌다.

② 정답을 맞힌 학생에게 카드를 주고, 아무도 맞히지 못하면 그대로 두고 다음
카드를 보여준다.

③ 맞히지 못한 카드가 남으면 다시 보여주고, 그래도 못 맞히면 힌트를 준다.

④ 가장 많은 카드를 가져간 학생이 승리한다.

⑤ 역할을 바꿔가며 반복한다.

• 효과 및 유의할 점

◦ '짝 - 카드 맞히기 놀이'에 비해 참여 횟수는 적지만 짝과 학습 수준 차이가 클
때 발생하는 불균형이나 더딘 속도를 완화시킨다.

◦ '짝 - 카드 맞히기 놀이'를 하는데 학생 수가 홀수인 경우 마지막 남은 세 명을
한 모둠으로 묶어 '모둠 - 카드 맞히기 놀이'로 진행할 수 있다.

모둠 - 카드 맞히기 놀이

■ 나열식 카드 맞히기 놀이

① 모든 카드를 그림이 보이도록 책상 위에 나열한다.

② 짝과 가위바위보를 하여 이긴 사람이 먼저 자신이 알고 있는 낱말의 카드를 고르고 해당 낱말을 말한 후 뒤집는다.

③ 이야기한 낱말과 카드 뒷면에 적힌 내용이 일치하면 카드를 가져가고, 일치하지 않으면 가져갈 수 없다.

④ 같은 과정을 번갈아 가면서 반복하고, 나열한 카드가 모두 없어졌을 때 가지고 있는 카드가 많은 사람이 승리한다.

• 효과 및 유의할 점

◦ 카드를 나열하여 모든 그림을 볼 수 있고, 자신이 아는 카드를 고를 수 있다는 점에서 모든 낱말을 알지는 못하더라도 적극적으로 참여하게 된다.

◦ 짝이 정답을 확인하기 위해 카드를 뒤집어 확인하는 과정을 보면서 모르고 있던 것을 알게 되고, 짝이 활동하는 과정에 관심을 갖고 보게 된다.

◦ 짝끼리 할 수도 있고 모둠원이 모두 참여할 수도 있다.

나열식 카드 맞히기 놀이

■ 심화된 카드 놀이

카드 놀이 방식은 앞서 소개한 세 가지 카드 놀이 방법과 동일하다. 다만 정답을 말할 때 다음과 같은 단계에 따라 점차 심화된 형태로 답을 이야기하도록 한다.

① 1단계: 그림에 맞는 낱말만 말한다.

② 2단계: 왜 그 낱말에 어울리는 그림인지 설명한다.

③ 3단계: 2단계의 내용과 함께 그 낱말이 쓰인 다른 예문을 이야기한다.

최초의 학생 활동지

학생에게 제시한 카드 형태

■ 정답 예시

① 1단계 정답 - 자랑스럽다

② 2단계 정답 - 그림 그리기 대회에 1등을 하여 자랑스럽다.

③ 3단계 정답 - 그림 그리기 대회에 1등을 하여 자랑스럽다. 항상 친구들과 잘 지내고 착한 짝이 자랑스럽다.

학생들이 카드를 이용해서 다양한 놀이 방법을 만들어서 하도록 할 수도 있다. 이때 제공하는 카드는 위 그림의 최초 활동지와 같이 낱말, 그림, 설명이 모두 들어간 형태여도 좋고 앞면에는 그림, 뒷면에는 낱말이 적힌 형태여도 좋다. 아이들은 받아 든 카드를 이용하여 나름의 놀이를 만들고, 더 즐겁게 참여할 수 있다.

이 외에도 교과서 준비물로 제공되는 다양한 카드들도 지도서에 제시된 놀이 방법 외에 다양하게 활용할 수 있다. 앞서 소개한 놀이 방법을 이용할 수도 있고, 학생들이 직접 놀이 방법을 만들거나 카드 분류하기 활동을 할 수도 있다.

3부

수업을 풍요롭게 하는 방법은 따로 있다

|환경| 교실 환경은 학습 도구이자 결과이다

교직에 입문한 처음 몇 년간, 내게 교실 환경 꾸미기는 참으로 부담이 되는 일이었다. 오리기와 그리기, 종이접기 등을 했던 일이 언제였나 싶고, 교육과정 설명회나 학부모 상담 주간 이전에 스스로의 힘으로 그럴싸하게 꾸며야 한다는 부담감도 컸다. 선배 교사들은 환경 꾸미기 정도는 아무것도 아닌 듯 쓱싹쓱싹 가위질로 화려한 결과물을 만들어냈다. 하지만 경력이 얼마 되지 않았던 나는 교육과정 설명회 전에 그저 빈 곳 없이 무엇으로든 채우는 것이 목표였다. 며칠 동안 수업 시간 내내 미술 수업만 하면서 작품을 차곡차곡 모았다. 아이들에게는 미술 작품을 만들도록 해놓고, 나도 수업 내내 오리고 붙이기에 여념이 없었다. 그럭저럭 머리가 굵은 6학년 아이들은 "생각보다 선생님도 잘 만드시네요?" 하며 나름대로 내게 칭찬을 하기도 했다. 그렇게 며칠을 퇴근 시간 이후까지 남아 애를 써서 겨우 완성했던 기억이 있다.

교실은 공부하는 곳이며 사고하는 곳이다. 그러므로 교실 환경 구성도 그저 예쁘게 꾸미거나 억지로 빈 공간을 채워나가는 것이 아니다. 교실 앞뒤에는 학습에

도움이 되는 자료를 게시하고, 교육적인 의도를 가지고 학습의 결과물을 게시해야 한다. 3월에 모든 공간이 다 채워져 있는 것이 오히려 어색한 상황인지도 모른다. 환경 구성을 위해 올바른 교육과정 운영이 침해되어서는 안 되며, 교육과정을 운영하면서 차차 채우고 수정해나가는 것이 바람직하다.

환경 구성 결과물에 대한 생각도 바뀌어야 한다. 기존의 초등학교 교실 환경은 정말 대단하다는 생각이 들 정도로 화려한 모습이었다. 학생의 손을 빌려 재료를 마련하고 교사의 솜씨 좋은 마무리를 통해 이루어진 결과물인데, 보기 좋아야 한다는 강박에서 벗어나기 어려웠다. 그러나 교실 환경은 남에게 보이기 위해 구성하는 것이 아니라 학생들의 학습 과정에 나온 중간 결과물과 최종 결과물을 교육적인 의도로 게시하는 것이 주된 목적이다. 같은 재료라면 보기 좋은 편이 낫겠지만, 본래 목적을 생각한다면 보기 좋은 것은 다소 후순위로 미뤄도 될 것이다. 보기 좋게 꾸미는 능력은 같은 일을 계속 하다 보면 자연히 얻게 되는 보너스 정도라고 생각하는 것이 좋다.

기존 교실에서는 교실 앞쪽 판에 그 반 아이들이 갖추었으면 하는 목표나 덕목 등을 게시하고, 이를 위한 점검표 등이 있는 것이 보통이었다. 이것도 의미가 있고 학급의 목표에 따라 꾸준히 활용한다면 가치가 있다. 그런데 우리 반 교실 앞판에는 주로 수업에 활용하기 위해 제작한 교구를 붙여두고, 수업에 활용하기도 하고 게시 자체의 효과를 누릴 수 있도록 했다.

교실 앞판의 활용(왼쪽)

2016년부터 2018년까지 내가 3년간 근무했던 학교의 교실에는 중앙에 전자칠판과 화이트보드가 있고 양옆은 분필을 사용하는 칠판으로 되어 있었다. 나는 양옆 칠판에 수업에 사용하는 교구를 붙여서 활용하였다. 주로 2학년 과정에서 반복하며 지도할 필요가 있다고 판단한 '마음을 나타내는 말' 교구를 배치하였고, 기본적으로 활용하는 학생 이름 교구도 배치하였다. 또한, 『7년 동안의 잠』 온작품읽기 활동 시 활용한 등장인물 이름표와 수업 중에 종종 활용하는 가상의 2학년 학생 이름도(순이, 세미, 민주 등) 만들어 붙여두었다. 오른쪽 앞판은 보통 '개인 칠판으로 모두 발표하기'에 활용하는 발표판(플로터로 제작)을 배치하였고, 필요에 따라 그때그때 필요한 자료로 교체하여 배치하기도 했다.

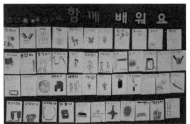

교실 앞판의 활용(오른쪽)

교실 옆면의 활용

교실 옆면은 봄의 색깔이 들어간 손바닥 동물원 활동지,『7년 동안의 잠』온작품읽기 활동 시 모둠별로 작성한 역할극 안내 포스터,『마법의 설탕 두 조각』온작품읽기 활동의 엄마와 아빠 실물 크기 그림, 우리 동네 그림지도, 살고 싶은 우리동네 그림지도, 세계 문화 지도 등 활동 결과물 중에서 교육적 의미가 있다고 판단한 자료를 게시하였다.

교실 뒤편은 프로젝트 주제에 따라 학습 결과물을 이용해 구성해나갔다.

교실 뒤편의 활용

교실 천장에도 학생의 시야를 가리거나 집중력을 흐트리지 않도록 뒤편 위주로 프로젝트 주제와 관련한 세계 여러 나라의 국기, 봄에 볼 수 있는 동식물, 계절별 생활 모습 등에 관한 학생 학습 결과물을 게시하였다.

교실 천장의 활용

2

|도구| 교사에게는 교사의 도구가 있다

우리나라 교실에는 이미 여러 가지 기자재들이 많이 있고, 교육부나 지역 교육청의 시책 등에 따라 새로운 기자재들이 들어온다. 그런데 기껏 구입한 새 기자재들이 잘 활용되지 않거나, 시간이 지나 더 새로운 것들이 들어오면 기존의 물건들이 그대로 쌓이게 되어 안타까울 때가 많다. 지금도 학교 정보 자료실이나 교실 한편을 보면 구형 실물 화상기가 작동 여부도 알 수 없는 상태로 방치되어 있는 모습이 흔하다. 구형 실물 화상기는 부피도 크고 화질도 좋지 않으므로 사용하지 않는 것도 충분히 이해되기는 하지만 말이다.

반대로 교사가 원하는 기자재가 갖추어지지 않거나 고장 나서 사용할 수 없는 경우도 있다. 이럴 때는 새 기기를 구입하는 것이 바람직하지만 예산이 충분치 않은 경우가 있고, 업무 담당자가 아닌 입장에서 물품을 구입해달라고 하는 것도 쉬운 일이 아니다.

이번 장에서는 내가 기존에 있던 기자재를 활용한 방법을 설명하고, 기자재가 부족한 경우 어떤 물건으로 대체했는지도 소개하겠다.

복사기 활용

어느 해부턴가 컬러 복사기가 주로 렌트 방식으로 학교에 들어왔다. 하지만 생각보다는 활용이 적은 경우도 있다. 가장 간단한 활용 방법은 복사를 통한 학습지 활용이다. 컬러 복사기가 많이 보급됨에 따라 학습 자료도 보다 생생하고 간편하게 준비할 수 있다. 이런 부분은 이미 많은 교사들이 잘 활용하고 있을 것이다.

여기서 소개하려는 것은 스캔 기능을 이용한 방법이다. 기존의 구형 스캐너는 종이를 한 장씩 스캔해야 했는데, 요즘에는 자동급지 기능을 이용하여 여러 장을 한 번에 올려두고 스캔 버튼을 누르면 설정에 따라 하나의 PDF 파일로 만들어준다. 이를 통해서 다양한 활용이 가능하다.

또 그동안에는 실적물 제작이나 다음에 참고하기 위한 용도로 학생들의 학습 결과물을 철하거나 제본해두는 경우가 많았다. 그렇게 하나둘 보관하다 보면 짐이 너무 많이 늘어나고 교실에 보관할 공간도 부족해진다. 학기 말이나 학년 말에 학생들에게 다시 나눠주는 일도 번거로워, 한 번에 버리게 되기도 했다. 이런 결과물들을 복사기의 스캔 기능을 이용하여 디지털화하면 쉽게 보관할 수 있다.

또한 스캔 기능으로 다양한 학습 자료를 가공하여 제작할 수 있다. 먼저 학생 작품을 스캔하여 PDF 파일이나 JPG 파일로 저장하고, 다양한 크기로 가공하여 활용한다. 카드 크기로 만들어 인쇄하여 카드 세트를 제작하거나 공부 게시판용 자료를 만들 수도 있다. 그리고 학생 작품을 묶은 간단한 책자도 제작할 수 있다.

■ **복사기를 이용한 학생 활동 결과물 활용 방법**
① 수업 중 학생 활동지 작성
② 복사기를 이용하여 학생 활동지 스캔
③ 스캔한 파일을 이용하고 싶은 형태로 편집하기

- 스캔한 파일은 복사기 설정에 따라 JPG 같은 그림 파일이나 PDF 파일로 저장된다. 그림 파일로 저장되는 경우는 별도의 변환 과정이 필요 없으며, PDF 파일로 저장되었다면 그림 파일로 변환시켜서 활용하게 된다. PDF 파일을 JPG 파일로 변환하는 프로그램은 여러 가지가 있으나 알PDF나 한컴오피스 PDF를 이용하면 간편하다. 스캔한 파일을 알PDF로 열어서 '그림으로 변환하기'를 클릭한 후 저장할 폴더를 지정하면 된다. 다만, 알PDF는 개인이 가정에서 사용하는 것은 문제가 없으나 학교에서 사용하려면 학교에서 사용권 계약을 해야 한다. 그에 비해 한컴오피스는 매년 교육청에서 단체 계약을 하므로 학교에서 사용이 가능하다.

④ 변환한 그림 파일을 사용 용도에 맞게 활용한다.

㉮ **학생용 카드 만들기**

- 마음을 나타내는 말 활동지에서 그림 부분만 잘라서 저장한다. 그림을 잘라낼 때는 포토스케이프를 사용하는 것이 간편하다. 포토스케이프를 실행하여 사진 편집 탭에서 잘라내기 영역을 지정하고, '선택 영역 저장하기'를 클릭한다.

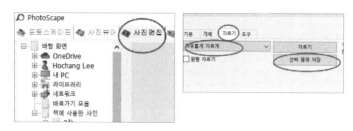

- 저장한 파일을 한글에서 여백을 최대한 줄인 후 한 줄에 칸이 4~5개가 되도록 표를 만든다. 각 셀 안에 잘라낸 그림 파일들을 복사해서 붙여넣고 완성한다. 인쇄하여 표의 선대로 잘라내면 학생용 카드가 완성된다.
- 그림만 있는 카드가 아니라 낱말과 그림, 낱말에 대한 설명이 함께 들어 있는 카드

를 만들려면 활동지를 스캔하여 그림 파일로 변환한다. 그 후 한글 프로그램에서 한 줄에 칸이 두 개인 표를 만들어 그림 파일을 복사하고 붙여넣는다.
- 카드를 칠판에 붙여서 활용한다면 글씨가 보이도록 크게 인쇄해야 한다. 용지 방향을 가로로 변경하고 한 줄에 칸이 두 개인 표를 만들어 그림 파일을 붙여넣었다. 두꺼운 용지에 인쇄하거나 일반 A4 용지에 인쇄한 후 코팅하였다.

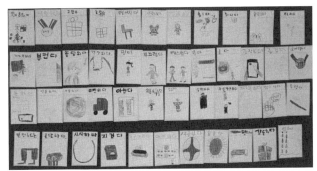

칠판용 카드 제작(A4 크기 도화지에 인쇄하고 반으로 잘라서 제작)

- 수업 시작 시 학생들이 마음을 나타내는 말을 자주 접하도록 활용한 교구용 카드
는 A4의 2/3 정도 크기로 그림만을 자른 이미지를 넣어서 인쇄하여 제작하였다. 한
글을 실행하여 여백을 네 방향 모두 10으로 지정한 후 그림을 복사하여 붙여 넣는
다. 그림의 가로가 편집 용지의 가로에 가득 차지 않는다면 마우스로 드래그하여
적절한 크기로 늘려준다. 자주 활용하는 카드이므로 이것도 A4 크기 도화지에 인
쇄하거나 일반 A4 용지에 인쇄한 후 코팅하여 제작하였다.

마음을 나타내는 말

소리와 표기가 다른 낱말

④ 소책자 만들기

- 학생 학습 결과물을 스캔한 후 이를 모아 소책자 형태로 만들 때는 표지 인쇄와 속
지 인쇄를 따로 하게 된다. 개인별 표지는 표지대로 모아서 스캔하고 속지는 속지
대로 스캔했기 때문이다. 먼저 속지 인쇄는 PDF 파일을 바로 인쇄하되 소책사이즈

로 인쇄 설정에서 '소책자 형태로 인쇄하기'를 선택하면 된다. 혹시 이 기능이 지원되지 않는 복사기라면 한 페이지에 두 장을 인쇄하도록 설정하고 양면 짧은 가장자리로 접는 형태로 인쇄한다.

속지 인쇄 설정

- 표지 인쇄 방법은 학생들이 각자 그린 표지를 모아 스캔한 PDF 파일을 열어 한 페이지에 두 장을 인쇄하도록 설정한다. 인쇄 방향은 '오른쪽에서 왼쪽으로'를 선택하고 '현재 페이지만 인쇄하기'를 선택하여 인쇄하면 좌측은 흰 여백(책의 뒷면에 해당)만 남고, 우측에는 표지 그림이 들어가게 된다. 표지가 인쇄된 종이를 가장 아래에 놓고 그 위에 속지를 놓은 후 반으로 접어서 롱스테이플러를 활용하여 소책자를 완성한다.

표지 인쇄 설정(현재 페이지 인쇄 선택)

플로터

모든 학교에 플로터가 있는 것은 아니지만 신설 학교에는 많이들 구비하는 편이다. 플로터는 단순히 학급 행사용 현수막 제작에 활용할 뿐 아니라, 수업 자료 제작이나 환경 구성 등에도 활용할 수 있다.

플로터 인쇄물을 이용한 수업
- 인상 깊은 일 글쓰기

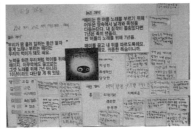
플로터 인쇄물을 이용한 수업
- 그림책 온작품읽기 수업

전자칠판

예전에는 특별실에만 전자칠판이 하나 정도 있는 것이 보통이었고, 센서를 장착하여 감압식 터치를 인식할 수 있는 하얀 판에 빔프로젝터로 컴퓨터 화면을 비추는 형식의 전자칠판이 주류를 이루었다. 그러나 최근 개교하는 학교에서는 교실마다 컴퓨터 화면이나 방송 화면 등 다양한 내용을 표시할 수 있는 대형 TV 형태의 전자칠판이 설치되어 있다. 천장에 달린 TV로 보던 것에 비해 정중앙에 위치하여 학생들이 편하게 볼 수 있다는 장점이 있다.

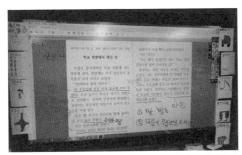
전자칠판을 이용한 수업 - 글을 읽고 인물의 마음 짐작하기

전자칠판은 플로터를 통한 대형 인쇄물 대신 활용이 가능하다. 한글 문서를 그대로 띄우거나 PDF, JPG 등으로 변환하여 그 위에 필기하며 수업에 활용할 수 있다. 수업 측면에서 생각하면 플로터를 이용한 실제 인쇄물이 더 효과적이기는 하지만 종이를 많이 사용하므로 환경을 생각하면 전자칠판이 대안이 될 수 있다.

하지만 플로터도 전자칠판도 없는 학교가 여전히 많다. 그런 경우에는 교실에 있는 TV를 이용하게 된다. 전자칠판이 정중앙에 있는 것에 비해 TV는 교실 앞 한쪽 구석에 있는 경우가 많아 위치가 아쉽지만, 다행히 과거에 비해 TV 화면의 크기는 많이 커졌다.

교실에 실물화상기가 있는 학교도 많지만 노후화되어 쓸 수 없거나 고학년 교실에는 아예 없는 경우도 많다. 이런 경우 예전에는 TV에 영상을 전송할 수 있는 케이블을 연결하여 사용하여 카메라를 연결하기도 했다. 그러나 최근 스마트 TV는 휴대전화기와 무선 연결을 할 수 있는 기능을 지원하는 경우가 많다. 사용하지 않는 휴대전화 공기계를 거치대에 연결하여 미러링 기능을 통해 실물화상기처럼 사용할 수 있다. 또 학생 개별 작품을 화면으로 보여주며 수업을 진행하려면 휴대전화를 들고 학생 자리로 가서 화면으로 보여줄 수도 있다. 이때 펜을 지원하는 휴대전화기를 사용하면 미러링 상태에서 필기도 가능하므로 다양하게 활용할 수 있다.

다만 TV가 해당 기능을 지원해야 하고 휴대전화와 TV 제조사에 따라 미러링이 되지 않을 수도 있다. 이런 경우 별도의 장비를 이용해야 한다.

미러링 기능을 이용하여 개미 관찰하기

지금까지 다양한 기자재 활용 방법을 소개했지만, 사실 교실에서 가장 중요한 자료는 교사이고 칠판이다. 우리가 독서를 강조하는 이유는 영상을 보는 것에 비해 천천히 상상하며 감상함으로써 사고력과 창의성을 기를 수 있기 때문이다. 교실 수업도 마찬가지다. 시청각 기자재를 통해 생생하게 보는 것도 물론 좋겠지만, 교사의 설명과 수업이 가장 중요하다. 이 장에서 설명한 내용도 주로 수업 자체에 기자재를 활용한 것보다는 수업을 위한 자료 제작 등에 기자재를 활용한 부분이 더 많다. 비슷한 이유로 전자칠판도 물론 편리하지만 플로터를 이용하여 대형 인쇄물을 수업에 활용하는 것이 가독성이나 학습 효과 면에서는 더 좋다고 생각한다. 다만 매번 커다란 종이에 인쇄하기는 곤란할 수 있으므로 환경을 생각하고 번거로움을 줄이는 측면에서 전자칠판이나 TV를 활용할 수도 있다.

3

|공책| 공책 활용법
- 국어, 수학, 마음일기, 그림책

연수를 듣거나 유용한 영상을 시청하는 경우 그저 듣고만 있으면 얼마 지나지 않아 아무것도 기억이 나지 않는다. 책을 읽으면서도 누구나 경험했을 것이다. 열심히 책을 읽고 나서 바로는 어느 부분이 기억에 남고 어느 부분이 재미있었다고 나름 머릿속으로 정리하지만, 다음 날이 되면 전날 읽었던 책 내용에 대한 기억이 희미해진다. 그런 일이 반복되고 시간이 지나가면 마침내 책 제목과 그 책을 읽었던 사실 정도만 기억에 남고, 심한 경우 그 책을 읽었는지조차 헷갈리기 시작한다.

자신이 적극적으로 시청하는 영상이나 정독하는 책에 대해서도 이런데, 대체로 학생의 흥미를 끌기 어려운 수업 내용을 장기간 기억하기는 쉽지 않다. 수업에 참여할 당시에도 선생님의 이야기에 귀를 기울이겠다는 의지를 가진 학생이 많지 않은데, 시간이 지난 후에까지 학습한 내용을 기억하기를 바라는 것이 욕심이라는 생각까지 든다.

교사는 학생이 흥미를 갖지 않는 학습 내용에 대해 관심을 갖도록 여러 장치를 마련하고, 학생들이 올바르게 학습했는지 다양한 방법으로 평가하고 확인한다. 이 장에서 소개할 다양한 공책 활용법은 모든 학생이 수업에 참여하고 학습 목표에 도달하도록 하며, 공부한 내용을 장기간 기억할 수 있도록 하기 위한 장치이다.

■ 수업시간 공책 활용

수업시간에 발문을 하고 머릿속으로만 생각하게 하면, 가만히 앉아는 있지만 참여는 하지 않는 경우가 많다. 이에 비해 공책에 쓰는 행위는 모든 학생이 자신의 생각을 마련하며 적극적으로 수업에 참여하도록 한다. 또 자기 생각을 간단한 글로 정리함으로써 사고력의 기초를 마련할 수 있다.

하지만 저학년 학생들은 공책 활용이 익숙하지 않다. '저학년 교실에서 공책 활용은 너무 이르지 않은가' 하는 의문이 생길 때도 있다.

이런 점을 보완하기 위해 실물화상기로 보여주면서 교사가 함께 공책을 쓰며 수업을 진행하는 것도 방법이다. 이는 2부에서 소개한 '[시연] 함께 하며 익힌다'와도 관련이 있다.

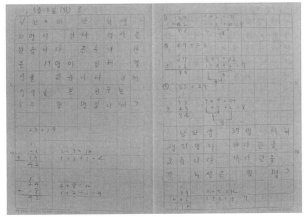

공책 쓰기 시범

• 국어 시간

수업시간에 공책을 활용하면 모든 학생이 참여하는 것을 기대할 수 있으며, 수업 후에는 공부한 내용을 복습하고 오래 기억하기 위한 자료가 될 수 있다. 다만 저학년 학생은 '자신의 생각을 갖는 것' 자체가 쉽지 않으므로 교사의 발문에 대한 답으로 자신의 생각을 기록할 때 많은 것을 기대할 수는 없다. 이어지는 장에서 소개한 방법들을 통하여 조금씩 나아가야 한다. 한 가지 예를 들자면 다음과 같다.

'등장인물의 마음을 적으세요.'

(일정한 시간이 지난 후)

'그렇게 생각하는 이유를 적을 수 있는 사람만 쓰세요.'

'이유는 이 사람이 이렇게 행동했기 때문에', '이 사람이 이렇게 말을 했기 때문에'와 같이 그 사람의 말과 행동을 통하여 알아볼 수 있습니다.

중요한 부분인 마음을 적는 것은 모든 학생에게 시키더라도, 사고력이 요구되는 '이유'를 적는 것은 2학년 수준에서는 어려울 수 있다. 수준에 따라 할 수 있는 학생은 하고, 그렇지 않은 학생은 친구의 공책이나 발표 내용을 듣고 모방해가며 자신의 능력을 발전시켜나간다. 그리고 이유라는 단어 자체가 생소할 수 있으므로 이를 적는 형태를 제시한다. 또한, 교사가 단순히 발문하고 학생이 말로만 대답한다면 일부 성실한 학생 외에는 생각조차 하지 않는 경우가 많으므로, 공책에 기록하도록 하여 모든 학생이 참여하게 한다.

10칸 공책을 국어 공책으로 활용

1~2학년용 줄공책을 국어 공책으로 활용

　10칸 공책을 이용하면 글씨 쓰기와 띄어쓰기 연습에 도움이 되지만, 글의 내용이 눈에 잘 들어오지 않는다. 1~2학년용 줄공책을 활용하면 이런 단점은 보완할 수 있지만 반대로 칸 공책 사용 시의 장점을 잃게 된다.

• 수학 시간 – 10칸 쓰기 공책 활용 및 점검

　'받아올림이 있는 덧셈', '받아내림이 있는 뺄셈'을 학습하는 과정에서 공책을 활용하는 방법이다. 모든 문제를 함께 풀 시간은 없으므로 한 문제를 선택하여 공책에 풀이한다. 공책에 풀이하는 과정에서 보조 계산을 적어가면서 푼다. 각자 문제를 풀고 학생들이 공책을 교사에게 가져가면 차례로 확인하여 바르게 푼 것에는 동그라미 표시를 해준다. 동그라미 표시를 받지 못한 문제는 다시 풀어보고 재차 확인받도록 한다. 아이들의 속도가 각각 다르므로 문제를 푸는 학생들은 계속 풀고, 다 푼 학생은 나와서 점검을 받은 후 수학익힘책을 푸는 등 개인별 활동을 하게 된다.

　수학 공책은 칸 공책 중에서도 한 칸을 4등분한 보조선이 있는 것(10칸 쓰기 공책)이 적합하다. 10칸 쓰기 공책은 계산문제를 풀 때 자릿수를 정확하게 맞춰서 적는데 편리하다. 또 모눈종이를 사용하는 효과를 얻을 수 있어 도형을 그리는 데에도 적합하다. 2학년 1학기 '2. 여러 가지 도형' 단원 학습 시 여러 가지 형태의 삼각형과 사각형을 그릴 때도 활용할 수 있다.

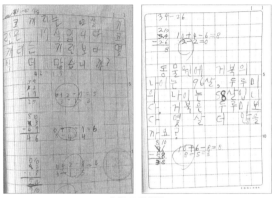

수학 공책 활용

수학 공책을 활용할 때는 저학년 교실이라는 점을 감안해야 한다. 보통 보조선이 있는 10칸 공책을 수학 공책으로 활용하면 작은 한 칸에 한 글자를 쓰는데, 그러면 글자가 너무 작아지게 된다. 그래서 저학년 교실에서는 작은 칸을 고집할 필요없이, 일반적인 칸공책 활용과 동일하게 큰 한 칸을 다 사용하는 것이 좋다.

가정에 수학 공책 준비를 안내할 때에도 주의할 점이 있다. 시중의 다양한 공책중에 수학 공책이라고 이름 붙인 공책을 보면 1~2학년용 줄공책의 중간에 세로 구분선을 넣은 형태도 있고, 큼직한 사각형 칸을 8개 넣은 형태도 있다. 문제를 적고풀이를 하기 위한 구성으로 보인다. 수학 공책을 준비하라고 하면 저학년 학생들은 가정에 정확하게 전달하지 못할 수 있고, 알림장에 적은 것만으로는 어떤 공책이 필요한지 모를 수 있다. 그러므로 공책 사진을 찍어 학급 SNS에 '10칸 쓰기 공책'이라고 종류를 확실히 적어주는 것이 좋다. 가장 좋은 방법은 처음에는 학습준비물 예산을 이용해서 구입하고 나눠주는 것이다.

– 활동지 활용하기

학생들이 수학 공책을 준비하도록 안내하더라도 활동지를 이용할 상황은 발생한다. 저학년 교실에서 수학 수업을 계획한 날, 모든 학생이 새로 수학 공책을 준비하는 경우는 그리 많지 않다. 모든 학생이 준비할 때까지 무작정 기다리면서 수업을 미룰 수는 없으므로, 준비하지 않은 학생들이 공책을 대신하여 사용할 활동지가 필요하다. 또, 수행평가나 형성평가를 포함하여 학생들의 학습 정도를 파악하고 피드백을 해주기 위해서는 풀이한 내용을 걷어서 검토해야 한다. 그런 경우에는 직접 칸을 만들어 작성한 활동지를 활용한다.

활동지를 활용할 때 좋은 점은 작은 칸의 크기를 교사가 원하는 대로 조정할 수 있는 것이다. 10칸 공책에서 한 칸을 4등분한 작은 칸에 글자를 쓰면 저학년 학생에게는 너무 작다. 이런 경우라든지 모눈종이로 활용할 때 등 용도에 맞게 적절한 크기로 변경하여 작성이 가능하다. 한글에서 표를 만들고 표/셀 속성에 들어가면 셀 크기를 원하는 대로 지정할 수 있다.

한글 워드프로세서 – 셀 크기 지정하기

활동지를 이용하면 교사가 학생을 파악하고 관리하는 입장에서는 유리하지만, 학생 입장에서는 자신의 학습을 공책에 적어서 관리하는 것이 좋다. 또 교사가 개별 활동이나 단일 영역이 아니라 다양한 영역의 학습 정도, 변화 정도를 파악하기 위해서도 공책을 사용하는 것이 좋다. 공책이 없는 경우나, 평가와 같이 특별한 의도가 있는 경우에 한해 활동지를 활용하는 것이 좋겠다. 이는 다른 과목에서도 마찬가지다.

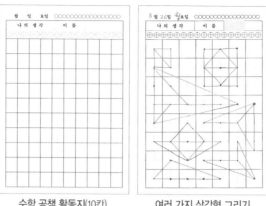

수학 공책 활동지(10칸)　　　　여러 가지 삼각형 그리기

■ 한글 습득 및 독후 활동으로서의 공책 활용

기존의 독서기록장을 떠올려보면 책의 제목과 지은이 등만을 간단히 적는 형태가 있고, 줄거리나 느낀 점 등을 한 바닥 정도로 길게 적을 수 있는 형태가 있다.

아이든 어른이든 독서를 한다는 것은 참 의미 있고 소중한 일이다. 하지만 길게 내용을 쓰는 기존의 독서기록장은 작성에 대한 부담으로 독서의 즐거움을 잃게 만든다. 반면 제목과 지은이 정도만 적는 형태는 그저 자신이 '이 책을 읽었다' 정도의 기록 외에 큰 의미가 없다. 책은 읽었지만, 그 책이 자신의 삶에 영향을 미치고 의미를 가져다주지 못하는 것이다.

내가 1학년을 맡았을 때 동료 선생님에게 배워서 저학년 담임을 맡을 때마다 꾸준히 실천했던 방법을 소개한다.

① 그림책을 한 권 정하여 읽는다.

② 다 읽은 후 기억에 남거나 재미있는 부분을 칸공책 한 바닥에 소리 내어 읽으며 쓴다.

③ 이 과정을 매일 반복한다.

언뜻 단순하고 크게 의미 없어 보일지도 모르지만, 저학년 학생이 느낀 점을 한 바닥 쓰는 것은 쉽지 않다. 또 느낀 점을 말하거나 쓰라고 발문해도 대답을 기대하기는 상당히 어렵다. 차라리 책을 읽고 여러모로 생각하여 기억에 남는 부분을 떠올리고, 이를 그대로 적어보는 것이 더 좋은 활동일 것이다. 또한 책의 내용을 소리 내어 읽어가며 적는 과정은 한글 맞춤법 공부에도 도움이 될 수 있다.

유의할 점은 독서기록이라는 점이다. 숙제라는 것만 생각하면 책을 읽지 않고 아무 페이지나 펼쳐 아무 내용이나 한 바닥 적어 오게 될지도 모른다. 따라서 가정에도 취지와 방법을 충분히 안내하여 책을 읽고 기억에 남거나 재미있는 부분을 공책에 적도록 지도해야 한다. 소리 내어 읽으면서, 꾸준히 하루에 한 권 분량을 써야 한다.

그림책 쓰기 공책

■ 마음일기 공책

앞서 소개한 바 있는 마음일기를 쓰는 공책이다. 아무래도 칸 공책은 내용이 눈에 잘 들어오지 않는 측면이 있어 줄공책을 이용하도록 했다. 이미 '|활용| 만나고 만나고, 또 만나게 하자'에서 설명했으므로 여기서는 간단히 사진만 제시한다.

마음일기 공책

4

|디자인| 초등저학년 수업 디자인 전략

초등학교 고학년 학생과 저학년 학생은 문제 해결 능력에 상당한 차이가 있다. 고학년 학생은 어떤 면에서는 성인도 깜짝 놀랄 만한 결과물을 만들어낸다. 이미 기본적인 학습 능력은 충분히 갖추었다는 생각도 든다.

반면 저학년 학생들에게는 그날 있었던 일을 이야기하는 것조차 쉽지 않다. 순간순간에 과도하게 몰입한다든지 주의력이 부족하다든지 등의 이유로, 바로 전에 언급한 내용도 모르는 경우가 허다하다. 그러므로 교육과정을 재구성하고 수업을 디자인하는 단계에서도 저학년이라는 것을 고려해야 하고, 수업을 진행할 때도 저학년 학생에게 맞는 진행 방법이 필요하다.

이번 장에서는 교육과정 재구성 시 고려할 점과 그 과정, 그리고 단위 수업 진행 시의 활동 구성이나 진행 방법에 더 집중하여 소개해보겠다.

■ 교육과정 재구성 및 수업 디자인도 저학년 학생에 적절하도록 구성하라

저학년 교실의 원활한 수업 진행을 위한 교육과정 재구성 방법이다. 4부에서 본격적으로 제시하겠지만 교육과정 재구성 시 중심이 되는 주제를 탐구하고 정리하기 위해 통합교과 내용 외에도 국어과의 학습 내용을 많이 활용하였다. 이때 프로젝트 주제 면에서 핵심이 되는 내용과, 성취기준으로 판단할 때 학생이 익혀야할 핵심내용이 동일하지 않을 수도 있다. 프로젝트 주제를 탐구해가는 과정에서 양자 모두를 달성하기 위한 구성 방법, 그리고 저학년 학생에 맞는 차시 수업 분량을 판단하는 기준에 대해 '인상 깊었던 일 글쓰기'를 예로 들어 설명하고자 한다.

• 현장체험학습 장소에서 인상 깊었던 일 글쓰기

한 차시 정도를 할애하여 '현장체험학습에서 있었던 일 중에 재미있거나 지금까지 기억에 남는 일 등을 글로 써보자'라고 활동을 구성하는 것은 고학년 교실에서는 적절하다. 하지만 저학년 교실에서도 이와 똑같이 수업을 구성하고 동일하게 이야기한다면 목적한 바를 전혀 이룰 수가 없다.

아이들은 인상 깊은 일의 의미를 잘 알지 못하고, 경험한 일을 완성된 하나의 글로 작성해본 경험도 별로 없다. 인상 깊었던 일을 글로 쓰는 활동 자체가 프로젝트 주제 면에서는 핵심 활동이지만, 이를 수행할 수 있는 능력을 길러주는 것이 성취기준 측면에서는 더 중요하다. 글을 작성하는 것 이상으로, 글을 쓸 수 있는 능력을 길러가는 과정이 더욱 중요하다.

'인상 깊었던 일'을 글로 쓰는 활동의 큰 흐름은 교과서를 살펴보면 잘 알 수 있다. 2학년 2학기 국어 교과서 '2. 인상 깊었던 일을 써요'에서는 마지막 책 만들기 활동을 제외하면, 글쓰기까지의 과정을 아래와 같이 구성하고 있다.

① 인상 깊은 일이란 무엇인지 이야기 나누기
② 쓸 내용 떠올리기
③ 겪은 일을 차례대로 정리하기

④ 인상 깊었던 일 글로 쓰기

이를 참고하여 실제 수업을 하는 교사의 판단에 따라, 단원 내 재구성 등을 통하여 활동을 구성한다.

나는 이 단원을 '동네 한 바퀴' 프로젝트에 포함시켜, 직업 체험활동 때 있었던 일 중 인상 깊었던 일을 글로 쓰도록 했다. 여기서 핵심이 되는 활동은 '④ 인상 깊은 일을 글로 쓰기'지만, 학습 면에서 중요한 것은 인상 깊은 일을 글로 쓰기 위한 전 과정을 알고 익히는 것이다. 따라서 한두 차시만으로 구성하지 않고, 저학년 학생들이 인상 깊었던 일을 글로 쓰기 위한 전 과정을 포함하여 프로젝트를 구성했다. 또한 마인드맵, 비주얼씽킹 등 그림을 이용하여 저학년 학생들이 활동에 흥미를 가지며 쉽게 접근할 수 있도록 구성하였다.

① 직업 체험활동 시 있었던 일 떠올리기
 - 마인드맵으로 떠올리기
 - 인상 깊은 일 간단히 정리하기
   (언제, 어디서, 누구와, 무슨 일인지, 생각이나 느낌)
② 일이 일어난 차례대로 비주얼씽킹으로 내용 정리하기
③ 인상 깊었던 일 글쓰기

고학년 교실이라면 모든 내용을 수업하는 데 두 차시 정도면 충분하다. 이것도 수업을 구성하며 방법 측면에서 선정한 마인드맵이나 비주얼씽킹 등의 활동을 빠짐 없이 수행한다고 가정한 것이고, 간단히 쓸 내용을 정리하고 글을 쓰면 한 차시로도 충분하다.

하지만 저학년 교실에서 한 차시 분량의 수업 활동은 고학년 한 차시 수업 안에 있는 2~3가지 활동 중 하나의 활동 정도라고 보면 적절하다. 이는 바꿔 말하면 저학년 교실에서도 충분히 시간을 갖고 교사가 저학년에 맞는 수업 구성과 진행 방법을 활용한다면 충분히 사고하는 수업이 가능하다는 것이다.

■ 활동을 세분화하여 제시하라

저학년 학생을 처음 접하는 교사는 같은 말을 반복해야 하는 점을 큰 어려움으로 꼽는다. 아무래도 저학년 학생들은 주의력이 부족하고, 활동을 안내하는 말이나 발문 자체를 잘 이해하지 못하기 때문이다. 또 한 번에 여러 가지를 기억하고 실행하는 데 어려움을 느낀다. 또한 학생들의 발달 속도가 천차만별이라, 학습 과정에 필요한 기본적인 능력에서도 개인차가 상당하다. 개인차가 큰 만큼 긴 활동을 한 번에 제시하는 경우, 사고력이 어느 정도 형성되고 모범적으로 참여하는 학생들은 단시간에 끝내고 기다린다. 반면 그렇지 않은 학생들은 아무리 많은 시간을 주더라도 처음과 별다른 차이가 없다. 이미 끝낸 학생들은 할 일이 없어 소란스럽게 행동하고, 다 하지 못한 학생들은 학습 활동에 관심도 적어서 함께 소란스러워진다.

따라서 저학년 수업은 활동을 최대한 세분화하여 제시하고, 중간중간에 모든 아이들이 어려움 없이 학습에 참여할 수 있도록 점검하고 도움을 주는 것이 중요하다. 앞서 제시한 인상 깊은 일 글쓰기를 위해 구성한 내용 중 '① 직업 체험활동 시 있었던 일 떠올리기'를 통해 살펴보자.

• 직업 체험활동 시 있었던 일 떠올리기

직업 체험활동 시 있었던 일 떠올리기는 마인드맵을 활용하였다. 수업 과정을 간단히 정리하면 다음과 같다.

① 활동 안내, 마인드맵 작성 방법 점검

② 마인드맵으로 각자 직업 체험활동 시 있었던 일 정리하기

③ 나눔 활동하기

④ 마인드맵으로 정리한 내용 중 특별한 감정이 들었거나 특별히 기억에 남는 일을 정리하기(언제, 어디서, 누구와, 어떤 일이 있었는지, 그때의 마음 또는 생각이나 느낌)

2학기 수업 내용이므로 이 수업 이전에 마인드맵 작성법은 이미 충분히 습득한 상황이다. 그렇지만 저학년 교실임을 감안하여, 다시 한번 칠판에서 예시를 통해 마인드맵 작성법을 점검하고 개인 활동을 시작한다. 마인드맵을 작성한 후 바로 다음 인상 깊은 일을 정리하지 않고 나눔 활동을 하는 것은 저학년 학생들의 개인차를 고려하여 활동을 세분화한 것이다. 이렇게 끊어주어 나눔 활동을 함으로써 친구들의 결과물을 참고할 수 있고, 중간중간에 교사가 개입하여 도움을 줄 수 있다. 또한 작성이 끝난 학생들부터 나눔 활동을 시작한다면 모든 학생이 완료할 때까지 기다리느라 할 일이 없어진 학생들로 수업 분위기가 흐트러지지 않는다.

고학년 교실이라면 새삼스럽게 마인드맵 작성법을 반복하여 자세히 안내하지 않고 마인드맵 작성과 인상 깊었던 일 간단히 정리하기를 한 번에 진행할 수도 있을 것이다. 그러나 저학년 교실에서는 활동 과정을 세분화하고 중간중간에 끊어 가는 것이야말로 반드시 필요한 진행 방법이다.

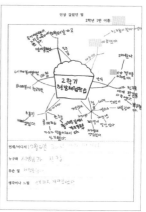

비주얼씽킹 – 경험한 일을 일이 일어난 순서대로 정리하기

■ 생각을 적거나 발표를 하도록 할 때, 그 형태를 제시하라

저학년 학생들은 교사가 생각하기에 '당연히 알고 있을 만한 것', '이만큼 이야기하면 알 것'이라고 여기는 부분들에 대해서도 의외로 많은 경우 잘 알지 못한다. 따라서 발문이나 과제를 제시할 때 최대한 상세하게 안내해야 한다. 간단히 말로 설명하면 충분하다고 생각되는 것이라도 칠판에 판서하거나 교구를 제시하여 눈으로 확인할 수 있도록 하는 것이 좋다. 특히나 수업에 있어 주요한 활동이라면 더욱 그렇다.

아래에 예를 들어 소개하는 내용을 통해 '생각한 바를 적거나 발표를 할 때 기본이 되는 형식'을 제시하는 것이 중요함을 알 수 있을 것이다.

• 인상 깊은 일 간단히 정리하기, 글쓰기

마인드맵으로 정리한 여러 내용 중에서, 인상 깊은 일을 정리하는 방법으로 '언제, 어디서, 누구와, 어떤 일인지, 그때의 마음 또는 생각이나 느낌'이라고 형식을 정해준 것도 저학년 학생임을 고려한 것이다. 충분하다고 할 수 있을 만큼의 장치가 필요하다. 활동지를 통해 인상 깊은 일을 어떤 형식으로 정리할지 제시하지 않고 '마인드맵에서 정리한 것 중에서 인상 깊은 일을 골라서 간단히 적어보세요.'라고만 하면 학생들은 무엇을 어떻게 해야 할지 몰라 멍하니 앉아만 있게 된다. 어떤 내용을 어떻게 정리할 것인지 구체적이고 친절하게 안내해야 한다.

이것은 글쓰기 과정에서도 중요하다. 아무리 항목을 다 정해주었더라도 '정리한 내용으로 글을 쓰세요.'라고 하면 저학년 학생들은 혼란에 빠진다. 당연히 제대로 된 글이 나올 수가 없다. 따라서 본보기 글을 제시하고, 글의 짜임에 대한 안내도 해야 한다. 플로터를 이용한 대형 인쇄물이나 전자칠판 등을 이용하여 '경험한 일을 글로 쓸 때 어떤 내용을, 어떤 형식으로 쓰는 것인지' 함께 살펴보며 참고할 수 있도록 한다.

물론 글을 쓰는 방법이나 형식이 모두 같을 수는 없지만, 저학년은 모든 것을 처음 접하고 익혀나가는 시기이다. 처음부터 개성을 살려 자유로운 형식으로 글을 쓰도록 유도하기 위해 '원하는 형식으로 쓰세요.'라고 하면 좀처럼 활동에 참여하지 못할 수 있다.

• 자신의 생각에 대한 이유 말하기

사고력은 타인과 대화하고 소통하는 과정에서 여러모로 생각하면서 키워진다. 하지만 단순히 자신의 생각을 이야기하는 것만으로는 그저 반쪽짜리 표현일 뿐 진정한 소통으로 나아가지 못한다. 대화와 사고로 나아가기 위해서는 자신의 생각에 대한 이유를 말해야 한다. 상대방의 생각에 대한 이유를 들음으로써 그 생각을 판단하고, 그것을 토대로 이야기를 이어나갈 수 있으며, 더 깊은 사고의 세계로 나아갈 수 있다.

그렇지만 저학년 학생들에게는 '이유'라는 단어 자체가 낯설다. 들어보기도 하고 대충 무엇을 말하는지 이해하는 학생이 있다고 하더라도, 이유라는 낱말의 의미를 대강이나마 이해하는 것과 이유를 말할 수 있는 것은 확연히 다르다. 저학년 학생들이 자신의 생각을 마련하고 그에 대한 이유를 이야기하도록 하려면 수업을 구성하고 발문을 하는 과정에서 많은 노력이 필요하다.

자신의 생각을 마련하기 위해서는 2부 2장 '|개념| 가르칠 것은 가르치자'에서 이야기한 것처럼, 생각을 마련하기 위한 기본을 갖추어줘야 한다. 이에 대한 부분은 다른 장에서도 다루었으므로 여기서는 이유를 생각하는 데 도움이 되는 발문 형식에 대해서만 다룬다.

이유를 말할 수 있는 열쇠는 말하는 사람에게 있는 것이 당연한데, 이것을 다른 사람의 도움으로 가능하게 한다는 것이 다소 이상하게 들릴 수도 있겠다. 사실 이유를 말하는 것의 열쇠를 학생이 쥐고 있으므로 만병통치약같이 한 가지 방법으로 이유를 말하도록 할 수는 없다. 각각의 수업 내용과 문제 상황에 맞게, 구체적으로 발문하면서 이유를 말하는 형태를 제시해야 한다. 분명한 사실은 '이유를 말하세요', '이유는 무엇인가요'와 같은 발문만으로는 충분하지 않다는 것이다. 이를테면 글을 읽고 인물에 관한 사항을 파악하는 활동을 할 때는 주로 인물의 말과 행동을 바탕으로 이유를 말하도록 한다.

> ◦교사: 『7년 동안의 잠』에서 늙은 개미가 매미를 먹지 못하도록 할 때 젊은 개미의 마음은 어땠을까요?
> ◦학생: 화가 났을 것 같습니다.
> ◦교사: 왜 그렇게 생각했나요? / 이유는 무엇인가요?

위와 같은 상황에서 학생들의 답은 주로 '이유가 무슨 뜻인가요?'라는 질문으로 돌아오거나 '이유는 모르겠어요'라는 대답만이 돌아온다. 이때는 '화가 났다는 것을 알 수 있는 말이나 행동에는 어떤 것이 있을까요?' 또는 '그림책에서 어떤 부분을 보면 화가 난 것을 알 수 있나요?'와 같이 조금 더 구체적으로 물어야 한다.

물론 구체적인 형태로 발문을 하더라도 첫술에 배부를 수는 없다. 여전히 모르겠다는 대답도 많이 나온다. 하지만 이러한 과정이 반복되면 다른 학급 학생과는 사뭇 다른 사고력을 갖추어갈 수 있다.

■ 친구들과 생각을 공유함으로써 배우도록 한다

어린 조카의 행동을 떠올리면 재미있는 기억이 많다. 출근하느라 집을 나설 때 내가 신발을 바로 신기 위해 한 발을 까치발로 들어서 바닥에 툭툭 치는 동작을 하는 것을 몇 차례 본 조카는, 내가 집을 나서려고 하면 마주 서서 그 동작을 따라 하곤 했다. 떠나기에 앞서 조카와 눈높이를 맞추려고 쪼그려 앉으면 그것도 따라 해서 쪼그려 앉은 의미가 없어지기도 했다.

어린아이들은 모방을 통해 왕성하게 학습한다. 집에서는 부모님을 모방하고, 학교에서는 선생님과 친구들을 모방한다. 모방을 통해 학습할 수 있는 다양한 장치를 마련하는 것이 좋다. 2부 1장 '[기본] 수업의 기본은 생활과 학습에서 출발한다'에서 제시했던 학습 기본 구조들에서 이러한 요소를 찾을 수 있다.

'번갈아 읽기', '번갈아 쓰기', '번갈아 말하기'와 같은 짝 활동에서는 짝과의 교류와 공유가 기본이다. 자기 생각을 적고 짝의 생각과 비교하는 '짝과 확인하기'는 활동 자체가 공유를 통해 짝의 생각을 알아봄으로써 자신의 생각을 되돌아볼 수 있는 구조이다. 그리고 '개인 칠판으로 모두 발표하기'도 칠판에 붙은 친구들의 생각을 참고하여 자기 생각을 수정하고 정교화할 수 있는 과정을 포함한다.

수업 진행에서 가장 기본이라 할 수 있는 판서를 통해서도 공유하고 모방하는 효과를 가져올 수 있다. 아이들이 발표하면 반드시 아이의 이름표를 붙이고 이를 칠판에 판서한다. 이러한 공유를 통해 친구들의 생각을 참고하여 자신의 생각을 마련하고, 더 정교화할 수도 있다.

■ 학생이 발전할 수 있는 수업으로 디자인하라

저학년 교실 수업은 주로 놀이를 통한 수업이라고 여기는 사람이 많다. 물론 저학년 수업에서 놀이의 요소는 중요하다. 학습에 도움이 되는 놀이를 할 수도 있고, 아이들의 정서 함양과 신체 발달을 위해 놀이를 활용할 수도 있다. 하지만 놀이 활동으로 수업을 구성하는 것에도 의도와 의미가 있어야 한다. 별다른 의미 없이 놀이 일변도의 수업을 하거나, 활동만 있고 배움이 없는 수업은 곤란하다. 놀이가 수단은 될 수 있어도 항상 목적이 놀이 그 자체인 수업만 해서는 안 된다.

저학년 학생들일수록 사고의 기본을 갖추는 데 힘을 쓰고, 생각하는 재미를 맛보게 하는 수업도 중요하다. 수업을 통해 학생들이 조금씩 발전하도록 해야 한다.

저학년 학생들이라고 해서 사고하는 수업을 지레 포기하고, 항상 활동 중심 또는 놀이 위주의 수업만을 한다면 발전하지 못한다.

대표적인 예로 '마음을 나타내는 낱말'에 관한 학습을 제시한다.

• 마음을 나타내는 낱말

2부 '[개념] 가르칠 것은 가르치자'에서 2학년 과정에서 분명히 가르쳐야 할 부분 중 하나로 제시하였다. 1학기에는 주로 마음을 나타내는 낱말을 익히는 것이 중심이고, 2학기에는 글에 등장하는 인물의 마음을 짐작해보는 것으로 구성되어 있다. 이를 기본으로 하여 교육과정을 재구성하고 수업을 디자인하였다.

1학기에는 학생 활동지를 이용한 카드 놀이, 이를 이용하여 제작한 교사용 교구, 마음 일기 활동 등을 통해 마음을 나타내는 낱말을 익히는 데 주력했다. 이 과정에서 '그림으로 공부한다', '활동 결과물이 수업 도구가 된다', '보여주고 보여주고, 또 보여주자', '교실 환경은 학습 도구이자 결과이다' 등 2부와 3부에서 소개한 장들의 다양한 수업 전략을 활용했다.

또 2학기에는 '가을이 오면' 프로젝트의 한 축으로 구성한 온작품읽기 활동에서 글을 읽고 인물의 마음을 짐작하는 활동을 통해 1학기에 익힌 마음을 나타내는 말을 활용하는 데 주력하였다. 이 과정에서 그렇게 생각하는 이유를 말하도록 하고 이에 대해 이야기 나누며 사고력 함양을 꾀하였다. 앞에서도 언급했지만 '이유를 말하라'고 발문하면 제대로 대답하지 못하므로 구체적으로 발문하는 것이 중요하다. 4부의 '1. 나를 찾아 떠나는 여행- 나, 너, 우리' '3. 가을이 오면 책을 -『마법의 설탕 두 조각』'에서 확인할 수 있다.

이렇게 수업한 결과, 이전과는 뚜렷한 차이가 나타났다. 우선 이야기할 수 있는 마음을 나타내는 낱말의 수에서부터 큰 차이가 보였다. 그리고 마음 일기 쓰기, 글을 읽고 인물의 마음 짐작하기 등을 통해 마음을 나타내는 낱말을 실제 적용하는 능력에서도 확연한 차이가 나타났다. 다른 학급에서는 글을 읽고 인물의 마음을 짐작하는 활동을 2학년 학생들이 상당히 어려워했다는 이야기를 전해 들었다. 학생이 발전할 수 있는 수업으로 디자인해야 한다는 것을 잘 보여주는 사례이다.

여기서 '학생이 발전한다'는 말은 교육과정의 정해진 수준 이상을 이야기하는 것이 아니라 정해진 범위 내의 능력을 갖추는 데에도 필요하다는 것이다. 마음을 나타내는 낱말을 익힌 후 글을 읽고 인물의 마음을 짐작하는 내용은 성취기준에 포함되어 있다. 학생들이 2학년 과정에서 반드시 익혀야 할 능력 중 하나이다. 일반적인 방법으로 교육과정에 정해진 수준에 도달하지 않는다고 해서 지레 포기할 것이 아니라 여러모로 방법을 연구해야 한다.

|그림책| 그림책으로 생각의 힘을 키운다

　많은 이들이 어린 시절 어머니나 할머니 무릎에 누워서 옛날이야기를 듣던 추억을 가지고 있을 것이다. 예전에는 전래 동화를 TV 만화 시리즈로 제작하여 보여주는 경우도 많았다. 하지만 언제부턴가 아이들이 보는 만화도 많이 달라진 것 같다. 아이들은 TV뿐만 아니라 유튜브 등을 통해 과거와는 비교할 수 없을 정도로 다양한 영상들을 접하고 있다. 과거에 비해 다양한 것을 접하는 것은 장점일 수 있으나 한편으로는 너무나 많은 영상물을 쉽게 접할 수 있기에, 그것을 검증하고 선별하는 것은 오로지 아이 개인의 몫이 되기 쉽다. 이런 상황이 걱정스럽기도 하고, 아이들이 옛이야기를 접하기 어려워진 점이 아쉽기도 하다.

　영상 매체 자체의 단점에 대해서도 생각해볼 수 있다. 요즘은 아이든 어른이든 TV, 유튜브, 넷플릭스, 웨이브, 왓챠플레이 등 다양한 서비스를 통해 영상물을 접하고 소비하는 일상이 늘어났다.

　반면 독서 시간은 줄어들어 책의 위기를 이야기하기도 한다. 그런데 이런 흐름 속에서도 독서를 주제로 하는 컨텐츠는 늘어나고 화제가 되기도 하니, 단순히 책의 위기라고만 속단할 일은 아닐지 모른다. 하지만 차분히 앉아서 책을 읽음으로써 얻을 수 있는 집중력 향상, 창의력, 상상력, 논리적 사고력 등은 점차 기대하기 어려워지는 것이 사실이다.

그림책을 포함한 독서교육 활동 중 온작품읽기처럼 교과 교육과정과 연계한 활동은 4부에서 사례와 함께 상세히 소개하고, 여기에서는 창의적 체험활동(학급특색활동) 등으로 실천한 그림책 활용 수업 사례를 제시한다. 이를 통해 'I디자인 초등 저학년 수업 디자인 전략'에서 소개한 내용이 그림책 수업에서는 어떻게 적용되는지 살펴볼 수 있다.

■ 그림책 읽어주기

그림책을 읽어주는 선생님들을 보면 마치 성우처럼 목소리를 바꿔가며 실감나게 읽어주는 경우가 있다. 그림책을 읽어주는 방법도 각자 중요하게 여기는 가치에 따라 다양하다. 어떤 선생님은 이야기를 들려주는 행위 자체에 아이들이 빠져들도록 그림책 내용을 다 외우고, 그림책에 나오는 그림을 사진으로 찍어 화면으로 보여주며 읽는다. 그림책으로 시선을 돌리면 아이들과 시선이 마주칠 수 없으므로 모두 외워서 읽어주는 것이다. 이때 보여주는 그림도 편집 프로그램을 이용하여 중간에 책이 접히는 부분을 없애는 등 상당한 노력을 들인다.

그런가 하면 화면으로 보여주면 그림책 고유의 색감과는 달라지므로, 어떤 선생님은 아이들을 다가와 앉도록 하고 적절한 높이로 책을 펼쳐 들고 아이들과 눈을 맞춰가며 읽어준다. 선생님마다 중요하게 생각하는 가치에 따라 실행하는 방법이 다른 것이다.

아무튼 가장 중요한 것은 읽어주는 행위 자체의 빈도이며, 아이들이 그림책 읽기를 즐기게 되어 독자적으로 독서를 할 수 있도록 돕는 것이다. 아무리 효과적인 방법으로 그림책을 읽어준다 하더라도 한 학기에 1~2권 읽어줄까 말까라면 별다른 효과를 거두기 어렵다. 그림책을 읽어줄 때는 각자 중요하게 생각하는 가치에 따라 효과적인 방법을 연구하여 읽어주되, 그것이 일상의 한 풍경이 되도록 자주 읽어주는 것이 중요하다.

나도 아침 시간이나 1교시 시작 무렵, 또는 계획한 수업을 모두 마쳤는데 시간이 남았을 때 그림책을 읽어주려고 노력한다. 아이들과 눈을 맞추고 가까이서 상호작용하기 위해서는 교사용 의자를 교실 중간으로 옮겨 자리를 잡은 후 아이들을 가까이 앉도록 하고 읽어준다. 그림책의 그림을 자세히 보고 이야기 나누는 데 주력하기 위해서는 미리 사진을 찍어두든지 실물화상기 등을 이용하여 화면에 띄워놓고 넘겨가며 읽어줄 때도 있다.

아이들이 그림책에 흥미를 가지고 자주 접할 수 있도록 잡지 가판대 형태의 전면 책장을 교실 앞에 둔다. 현재 수업과 관련된 그림책을 전시해놓고 자유롭게 읽고 다시 제자리에 가져다 두도록 할 수 있다. 이때 그림책은 교사가 선정할 수도 있고, 아이들에게 학급문고 그림책에서 해당 주제의 책을 선별하여 두도록 할 수도 있다. 이 외에도 학습 주제와는 별도로 봉사위원이나 희망하는 아이들에게 이달의 그림책 등을 선정하여 전시할 수도 있다.

물론 특정 주제에 맞는 그림책을 전시할 때 아이들이 제대로 선별해내지 못하고 엉뚱한 그림책을 가져다놓는 경우도 있으나, 주된 목적은 그림책을 가까이하도록 하는 것이므로 아이들이 선별한다는 점 자체가 의미 있다고 할 수 있겠다. 주제에 맞게 선별되지 않은 책들은 아이들이 읽으며 스스로 구분할 수 있도록 기다리는 편이다.

이웃 프로젝트 기간 중 전시했던 동네에 관한 그림책

■ 그림책 천천히 깊이 읽기

일본에서 하시모토 다케시 선생님의 실천으로 유명해졌던 슬로리딩이라고 할 수도 있고, 온작품읽기의 한 가지 방법이라고 할 수도 있겠다. 물론 하시모토 다케시 선생님의 실천과 비교하기에는 시대 상황이나 여건이 다르므로 그처럼 긴 프로젝트를 진행한 것은 아니다.

1학기에는 그림책『7년 동안의 잠』(박완서 글, 김세현 그림)을 이용하여 수업하였다. 2학기에는 글밥이 한결 늘어난『한밤중 달빛 식당』과『마법의 설탕 두 조각』을 이용하여 수업하였다.

상세한 교육과정 재구성과 수업 실천 내용은 4부에 자세히 서술했으므로 여기서는 다음과 같이 책을 읽기 전·중·후에 주로 활용한 활동 내용만을 제시한다.

단 계	활동 내용
읽기 전 활동	• 표지만 보고 내용 짐작하여 표현하기 • 표지 보고 질문 만들어 이야기 나누기 • 그림만 보고 이야기 만들어내기
읽기 중 활동	• 인물의 마음을 생각하며 읽기 • 일이 일어난 순서를 생각하며 읽기
읽은 후 활동	• 등장인물의 마음 짐작하기 • 등장인물에게 하고 싶은 말 적기 • 주제 정하여 토의 · 토론하기 • 일이 일어난 순서대로 내용 정리하기

■ 그림책과 친해지기

그림책과 친해지는 방법은 다양하다. 앞서 이야기한 그림책 자주 읽어주기, 잡지 가판대 형식의 전면 책장에 아이들이 선정한 책이나 프로젝트 주제와 관련 있는 책을 전시하는 것 모두 그림책과 친해지는 방법이다. 또한 수업 시간에 학습 주제와 관련한 그림책을 읽고 이야기 나누는 것도 좋다.

여기서 소개할 그림책과 친해지기 활동은 그림책을 함께 읽고 재미있는 독후 활동을 하는 것이다. 우선순위를 생각한다면 책에 한껏 빠져들어서 읽는 것이 단연 우선이며, 독후 활동은 필수적인 것은 아니다. 하지만 책을 읽고 재미있는 독후 활동을 하며 책을 떠올려보는 것도 좋은 방법이 아닐까 생각한다.『손바닥 동물원』과 같이 프로젝트 학습 중에 활용한 그림책에 대해서는 4부에서 소개하기로 하고, 여기서는 두 권의 그림책에 대해서만 소개한다.

• 『별자리를 만들어 줄게』(글 · 그림 이석, 뜨인돌어린이, 2007)

고요한 가운데 풀벌레 소리만이 가득한 시골집 평상에 누워서 가만히 밤하늘을 바라보고 있으면 헤아릴 수 없는 수많은 반짝임에 온 마음을 빼앗긴다. 그 순간만큼은 어떤 걱정이나 근심도 잊고 시간마저 잊은 채 한없이 빠져들게 된다.

윤형주의 노래 〈두 개의 작은 별〉의 "저 별은 나의 별, 저 별은 너의 별" 하는 가사가 생각나기도 하고, 자라고 나서 생각하니 왠지 우울한 것도 같은, 방정환 선생님이 지은 〈형제 별〉의 가락이 귓전을 떠돌기도 한다. 어릴 때 그 제목만으로도 설레던 별자리 이야기들은 어떤가? 아직도 몇몇 이야기는 머릿속에 선명히 남아서 그 시절을 생각나게 한다.

그림책『별자리를 만들어 줄게』는 그림만으로도 별이 가져다주는 환상적인 이미지를 잘 보여준다. 이슬과 나뭇잎을 절구에 넣고 '쿵더쿵 쿵더쿵' 찧어서 별을 만든다는 달토끼도 아이들의 상상력을 충족시킨다.

먼 곳 우주에 사는 밤하늘의 여왕님은 계절마다 다른 별자리로 옷을 갈아입는다. 그 옷을 만드는 친구들은 달나라에 사는 햇빛새와 고슴도치, 달토끼다. 햇빛새가 반짝반짝 윤이 나는 이슬을 담아 오고, 고슴도치가 대롱대롱 매달린 나뭇잎을 싸 오면 달토끼와 절구에 넣어 쿵더쿵 쿵더쿵 별을 만든다. 따뜻한 봄에는 목동의 부탁으로 목동 별자리와 사냥개 별자리를 만들었고 무더운 여름날에는 여우 별자리를 만들었다. 그리고 가을에는 아기 두루미가 힘낼 수 있게 두루미 별자리를 만들었다. 어느날 겨울이 다가왔을 때 햇빛새는 따뜻한 봄을 기약하며 떠난다. 햇빛새가 남기고 간 따뜻한 목도리로 추위를 피하던 친구들. 어느 겨울날 얼음뱀이 찾아와 별을 모두 먹어 치워 밤하늘은 깜깜해지고 별을 모두 잃은 여왕님은 눈물을 흘린다. 이를 보며 달토끼는 겨울뱀을 찾아간다. 친구가 없던 겨울뱀은 별을 모두 삼켜 몸이 반짝이면 친구가 생길 것이라고 말한다. 달토끼는 겨울뱀의 친구가 되기로 한다. 그리고 겨울뱀은 별을 다시 뱉어내고 즐거운 겨울날을 보낸다. 다시 밤하늘의 별은 반짝이게 되었고 겨울이 지나고 봄이 다가오자 겨울뱀은 떠나가고 햇빛새는 다시 돌아온다.

별은 모두에게 신비하며, 그 이름을 듣는 것만으로도 즐겁다. 신나게 별자리 이름을 이야기하는 아이들도 있고, 별자리 이야기가 궁금한 아이들도 있다. 한동안 즐겁게 이야기를 나누다가 나만의 별자리를 만들기로 했다. 둥글고 파란 스티커를 나눠주고 각자 자신만의 별자리를 만든다. 아이들은 뱀, 사자 등 동물의 모양을 한 별자리를 만들기도 하고 하트 모양 별자리를 만들기도 했다. 각자 별자리를 만든 후에는 거기에 얽힌 별자리 이야기를 만들어 적어보았다.

사자 별자리

옛날 옛적에 사자가 살았어. 그런데 사자는 하늘을 날고 싶었어. 그래서 까마귀에게 부탁했어.
"까마귀야 제발 하늘을 날게 해다오."
그래서 까마귀는 사자를 날게 해주었어.
그런데 너무 힘들었어. 그래서 하늘로 던졌는데 번개가 쳐서 별자리가 생겼어.

별자리 이야기

• 『비 오는 날 또 만나자』 (글 사토우치 아이, 그림 히로노 다카코, 한림출판사, 2001)

매일 매일 즐겁게 노는 낙으로 살던 어린 시절. 비 오는 날에는 온종일 집 안에 갇혀 있을 수밖에 없었다. 폭풍우 치는 밤에는 두꺼비집 퓨즈가 나가서 깜깜한 밤을 촛불로 밝히기도 하였다. 하지만 세차게 내리던 비도 잦아들 때쯤, 우산 하나에 장화 두 켤레면 온 세상이 내 것이었다. 그때쯤이면 슬슬 동네 친구들도 하나둘 나오기 시작한다. 물웅덩이가 펼쳐진 운동장에 쪼그려 앉아, 댐이며 성을 만들며 놀기 시작한다. 어느새 우산은 바닥에 내팽개쳐져 있다.

아침부터 비가 부슬부슬한 정도로 내리는 날이면 『비 오는 날 또 만나자』를 집어 든다. 수채화풍의 그림이 인상적이다.

비 오는 날 아이가 빨간 우비를 입고 집을 나선다. 지붕 위와 양동이에 부딪치는 빗소리가 내 귀에도 들릴 듯하다. 나뭇잎도 풀도 비를 맞아 반짝거리고 달팽이와 두꺼비도 모습을 드러낸다. 연못 속에는 부레옥잠과 개구리, 올챙이, 작은 물고기들이 가득하다. 논으로 향하니 개구리 울음소리가 음악 소리처럼 들린다. 마치 오케스트라 지휘자처럼 풀잎 가지를 휘젓다가 어느새 비가 그친다. 비를 피해 숨어 있던 나비들이 다시 날기 시작하고 아이는 비 오는 날 만났던 친구들에게 다음에 다시 만날 것을 기약하며 집으로 돌아온다.

그림책에 비 오는 날 만날 수 있는 다양한 동식물이 등장하면 아이들은 주변 공원에서 개구리를 봤다든지, 꼬리가 생긴 올챙이를 봤다는 등의 이야기로 꽃을 피운다. 그림책에 흠뻑 빠져든 모습을 보면 흐뭇하지만, 한편으로는 비가 그칠까 내심 조바심이 난다.

느긋하지 못한 마음으로 그림책을 다 읽은 후에는 우산을 챙겨 들고 교실을 나선다. 학교 옆에 있는 공원을 한 바퀴 돌고 학교 안 정원에서 물을 머금은 풀과 꽃잎을 살펴본다. 우산을 쓰고 가만히 비 내리는 소리에 귀를 기울여도 본다. 아이들은 마치 내가 어릴 때 그랬던 것처럼 우산을 내팽개치고 비를 맞는다. 흠뻑 젖어서 방아깨비며 민달팽이를 찾았다며 신기해한다. 한바탕 비를 체험한 후 교실에 와서는 미리 준비한 수건으로 젖은 머리와 몸을 잘 닦고 비를 체험한 일을 시로 썼다.

비 오는 날

■ 그림책으로 사고하기

독서의 힘은 책을 읽은 후 생각하는 것에서 찾을 수 있다. 수업의 목적은 학생들이 사고하도록 하는 것이며, 특히 저학년 수업의 목적은 사고의 기본을 마련하고 사고하는 즐거움을 느끼는 것이다. 그런 의미에서 '그림책으로 사고하기' 수업은 저학년 수업의 목적에 안성맞춤이라고 할 수 있다. 그림책 자체가 주는 흥미, 아이의 눈높이에 맞는 소재 등 그림책이 저학년 학생들이 사고하는 데 가져다주는 이점은 크다.

• 『개구리네 한솥밥』 (글 백석, 그림 유애로, 보림, 2001)

고등학교 문학 시간에 접했던 시인 백석의 동화시를 원작으로 완성한 그림책이다. 「여승」, 「여우난곬족」, 「흰 바람벽이 있어」, 「수라」 등 백석의 시는 유난히도 묵직하게 기억 속에 남아 있다. 처음 접하던 당시에도 백석의 시는 독특하면서도 여운을 남겼다. 담담하게 적어 내려간 듯하지만, 마음 한편에는 묵직하게 다가온다. 특히나 「수라」에서 거미를 문밖으로 쓸어버리니 큰 거미가 나타나고, 새끼와 함께 있도록 문밖으로 쓸어버리니 또 작은 거미가 나타나자, 또 슬퍼하며 문밖으로 쓸어버린다는 내용은 가슴이 아린다. 「여승」에 나타난 사연 또한 마찬가지다. 당시 배웠던 시대적 상황과 시 해설을 떠올리면 오히려 시에서 느끼는 감정이 덜해진다. 그저 글자 그대로 한 글자 한 글자 읽었을 때 가슴 한곳이 찌릿해진다.

『개구리네 한솥밥』은 백석 시인의 동화시 원작을 그림책으로 만든 것이라 그런지 더 각별하게 다가온다. 시를 원작으로 만든 그림책임을 생각하지 않더라도 읽고 있노라면 시와 같이 운율감이 느껴진다.

　　가난하지만 마음 착한 개구리는 형에게서 쌀 한 말을 얻기 위해 길을 나선다. 가는 길에 발을 다쳐 우는 소시랑게의 발을 고쳐주고, 길을 잃고 울던 방아깨비에게 길을 가르쳐 준다. 구멍에 빠진 쇠똥구리를 끌어내주고, 풀에 걸린 하늘소를 놓아준다. 그리고 물에 빠진 개똥벌레를 건져내준다. 착한 일을 하느라 날이 저물고 쌀 대신 벼 한 말을 받아오는데, 어두워서 곤란할 때 개똥벌레가 길을 밝혀주고 등에 진 짐이 무거워 올 때 하늘소가 도와준다. 쇠똥이 길을 막을 때는 쇠똥구리가 길을 터주고 방아가 없어 벼를 못 찧어 곤란할 때는 방아깨비가 도와준다. 장작이 없어 밥을 못 지을 땐 소시랑게가 거품으로 밥을 해준다. 그런 후 다 같이 멍석 깔고 둘러 앉아 한솥밥을 먹으며 끝난다.

그림책을 같이 읽은 후에 아이들과 묻고 답하기를 하며 개구리가 여러 동물을 만나서 도움을 주고 또 도움을 받았던 일을 정리하였다. 이어서 문장 만들기 활동을 하였다. 문장 만들기는 기본적으로 'A는 B다. 왜냐하면 C이기 때문이다.'라는 형식의 문장을 만드는 것인데, B에 들어갈 말은 사전적인 뜻풀이가 아니다. 실제 A와는 전혀 다르지만 비슷한 속성을 가진 낱말인 B를 쓰고 그 이유를 C에 적는다. 이는 일종의 은유법이라고 할 수 있다. 설명만으로는 아이들이 문장을 적어내기가 어려우므로 예를 들어 설명하였다.

◦ 소나기는 (소방수)다. 왜냐하면 (활활 타오르는 산불을 꺼 주기) 때문이다.

이어서 각자 개인 칠판에 문장을 만들어 적는다. 개구리, 방아깨비, 소시랑게 등 등장인물 중에서 하나를 선택하여 각각의 특성에 맞게 문장을 만든다. 이때 앞서 아이들과 이야기를 나누며 개구리가 각각의 인물들을 만나 도움을 주고 도움을 받았던 내용을 칠판에 정리한 것이 힘을 발휘한다.

저학년 아이들은 그림책을 한 번 듣고 세세한 내용을 다 기억하지 못한다. 따라서 칠판에 정리한 것을 통해 자신이 문장을 만들 인물을 정하고 문장을 만들게 된다. 이 책에서는 개구리가 도움을 받는 과정에서 각 등장인물 고유의 특성이 나타난다. 이를 통해 문장을 만들게 된다.

동화시를 원작으로 한 그림책을 읽은 후 문장 만들기 활동을 통해서 은유법을 접할 수 있다는 점에서 연관성이 느껴진다. 은유법을 연역적인 방법으로 초등학생에게 가르치는 것은 적합하지 않다. 문장 만들기 활동도 저학년 학생이 해내기에는 연습이 필요하다. 하지만 동화시를 원작으로 한 그림책과 문장 만들기 활동이 만났을 때 마법과도 같이 문장이 쉽게 만들어졌다.

물론 이 수업의 목적이 은유법을 익히는 것은 아니며, 이 수업의 목적은 어디까지나 문장 만들기를 통해 사고하고, 시적인 표현을 접하고 만들어보는 것이다.

『개구리네 한솥밥』 문장 만들기

○ 개구리는 알람시계다. 왜냐하면, '개굴개굴' 하고 큰 소리로 울기 때문이다.

○ 쇠똥구리는 청소부다. 왜냐하면, 새똥을 치워주기 때문이다.

○ 소시랑게는 요리사다. 왜냐하면, 밥을 해주기 때문이다.

• 『짧은 귀 토끼』 (글 다원시, 그림 탕탕, 고래이야기, 2020)

돌이켜보면 무척이나 부러웠던 친구들이 있다. 몇 번을 제외하고는 시험 성적이 항상 나보다 높았던 친구, 운동을 잘하던 친구, 활발한 성격으로 친구들과 잘 지내던 친구 등이다. 하지만 점차 시간이 지남에 따라 그 친구는 그 친구고 나는 나라는 생각이 자리 잡게 되었다. 자연히 다른 사람이 부럽다는 생각도 옅어지고, 내가 하고 싶은 일을 하고자 하는 마음이 생기기 시작했다.

그림책 『짧은 귀 토끼』는 자신의 짧은 귀가 콤플렉스인 토끼 동동이가 등장한다. 다른 토끼처럼 긴 귀를 갖기 위해 토끼 귀 빵을 머리에 붙이고 다니던 중 독수리로 인해 큰 위기를 맞는데, 짧은 귀 덕에 목숨을 건지게 된다. 단점이라고 생각했던 짧은 귀가 단점이 아니었던 것이다.

꼬마 토끼 동동이는 친구들과 달리 귀가 짧고 둥글고 토실토실하다. 빨리 달리고 높이 뛸 수 있으면 그만이라고 생각해보지만 점차 짧은 귀가 신경 쓰인다. 조금 더 자라면 귀가 길어질 것이라는 친구 미미의 말을 듣고 귀가 길어지길 기다렸지만 좀처럼 길어지지 않는다. 빨래집게로 귀를 집어 빨랫줄에 매달려도 보고 물을 준 채소가 자라는 것을 보고 매일 귀에 물을 주기도 하고 매일같이 길이를 재어보지만 5cm에서 좀처럼 길어지지 않는다. 속상해진 동동이는 빵을 귀 모양으로 구워 머리에 붙이고 의기양양하게 미미를 찾아갔다. 그런데 설탕과 물엿으로 만든 토끼 귀 빵에서는 달콤한 냄새가 났고 이 냄새를 맡은 독수리가 쫓아오기 시작한다. 독수리는 동동이를 낚아채어 아기 독수리들이 있는 둥지로 향한다. 발버둥치다가 토끼 귀 빵은 부러지고, 동동이는 버섯들 사이에 숨어 독수리를 피한다. 짧고 둥글고 토실토실한 귀 덕분에 동동이는 무사히 돌아가게 된다. 아기 독수리들은 토끼 귀 빵을 먹고 지금까지 먹어본 토끼 귀 중에 가장 맛있는 귀라고 생각하고 그 소문은 여기저기로 퍼지게 된다. 이 소식을 들은 동동이는 토끼 귀 빵집을 만들어 동물 친구들에게 팔게 된다.

『짧은 귀 토끼』는 그림책을 읽지 않고 활동에 먼저 임한다. 그림책에 대한 아무런 정보도 제공하지 않고 심지어 제목도 이야기하지 않는다. 먼저 각 모둠에 『짧은 귀 토끼』에서 주요한 네 가지 장면 그림을 인쇄하여 보여주지 않고 뒤집어 나눠준다. 아이들은 자신의 그림을 다른 친구들에게 보여주지 않고 각자 한 장씩 나눠 갖는다. 모둠의 1~4번 학생들은 번호순으로 자신의 그림을 보여주지 않은 채 말로만 그림 내용을 설명한다. 네 명의 학생이 설명을 마치면 아이들은 서로 이야기하며 네 가지 그림의 순서를 정하여 순서대로 내려놓는다.

그림 순서가 정해지면 이제 이야기를 만들 차례다. 충분히 이야기를 나눈 후에 '돌아가며 쓰기' 구조를 이용하여 그림 순서대로 자신이 뽑았던 그림에 어울리는 이야기를 만든다. 나열한 순서대로 각자가 쓰고 나면 하나의 이야기가 완성된다. 이때 각자 선택한 색깔의 사인펜을 사용하면 누가 어떤 글을 썼는지 쉽게 알 수 있다. 이미 그림책 내용을 알고 있는 경우에는 그 내용과 다른 내용의 이야기를 만들도록 한다.

모둠별로 만든 이야기를 친구들에게 소개한 후 비로소 사실은 이게 『짧은 귀 토끼』라는 그림책의 주요 장면을 인쇄하여 나눠준 것이라고 이야기한다. 아이들이 둘러앉은 가운데 그림책을 읽어준다.

평소에 그림책부터 읽으며 이야기 나누던 때도 재미있게 듣지만, '이야기 엮기'를 통해 자신들만의 이야기를 만든 후에 그림책을 읽어주니 새롭다. 그림책을 읽어나갈 때마다 아이들은 '아! 저런 이야기였구나!' 하면서 귀를 기울인다.

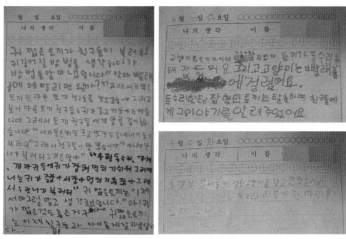

'돌아가며 쓰기'로 이야기 엮기

• 『신기한 독』 (글 · 그림 홍영우, 보리, 2020)

　가난한 농사꾼이 밭을 일구다가 오래된 독을 발견한다. 집에 가져다가 독 안에 괭이를 넣었더니 두 개가 되었다. 그 독은 무언가를 안에 넣으면 두 개가 나오는 신기한 물건이었다. 가난한 농사꾼은 큰 보물을 얻었다고 좋아한다. 그 소문이 퍼지고 밭을 팔았던 부자 영감의 귀에도 들어간다. 부자 영감은 밭을 판 것이지 독을 판 것이 아니라며 자신의 독이라 주장한다. 시시비비를 가리기 위해 원님에게 가져갔지만, 독을 보고 욕심이 생긴 원님은 독을 나라에 바치도록 한 후 자기 집으로 가져간다. 그런데 독 안을 살펴보던 원님의 아버지가 그만 독에 빠져 원님의 아버지가 계속하여 늘어나 곤란한 상황을 맞게 된다. 원님의 아버지들이 서로 자기가 진짜라고 다투는 통에 독은 깨지고 원님은 엄청나게 늘어난 아버지들과 깨진 독을 보고 한숨만 내쉰다.

　누구나 한 번쯤은 들어보았을 전래 동화이다. 아이들도 대체로 알고 있는 이야기라 크게 호응을 기대하지 않았다. 하지만 오랜 시간 살아남은 전래 동화는 큰 힘을 가지고 있다. 아이들은 신기한 이야기에 집중한다. 원님의 아버지가 독 안에 빠지고 원님이 아버지를 꺼내도 꺼내도 계속 아버지가 나오는 대목에서는 폭소를 터뜨린다.

> "무엇들 하느냐. 어서 나를 꺼내지 않고!"
> 원님은 그 아버지도 꺼냈어. 꺼내고 보니 독 안에 똑같은 아버지가 또 있네. 이 아버지도 꺼냈지. 근데 독 안에 아버지가 또 있어.

원님이 곤란한 상황을 맞는 것으로 마무리되는 내용은 권선징악이라는 면에서 완결된 결말일 수 있다. 하지만 상황을 보면 절대 종결된 것이 아니다. 독은 깨졌지만, 늘어난 아버지는 그대로인 점은 이후 일어날 상황에 대한 궁금증을 불러일으킨다.

이런 점에 주목하여 그림책을 읽은 후 이어질 내용을 적어보는 활동을 하였다. 활동을 안내한 후 각자 개인 칠판에 적었다. 모두 적은 후 짝과 서로의 내용을 이야기해본다. 짝과 이야기가 끝나면 모둠 번호순으로 교실 앞판에 개인 칠판을 붙였다.

아이들은 '아버지들 스스로 진짜를 찾으라고 한다', '아버지가 좋아하는 물건이나 음식을 물어본다'와 같이 진짜 아버지를 찾는 방법을 제시하기도 한다. 몇몇 아이들은 '아버지를 나눠준다', '아버지가 많아진 상태로 그렇게 살았다'와 같이 아버지가 늘어난 상황에서 살아가는 상황을 이야기하기도 한다.

아이들의 이야기를 정리하면서 '진짜 아버지를 찾는 방법은 무엇일까'라든지 '아버지가 많아진 상태로 살아갈 때 어떤 일이 생길까'와 같은 질문을 던지고 이야기를 나누었으면 하는 생각도 들었다.

• 『도깨비 감투』 (글 정해왕, 그림 이승현, 시공주니어, 2008)

옛날 부지런한 아저씨가 나무를 하러 갔다가 비를 만났다. 저만치 보이는 낡은 기와집에서 비를 피하던 중 소란스러운 소리가 들리자 귀신인가 싶어 몸을 숨겼다. 그런데 곧이어 도깨비들이 들어오기 시작하여 숨는다. 도깨비들은 머리에 쓰면 모습이 보이지 않게 되는 신기한 감투를 쓰고 놀다가 해가 뜨려고 하자 감투를 깜빡 잊고 두고 갔다. 슬그머니 감투를 가져온 아저씨는 그날부터 시장에 나가 온갖 물건을 훔쳐 온다.

하루는 싸움 구경을 하다가 담뱃불이 감투에 붙어 구멍이 났다. 곧장 집으로 돌아와 아내에게 부탁하여 감투에 붉은 헝겊을 덧대었다. 아저씨는 다시 시장으로 나섰는데, 감투에 덧댄 붉은 천이 둥둥 떠다니는 것을 보고 장터에 있던 사람들은 도둑이라고 외치며 작대기를 휘두르기 시작했다. 감투는 어디론가 사라지고 아저씨는 흠씬 두들겨 맞게 되었다.

그림책 첫머리부터 주인공이 부지런한 아저씨라고 언급된다. 마지막에 아저씨가 흠씬 두들겨 맞고 정체가 탄로 났을 때도 지나가던 사람들이 '쯧쯧, 저 부지런하던 이가 어쩌다 도둑이 되었을꼬?'라고 혀를 찬다.

부지런하던 사람이 우연히 도깨비 감투를 얻게 되자, 장터에서 다른 사람의 물건을 훔치는 나쁜 행동을 하게 된다는 점에서 사람을 어떻게 판단해야 하는지에 대해 강한 의문이 들게 된다. 부지런한데 순간의 유혹을 못 이겨서 나쁜 행동을 하게 되었다고 해야 할지, 원래 나쁜 심성을 가졌는데 그것이 드러났다고 해야 할지 혼동이 온다.

이처럼 사람의 마음은 복잡하며, 다른 사람을 판단하는 것은 매우 어려운 일이다. 이런 고차원적인 화두를 던져주는 만큼 이 책은 그림책으로 사고하기에 안성맞춤이지만, 저학년 학생에게는 어려운 주제이다.

다음을 기약하며 이번에는 그림책을 읽은 후 이어질 내용을 만들어보는 활동을 하였다. 먼저 모둠 친구들과 이야기를 나눈 후 '돌아가며 쓰기' 구조를 통하여 각자의 사인펜으로 이어지는 이야기를 만들었다. 아이들은 사라진 도깨비 감투의 행방에 따른 이야기를 주로 만들었다.

『신기한 독』을 읽고 이어질 내용을 글로 쓸 때, A5 크기의 개인 칠판에는 쓸 수 있는 내용이 한정적이고, 혼자서 생각하고 짝과 이야기 나누는 정도라 이야기가 기대한 만큼 풍성하지는 않았다. 그에 비해『도깨비 감투』로 수업을 할 때는 모둠 활동을 통하니 나름대로 형식이 갖추어졌다.

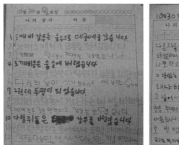

'돌아가며 쓰기'로 이어질 이야기 만들기

■ '그림책으로 사고하기' 수업에 날개 달기

앞서 소개한 '그림책으로 사고하기' 수업을 진행하고 보니 생각보다 어려운 면도 많았다. 우선 저학년 학생들을 사고하도록 하는 것이 쉽지 않다. 다음에 3~6학년 담임을 하면 이 수업이 더 알차고 만족스러울 것 같다는 생각도 들었다. 하지만 지금 교실에서 만나고 있는 저학년 학생에게 적절한 수업 방법을 생각해야 하지 않을까 하는 고민도 이어나갔다.

이러한 고민 속에서 저학년 학생들이 그림책으로 사고하도록 하는 방법에 대해 고심하였다. 이미 4장 '|디자인 초등저학년 수업 디자인 전략'에서 소개한 바 있는 수업 디자인 방법과 진행 방법을 활용하여 '그림책으로 사고하기' 수업에 날개를 달고자 했다. 수업의 과정을 간단히 정리하면 다음과 같다.

① 그림책 읽기

② 등장인물의 성격 알아보기

③ 성격에 따른 이야기 전개 방향 이야기하기

- 나는 (　　) 성격이니까 (　　) 할 것이다.

- 만약 등장인물이 (　　) 성격이라면 (　　) 할 것이다.

2017년 1학기에『7년 동안의 잠』온작품읽기를 마친 후 2학기에 이 그림책을 이용하여 사고하는 수업을 계획하였다.『7년 동안의 잠』은 흉년으로 굶주리던 상황에서 발견한 매미를 놓아주어야 할지, 매미를 먹고 굶주림을 면해야 할지에 대한 뚜렷한 논쟁점을 가지고 있다. 언뜻 생각하면 여기에 대해 자기 생각을 이야기하고 토의·토론하는 것이 가장 이상적이다. 하지만 저학년 학생들을 맡아서 수업해 오던 담임 입장에서 생각하면 찬반 토의·토론을 하는 것은 저학년 학생에게는 어려운 활동이었다. 따라서 토의·토론은 다음으로 미루고 인물의 성격을 알아본 후, 이 성격이 달라졌을 때 어떤 일이 일어날지 이야기하는 방향으로 수업을 디자인하였다. 저학년 학생에 맞도록 여러 장치를 마련하고 수업을 계획했다.

이튿날 수업을 진행하는데 처음부터 난관에 봉착했다. 그림책을 읽고 인물의 성격을 적어보라고 했더니 몇몇 아이들을 제외하고는 멀뚱멀뚱 앉아만 있었다. 인물의 성격을 파악하는 것이 처음이고, 성격을 나타내는 낱말도 많이 알지 못했기 때문이다. 순회지도를 하던 중 이를 인지하고 칠판에 성격을 나타내는 낱말을 몇 가지 적고, 이를 참고하도록 하여 수업을 진행했다.

수업은 그럭저럭 마무리되었지만, 성격을 파악할 때 만났던 상황이 마음에 걸렸다. 급히 칠판에 적었던 성격을 나타내는 낱말이 그리 많지 않기도 했고, 아이들이 낱말을 충분히 잘 알지 못하기도 했다. 그래서 2018년에 같은 수업을 진행할 때는 본 수업에 앞서 성격을 나타내는 낱말을 익히는 수업을 먼저 구성하여 진행했다.

• **성격을 나타내는 낱말 익히기**

성격을 나타내는 낱말에 대한 학습 방법은 앞에서 소개한 '마음을 나타내는 낱말'이나 '글자와 소리가 다른 낱말'을 학습할 때와 같다. 그림으로 표현한 학생의 학습 결과물을 이용하여 제작한 카드 놀이를 통하여 학습하고, 일상적으로 자주 접하고 활용할 수 있도록 각종 교구를 활용하였다. 상세한 방법은 앞서 충분히 소개하였으므로 여기서는 간단히 소개한다.

① 성격을 나타내는 낱말 활동지 작성
 - 성격을 나타내는 낱말을 분담하여(1인당 두 가지 낱말) 성격을 나타내는 낱말에 어울리는 그림 그리기
② 카드 완성하기
 - 학생 활동지를 스캔하여 TV 화면으로 보여주고 각각의 낱말이 어떤 성격을 나타내는지, 그림은 어떤 것을 표현했는지 함께 점검한다. 이때 학생들에게는 작게 인쇄한 카드를 나눠주고 TV 화면에서 활동지를 보고 이야기를 나눌 때마다 카드 뒷면에 해당하는 낱말을 적는다.
③ 카드 놀이로 성격을 나타내는 낱말 익히기
 - 앞서 소개한 '짝-카드 맞히기 놀이', '모둠-카드 맞히기 놀이', '나열식 카드 맞히기 놀이', '심화된 카드 맞히기 놀이' 등 다양한 카드 놀이 방법으로 성격을 나타내는 낱말을 익힌다.
 * 이 외에도 '마음을 나타내는 낱말' 학습을 위해 만들었던 다양한 교사용 교구를 '성격을 나타내는 낱말' 학습 시에도 만들어서 학생들이 일상적으로 자주 접할 수 있도록 했다.

순박한

• 순박한
- 순박한 성격의 농사꾼은 손님이 오자 맛있는 과일을 아낌없이 대접한다.

성격을 나타내는 낱말 활동지 확인하기

짝-카드 맞히기 놀이

겁이 많은	덤벙대는	쌀쌀맞은	이기적인	퉁명스러운
겸손한	동정심 많은	씩 씩한	인내심 강한	허영심 많은
고집 센	똑똑한	엄격한	자상한	호기심 많은
공정한	무뚝뚝한	엉뚱한	적극적인	효성스러운
긍정적인	버릇없는	예의바른	정직한	희생적인
꾀 많은	사나운	온순한	조급한	
너그러운	이웃을 소중히 여기는	욕심 많은	지혜로운	
다정한	성실한	용감한	진지한	
단순한	순박한	용맹스러운	친절한	
당당한	순진한	의리 있는	침착한	

자석 A4 용지로 만든 교구

• 『7년 동안의 잠』(글 박완서, 그림 김세현, 어린이작가정신, 2015)

우리 삶은 선택의 연속이다. 오늘 점심은 무엇을 먹을지, 내일은 어떤 일을 할지 등 사소한 것부터 어떤 학교를 선택해야 할지, 어떤 직업을 선택해야 할지, 어디로 이사를 가야 할지 등 삶에 큰 영향을 줄 수 있는 중요한 선택도 있다.

이야기나 만화 영화에 등장하는 선택의 문제는 대체로 간단해 보인다. 물론 깊이 생각하면 과연 그렇게 쉽게 선택할 일인가 싶을 때도 있고, 제3자의 입장이 아니라 막상 내가 그 입장이 되면 선택이 어려운 경우도 있다. 『7년 동안의 잠』에서는 당연하다고 생각한 선택이 자신이 개미의 입장이라고 생각하면 결정하기 어려운 선택으로 바뀐다.

그뿐만 아니라 이 책은 기성세대와 새로운 세대 간의 갈등 요소를 품고 있기도 하고 환경 문제, 생명 존중과 공존의 가치도 담고 있다. 2학년 수업에서 다루고 있지만 고학년 교실에서도 충분히 활용할 만한 그림책이다. 2학년 교육과정과 연계한 온작품읽기 활동은 4부 '2. 여름 속으로 -『7년 동안의 잠』'에서 상세히 소개하므로, 여기서는 온작품읽기 활동이 끝난 후 사고하기 수업 내용을 소개하기로 한다.

〈수업 주제〉『7년 동안의 잠』을 읽고 등장인물의 성격이 달라졌을 때 이야기가 어떻게 진행될지 알아보기

수업 시작에 앞서 성격을 나타내는 말 학생 활동지 그림 부분을 크게 인쇄하여 만든 교사용 교구를 보여주고 맞히도록 한다. 한 장씩 뒤에서 앞으로 넘겨가며 보여주고 답한다. 이미 여러 차례 했으므로 아이들은 보여주자마자 맞힌다. 이어서 그림책을 읽었다. 이미 온작품읽기 활동으로 충분히 접했지만, 다시 읽어도 아이들은 그림책에 집중한다.

그림책을 읽은 후에는 등장인물이 누구인지 물어본다. 아이들은 젊은 개미, 늙은 개미, 매미를 언급하고 잠깐씩 등장한 어린 개미와 여왕개미를 이야기하기도 한다. 이 중에서 언급만 되고 등장하지는 않았던 여왕개미를 제외한 젊은 개미, 늙은 개미, 어린 개미에 대해서 알아보기로 한다.

먼저 젊은 개미의 성격을 알아본다. 이때 막연히 젊은 개미의 성격을 물어보면 고학년 학생들은 어렵지 않게 대답하겠지만, 저학년 학생에게는 생각할 단서를 제공해주는 것이 좋다. 젊은 개미와 늙은 개미의 갈등이 심화된 부분에서 젊은 개미가 한 말을 플로터로 크게 인쇄하여 제시하였다. 저학년 학생들이 확실히 내용을 인지할 수 있도록 남학생이 읽기, 여학생이 읽기, 특정 학생이 읽기 등 변화를 주어가며 여러 차례 반복하여 읽는다. 학생들이 다 읽은 후에는 내가 다시 한번 찬찬히 읽었다.

우리가 땀 흘려 일하는 동안 팔자 좋게 노래나 부르는 매미는 우리의 먹이가 돼도 싸요.

노력을 하면 우리처럼 먹이를 위해 해야지. 아무짝에도 쓸모 없는 그깟 노래를 위해 7년 아니라 10년이라도 대단할 게 뭐 있담.

성격을 파악할 때 인물의 마음을 짐작해보는 것도 도움이 된다. 저렇게 말했을 때 젊은 개미의 마음은 어땠을지 물었다. 아이들은 '화난 마음', '짜증난 마음'이라고 대답하였다. 이제는 젊은 개미의 성격을 물었다. 성격을 나타내는 말을 학습했고 교실 앞판에 붙여두었으므로 아이들은 잠시 생각해본 후 어려움 없이 각자 공책에 적는다. 그렇게 생각한 이유를 적을 수 있도록 하고, '젊은 개미가 ~게 행동하였기 때문에', '젊은 개미가 ~게 말하였기 때문에' 등으로 적을 수 있다고 안내한다. 또 젊은 개미의 성격을 파악하는 데 어려움을 겪는 학생에게는, 젊은 개미가 한 말을 통해 매미의 노력을 아무것도 아니라고 보았음을 강조한다.

모든 학생이 자신의 생각을 적으면 짝의 생각과 비교하도록 한다. 이 과정에서 다양한 생각을 알 수 있고, 짝이 적은 내용을 보면서 자신의 생각도 가다듬을 수 있다. 짝과 이야기해본 후 '번호순으로' 구조를 통하여 각 모둠의 1, 2번 학생이 발표하고, 발표하지 않은 학생 중에 추가로 발표할 사항이 있으면 손을 들어 발표한다.

◦ 젊은 개미의 성격: 고집 세다, 나쁘다, 이기적이다, 욕심 많다, 진지하다

아이들이 성격을 이야기할 때마다 학생 이름과 대답을 칠판에 정리하면서 그렇게 생각한 이유를 물어보았지만, 아직은 이유를 대답하는 학생이 없다. 그래서 전체 학생들에게 혹시 이유를 이야기할 수 있는지 물었다. '고집 세다'에 대해서는 늙은 개미는 매미를 놓아주려 하는데 젊은 개미가 고집 세게 매미를 먹어야 한다

고 말하는 부분을 언급하였다. '욕심이 많다'에 대해서는 매미를 먹으려고 해서 욕심이 많은 것 같다고 하였고, '진지하다'는 매미를 먹어야 한다고 말할 때 말투가 진지하다고 대답했다.

이제 늙은 개미의 성격을 알아본다. 앞서와 마찬가지로 늙은 개미가 한 말을 선택하여 크게 인쇄한 자료를 제시한다. 지루함을 느끼지 않게 변화를 주면서 여러 차례 반복하여 읽고, 내용을 확실히 인지하도록 한다. 학생들이 모두 읽은 후에는 교사도 다시 한번 찬찬히 읽는다. '귀중한 목숨'이라는 대목을 강조하여 읽는다.

> 매미는 한여름 노래를 부르기 위해 어두운 땅속에서 날개와 목청을 다듬는단다. 내 짐작이 틀림없다면 7년은 족히 됐을라. 한여름의 노래를 위해 7년을.
> 매미를 끌고 내 뒤를 따르도록 해요. 조심들 해요. 귀중한 목숨이니까.

이제 늙은 개미의 성격을 각자 공책에 적고, 가능한 학생은 그렇게 생각하는 이유도 적을 수 있도록 했다. 앞서와 마찬가지로 '늙은 개미가 ~게 행동을 했기 때문에', '늙은 개미가 ~게 말했기 때문에'와 같이 쓰도록 형식을 안내한다. 모두 적은 후에는 짝과 비교하도록 하고 '번호순으로' 구조를 통해 각 모둠의 3, 4번 학생이 발표한다. 발표를 할 때마다 학생 이름과 대답을 칠판에 적고, 앉아 있는 학생 중에 다른 생각을 적은 학생이 있다면 손을 들어 발표하도록 한다.

◦ 늙은 개미의 성격: 생명을 소중히 여긴다, 자상하다, 희생적이다, 당당하다

이번에는 이유를 적은 학생이 많았다. 아이들은 수업 과정에서도 배우고 성장하는 모습을 보인다.

'자상하다'에 대해서는 '흉년이 계속되는데도 매미 먹는 것을 반대했으니까'라

고 이야기했고, '희생적이다'의 이유는 '다들 매미를 먹으려고 하는데 늙은 개미는 매미를 지켜주려고 해서'라고 말했다. 학생이 발표한 내용이 좋아 다른 학생들에게도 상기시킬 필요가 있을 때는 '방금 좋은 이야기가 나왔는데 다시 한번 말해볼까요?'라고 하면서 집중할 수 있도록 한다. '생명을 소중히 여긴다'고 적은 이유를 물으니 '매미가 개미 먹이인데 생명을 소중히 여겨서'라고 대답한다. 이 대목에서는 누구의 생명을 소중히 여기는지 물어서 매미의 목숨을 소중히 여기고 있음을 확인한다. 굶주리고 있는 개미의 목숨이나 매미의 목숨이나 모두 소중하지만, 매미의 목숨을 더 우선한다고 볼 수 있는 부분은 본시 수업이나 다음 차시 수업에 주요한 지점이 될 수 있다. (다음 차시는 이번 시간에 파악한 성격이 과연 맞는지 고민해 보고, 만약 개미의 입장이라면 어떻게 할지 자신의 생각을 표현하는 수업이다.)

이어서 어린 개미의 성격이다. 어린 개미는 처음에 매미를 발견하고 이를 전한 것 외에 주요 갈등 상황에서는 등장하지 않는다. 어린 개미의 경우 말을 많이 하지 않았으므로 행동에 초점을 두고 성격을 파악하고자 했다. 학생들과 대화를 통해 어린 개미가 한 일을 정리했는데 수업을 전사한 내용 중에서 그 부분을 발췌하면 다음과 같다.

- 교사: 어린 개미는 그렇게 말을 많이 안 했지요? 그래서 한 일을 알아보겠습니다.
- 교사: 어린 개미는 어떤 일을 했습니까?
- 학생: 매미를 발견했어요.
- 교사: 매미를 발견했습니다. 발견해서 무엇을 했지요?
- 학생: 신나게 기쁜 소식을 전했습니다.
- 교사: 지금 흉년이지요? 그리고 매미를 발견했습니다. 기쁘죠? 기쁜 소식을 전했습니다. 여기서 '전했다', '안 전했다'에 초점을 두고 생각해봅시다. 이 소식을 전하지 않을 수도 있겠지요? 전하지 않으면 어떻게 할까요?

◦ 학생: 자기가 다 먹겠지요.

◦ 교사: 그럴 때의 성격이 있을 것이고, 실제로는 전했습니다. 그럴 때의 성격이 있을 것입니다.

아이들은 어린 개미의 성격을 다음과 같이 말했다.

◦ 어린 개미의 성격 : 친절하다, 호기심이 많다, 겸손하다, 예의 바르다, 조급하다, 지혜롭다

아이들은 다양한 측면에서 이야기한다. 매미를 발견한 소식을 급하게 전해서 '조급하다'라고도 하고, 자기 혼자 먹지 않고 다른 개미들에게 소식을 전한 것은 '친절하다', '지혜롭다'라고 했다. '지혜롭다'라는 의외의 답에 대해 이유를 물었더니 '다른 개미가 굶어 죽으면 동료들이 없어 심심하니까 동료들이 살 수 있도록 매미를 혼자 먹지 않아서'라고 대답하였다.

이렇게 등장인물의 성격에 대해 이야기한 것은 마지막 활동으로 연결된다. 마지막 활동은 이번 수업의 공부할 문제 자체이다. 칠판에 붙이고 몇 차례 읽으면서 확인한다.

〈공부할 문제〉
등장인물의 성격이 달라졌을 때 이야기가 어떻게 진행될지 자신의 생각을 적어봅시다.

공부할 문제를 충분히 인지하면 학생들이 적어야 할 형태를 칠판에 붙이고 괄호에 무엇이 들어가야 하는지 설명한다. 저학년 학생들에게는 자신의 생각을 적는 형태나 예시를 제시해주어야 한다.

자신의 생각을 적는 형태

만약 (젊은 개미/늙은 개미/어린 개미)의 성격이 (   ) 성격이라면 (   ) 할 것이다.

　아이들은 각자 개인 칠판에 자신의 생각을 적는다. 모두 적으면 짝과 서로 비교해보며 자신의 생각을 점검한다. 그리고 모둠 내 번호대로 나와 차례로 칠판에 자신이 쓴 것을 붙인다. 아이들의 생각을 같이 확인해보며 등장인물에 따라 분류하여 칠판에 붙인 후 다음 차시를 안내하며 수업을 마무리한다.

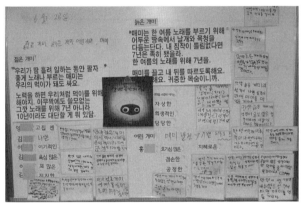

『7년 동안의 잠』으로 사고하기 수업 판서

|소책자| 나도 작가입니다
– 학생들의 결과물을 묶다

학창 시절에 받았던 수업을 떠올려보면 크게 기억에 남는 수업은 많지 않다. 그렇지만 평소와 달리 우리 반만 푸른 잔디와 아름다운 꽃들이 어우러진 야외에서 도시락을 먹었던 경험이나 교실에서 비빔밥을 만들어 먹었던 경험, 안 좋은 기억을 쪽지에 적어 태웠던 경험 등은 여전히 머릿속에 또렷하게 남아 있다.

초등학교 6학년 시절에 학급 문집을 만들었던 것도 기억 난다. 당시에는 컴퓨터를 다룰 줄 아는 학생이 몇 되지 않던 시절이라 친한 친구 두어 명과 함께 나누어서 학급 문집 파일을 작성했다. 돌이켜보면 당시 담임선생님이 정말 열심히 학급을 운영해주셨던 것 같아 새삼 감사한 마음도 든다.

이렇게 학생들에게 기억에 남는 소중한 경험이 되고, 학습 내용에 더 흥미를 가지고 자주 살펴보고 더 오래 기억하도록 하기 위한 방법으로, 학생들의 결과물을 책으로 묶는 것을 추천한다. 1년에 한 번 발간하는 문집도 좋지만 품이 많이 들어가는 일이어서 모든 교사가 하기는 쉽지 않다.

앞에서 언급한 것처럼 학생들의 작품을 책자의 형태로 만들어서 수업에 활용하고, 평소 자주 넘겨볼 수 있도록 해도 좋다. 1년에 한 권을 만드는 것도 의미가 있지만, 학습의 측면을 강조한다면 학습 결과물을 모은 소책자를 자주 만드는 것도 좋겠다. 이때 학생들이 자기 몫의 책자에 직접 그린 표지를 이용한다면 더 애정을 가지고 자주 넘겨보면서 내용을 익힐 수 있다.

우리 반 낱말 사전

우리 반 마음 사전

우리 반 시선집   우리 반 식물도감

경우에 따라 학급 내에서 표지 디자인을 공모하여 선정하는 것도 의미가 있다. 표지를 칠판에 붙여두고 마음에 드는 표지에 스티커를 붙이는 방식으로 투표를 진행하되, 자신의 표지에만 투표하는 일이 없도록 한 명당 두 개까지 투표하도록 한다.

우리 반 봄꽃 도감 표지 정하기 투표

|체험학습| 체험, 앎의 현장
– 체험과 학습을 연결한다

우리가 바라보는 세상은 실제이며 동시에 추상적이기도 하다. 앞에서 말했던 대로 세상을 바라보는 인간의 도구가 추상적이기 때문이다.

비슷한 이유로 수업에도 추상적인 면이 많다. 어떻게 하면 실제와 추상의 거리를 줄일 수 있을지가 바로 저학년 수업의 관건이다. 그 방법 중 하나로 이번 장에서는 체험과 학습을 연결하는 것을 소개한다. 이를 위해서는 실제적인 소재와 방법이 필요하며, 실제로 해당 장소에 가서 체험하면서 배우는 것이 필요하다. 이때 원활한 진행과 학생의 배움을 위해 어떻게 해야 할지 고민하고 치밀하게 구성하는 작업이 교육과정 재구성이다.

담임 교사들이 장소를 선정할 수 있는 여건이 되는 학교에서는 교육과정을 재구성할 때 현장체험학습 장소를 교사들이 직접 고민해서 정할 수 있다. 그에 따라 봄과 가을에 가는 전형적인 형태의 현장체험학습이 아니라, 필요한 학습을 계획하고, 사전·사후 활동도 충실히 하여 알찬 현장체험학습이 되도록 구성할 수 있다. 장소가 미리 선정되어 있어 담임 교사의 의견이 반영되지 못하는 경우에도 대부분은 학년 교육과정 내용과 관련이 있는 장소를 선정하기에, 교육과정 재구성 작업에 포함하는 것이 어렵지 않다.

곤란한 경우는 장소가 미리 선정되어 있을 뿐만 아니라 정해진 장소마저 학년 교육과정 내용과 그다지 관련이 없을 때이다. 소규모 학교에서 전교생이 함께 참여하게 되어 학년 학습 내용과 좀처럼 연결되지 않는 경우가 있는데, 이럴 때는 프로젝트 학습 주제나 학습 소재와 직접 연계시키기 어렵다. 이때는 체험학습 참여 시 지켜야 할 사항, 기억에 남는 일, 체험학습 때 있었던 일을 일어난 순서대로 정리하기 등과 같이 방법적인 측면에서 접근할 수 있다. 물론 교육과정과 충분히 관련 있는 장소라면 프로젝트 학습 주제 또는 내용적인 측면뿐만 아니라 방법적인 측면까지 동시에 만족시킬 수 있으므로 가장 좋다.

다음은 체험학습을 2학년 교육과정과 연계하여 실시한 내용이다. 자세한 내용은 4부에서 확인할 수 있다. 단, 지면관계상 봄, 가을에 관한 체험은 소개하지 않았다.

체험학습	학습내용
봄동산 체험 (학교 인근 공원)	◦ 동식물 관찰하고 정리하기 　– 우리 반 식물도감/봄꽃 도감 만들기 ◦ 봄동산 체험 　– 일이 일어난 차례대로 말하기 ◦ 봄의 동식물 말놀이
여름 동식물 관찰 (학교 인근 공원)	◦ 여름 동식물 관찰하기 　– 우리 반 여름 도감 만들기 ◦ 『7년 동안의 잠』에 나오는 곤충 표현하기
가을 체험 (학교 인근 산)	◦ 가을 동식물 관찰하기 ◦ 숲 체험 놀이 활동

우리 동네 탐색	◦ 우리 동네 사람과 시설 알아보기
	◦ 우리 동네 시설 소개 자료 작성
	◦ 우리 집 위치 확인하고 그리기
	◦ 우리 동네 그림 지도 완성하기
키자니아 직업 체험	◦ 사람이 많은 곳에서 지켜야 할 일
	◦ 직업 체험에서 인상 깊었던 일 글쓰기
우리 동네 쓰레기 줍기	◦ 우리 동네를 위해 할 수 있는 일
	− 알아보기
	− 실천하기
비 오는 날 (학교 및 인근 공원)	◦ 우산 쓰고 비 체험
	− 빗소리 듣기, 빗물 품은 학교 숲 산책
	− 시 쓰기

4부

교사교육과정,
수업전략을 만나다

0

실전, 교사교육과정 – 7가지 케이스 스토리

　지역별로 차이는 있겠지만, '교육과정 재구성'이라는 용어가 학교 현장에서 언급되기 시작한 것은 내가 체감하기에 7~8년 전 연구부장 연수 등을 통해서이다. 지금에 이르러서는 상당히 많은 교사들이 교육과정을 재구성하여 운영하고 있고, 최근 4~5년 사이에 혁신학교 근무 경험, 각종 연구대회, 수업 및 교사 교육과정 연구 등을 통하여 교육과정 재구성을 시도하는 움직임이 늘었다. 교육과정 재구성 대신 교육과정 구성이라고 하기도 하고, 교사별 교육과정이라든지 교사 수준 교육과정, 학급 교육과정의 필요성을 언급하는 일도 많다.

　이처럼 최근 교육과정 재구성을 통하여 학년 수준 또는 학급 수준에서 독자적인 교육과정을 운영하는 사례가 많다고는 하지만, 여전히 많은 수의 교사들이 교육과정 재구성에 어려움을 느끼고 있다. 교육과정 재구성 방법에 대한 책들도 있지만 내용이 다소 딱딱하여 접근 장벽이 높고, 제시된 사례도 재구성 방법을 이해하기 위한 한두 가지 예시에 그친다. 그런 점에서 이 책에서는 딱딱하고 이론적인 내용보다는 되도록 실천적인 사례를 많이 제시하려 했다.

2학년 교육과정을 재구성할 때 다양하고 새로운 주제를 중심으로 할 수도 있겠지만, 통합교과의 성취기준을 살펴보면 대주제(학교, 봄, 여름, 가을, 겨울, 마을, 나라)를 벗어나기 어렵다. 성취기준 자체가 대주제를 탐구하는 내용이므로 어설프게 새로운 주제를 중심으로 재구성하는 것은 잘 통합된 주제를 인위적으로 해체하는 것이 될 수도 있다.

나는 통합교과 영역에 따른 주제를 그대로 가져가는 것을 기본 방향으로 삼았다. 저학년 학생들은 문제의식에 따라 새로운 주제로 재구성하고 이를 탐구하는 것이 그리 쉽지 않을 수 있다는 판단이었다. 경우에 따라 대주제의 하위 주제로 '온작품읽기 활동'이나 '배려에 관한 소주제 학습활동' 등을 느슨하게 결합하기도 했다. 또 문법 영역과 같이 통합교과의 대주제에 포함시키기보다 별도의 프로젝트 주제로 구성하는 편이 더 좋다고 판단한 것은 독립적인 주제로 통합하였다.

전체적으로는 대주제에 따라 재구성하되, 특정한 통합차시 학습을 위해서 사전에 준비 학습이 필요한 경우는 프로젝트 학습 진행 도중에 먼저 준비 학습을 하고 나서 주제와 관련된 차시의 수업을 진행하였다. 이를테면 '동네 한 바퀴' 프로젝트의 한 활동으로 동네 사람을 소개하는 글쓰기를 구성하였다고 하자. 저학년 학생은 글쓰기 경험이 부족하다. 그러므로 본 활동에 앞서 소개하는 글쓰기 방법을 먼저 익히고 프로젝트 학습 주제에 따라 동네 사람을 소개하는 글쓰기 활동을 하게 된다.

다음은 2학년 과정에서 실천한 프로젝트 수업에 대한 간략한 설명이다.

■ **나를 찾아 떠나는 여행**

시작, 처음, 만남은 중요하다. 황금의 첫 주 보내기 등과 같은 이름으로 그 중요성을 강조하고 있는 학년 초 적응 활동을 교육과정 내로 편입시켜 구성한 것이 특징이다. 1년 학급 생활의 기초를 다질 수 있도록 구성하였다.

■ 여름 속으로

학교 인근 공원과 학교 내의 곤충과 식물을 체험하는 것을 시작으로, 여름에 어울리는 그림책 『7년 동안의 잠』 온작품읽기를 중심에 두고 구성하였다. 이 책은 여름에 읽고, 여름을 알아보기에 적절한 책이다. 뜨거운 여름날 그림책 한 권으로 공부를 마치면 여름방학이 성큼 다가온다. 방학을 어떻게 알차고 건강하게 보낼지 생각하며 1학기를 마무리하게 된다.

■ 가을이 오면

뜨거운 여름을 지나 맞는 가을은 그야말로 황금의 시간이다. 교실 문을 나서서 밖으로 나가면 빨강과 노랑으로 물든 나뭇잎들이 마음을 사로잡는다. 하늘은 유명 화가의 그림도 비할 수 없을 정도로 아름답다. 하지만 이 시기는 너무나 짧아 얼마 지나지 않아 추운 계절에 그 자리를 내주고 만다. 짧지만 강렬한 가을을 마음껏 즐기는 것이 우선이다. 가을 동산을 체험하고 가을을 표현하는 것이 '가을이 오면' 프로젝트의 첫 번째 축이다.

'짧고 아름다운 가을에 한 권의 책에 빠져들지 않는다면 무엇을 할까?'라는 생각에서 온작품읽기를 두 번째 축으로 구성하였다. 2018년에는 『마법의 설탕 두 조각』, 2019년에는 『한밤중 달빛 식당』을 선정하였다. 이 책에서는 『마법의 설탕 두 조각』 온작품읽기 활동을 소개한다.

■ 이런 집 저런 가족

'이런 집 저런 가족' 프로젝트는 항상 5월에 맞추어 진행하려고 한다. 그렇지만 '나를 찾아 떠나는 여행', '봄이 오면' 두 가지 프로젝트 수업을 진행하다 보면 생각보다 5월이 너무도 빨리 다가온다. 어버이날에 앞서 부랴부랴 부모님께 편지를 쓰는 것을 시작으로 '이런 집 저런 가족' 프로젝트를 시작할 수밖에 없었다.

우리 가족 이야기에서 시작하여 다양한 가족들의 이야기를 알아가다가 우리 가족으로 다시 고개를 돌린다. 가장 자주 만나지만 오히려 소홀하거나 쉽게 대하기 쉬운 가족의 소중함을 알아본다. 고생하시는 부모님에 대한 고마움을 느끼고, 도와드릴 수 있는 방법을 고심하는 활동으로 구성하였다.

■ **동네 한 바퀴**

2018년에 근무하던 학교는 마을을 중심으로 두고 여러 교육 활동이 이루어졌다. 학부모의 자발적인 참여로 마을학교가 활발하게 운영되었고, '골목의 사회학'이라는 교육청 지원 사업을 바탕으로 프로젝트 수업을 운영하는 학년도 있었다. 2학년 교육과정에도 마을을 다루는 부분이 큰 비중을 차지한다.

프로젝트 수업 도입 때 질문 만들고 이야기 나누는 활동을 통해 우리 동네 설명서를 만들기로 하였다. 우리 동네의 모습, 동네 사람들, 여러 가지 직업, 살고 싶은 우리 동네 등을 중심으로 우리 동네 설명서를 만들어가는 과정을 담았다.

■ **알쏭달쏭 낱말 익히기**

언어는 세상을 바라보고 사고할 수 있도록 하는 도구이다. 정치, 경제, 사회 등 인간의 모든 활동에는 언어가 필수적이다.

그렇지만 문법 영역의 수업은 쉽사리 흥미를 가지고 참가하기 어렵다. 그런 만큼 더 많은 고민과 준비가 필요하다. 2부와 3부에서 소개한 다양한 수업 전략들을 적용하여 아이들이 되도록 즐겁게 문법 영역 수업에 참여할 수 있도록 했다.

■ **시(詩), 삶을 담다**

시를 공부하는 단원의 성취기준을 중심으로 새롭게 차시 내용을 구성했고, 교과서에 나오는 어른이 쓴 동시보다 어린이가 쓴 시를 소재로 수업을 준비하였다.

시는 특정 시기에 공부하고 끝낼 것이 아니다. 꾸준히 일상의 이야기를 시에 담아야 한다. 자연스럽게 생활의 이야기를 풀어내는 것이 시이므로 일상적인 글쓰기 활동과 연계하여 생생한 시 수업을 구성하였다.

교육과정 재구성에서 중요한 것은 각 교사의 교육관이나 특기, 선호, 학교 내외의 여건, 학생 특성 등을 고려하여 자신에게 맞는 교육과정을 구성하는 것이다. 다른 사람의 자료를 참고할 수는 있지만, 아무리 잘 구성한 것이라도 그대로 따라 하는 것은 바람직하지 않다. 학급마다 그 학급에 맞는 더 좋은 재구성 계획이 있을 수 있다. 그러므로 여기에 제시하는 사례도 하나의 참고 자료로 활용하는 것이 좋다.

1

나를 찾아 떠나는 여행 - 나, 너, 우리

1. 들어가는 이야기

사람을 만날 때 첫인상의 중요성은 말할 것도 없다. 만남의 첫 단추를 잘 꿰어야 상대방과 좋은 관계가 유지될 수 있다. 교실에서도 마찬가지다. 요즘 아이들은 새로운 담임 교사에 대한 긴장이나 기대감이 예전만큼 크지 않은 것 같지만, 학교생활에서 담임 교사의 비중은 여전히 상당하다. 예전만큼은 아니라 해도 저마다의 마음에는 나름의 긴장과 설렘이 분명 있을 것이다.

3월 첫 주에는 교사도 학생들을 알아가고, 학생들도 자신과 친구들을 알아가는 활동으로 분주하다. 아이함께 연구회에서는 매년 새 학년 맞이 세미나를 열어 '황금의 첫 주'를 보내기 위한 활동을 구성하고, 3월 초 활동의 중요성을 강조한다. 그런데 많은 교실에서는 교육과정과 별개로 따로 시간을 내어 이런 활동을 진행하게 된다.

원래 3월은 바쁘다. 새 교실과 새로운 아이들을 맞이하는 교사는 교실 정리와 함께 아이들과의 만남, 다양한 생활지도 활동 등으로 분주하다. 교실 활동뿐만 아니라 3월에는 학교 업무도 특히 많다. 최근에는 선생님을 온전히 학생들 곁으로 보내기 위하여 새 학년 준비 업무를 2월부터 하도록 권장하는 편이고, 그에 맞춰 교원 인사 발표 일정을 앞당기기도 한다. 그렇지만 인사 발령은 3월 1일에 이루어지는 일이다. 미리 새 학년 맞이 활동을 준비해두어야 한다고 생각하고, 실제로 그렇게 하는 경우도 많다. 하지만 아무리 미리 한다고 해도 3월이 되어야 제대로 할 수 있는 일들이 많다.

혁신학교에서는 업무지원팀 운영 등을 통하여 담임 교사의 업무 부담을 줄여 온전히 교육 활동에 전념하도록 돕고 있다. 하지만 혁신학교가 아닌 곳의 담임 교사들은 여전히 수많은 행정 업무 때문에 수업에 전념하지 못하는 경우가 많다. 그리고 혁신학교에서조차도 업무지원팀은 교과 전담 교사, 기꺼이 업무를 나눠 가지는 의식 있는 교장, 교감 등 몇 사람의 희생 아닌 희생으로 지원이 이루어진다. 매년 업무분장 회의 때마다 업무지원팀을 어떻게 꾸릴지가 최대 관건이 되는 것도 이 때문이다. 혁신학교에 근무하기를 희망하는 교사들도 특색 있는 학급 교육과정이나 교사 수준 교육과정을 운영하고자 하는 것이지, 업무지원을 하기 위해 혁신학교로 이동하려는 것은 아니기 때문이다.

업무에 대한 부분은 앞으로 학교, 교육부, 교육청 등 다양한 곳에서 다방면으로 고민해야 할 것이다. 여기에서는 우선 교육 활동 안에서나마 부담을 줄이는 방안을 소개하고자 한다. 지금과 같이 새 학년 맞이 활동을 교육과정과 연계하지 않고 따로 시간을 내어 진행하고 3월 중순이 되어서야 교과 교육과정에 돌입하는 것은 교육과정 운영에 부담을 준다. 이러한 문제의식에 따라 새 학년 맞이 활동을 교육과정 안으로 끌어들여, '나를 찾아 떠나는 여행'이라는 주제로 소개하기, 자신의 몸과 마음 알아보기, 자기 생각 이야기하기를 중심으로 프로젝트를 구성하였다.

2. 교육과정 재구성 주제망

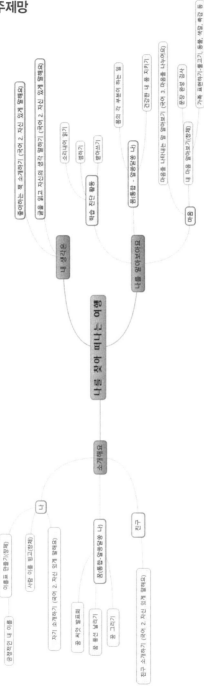

3. 교육과정 재구성의 방향 및 의도

요즘 거울을 보면 내 얼굴이 새롭다. '내 얼굴이 원래 이런가?' 하는 생각도 들고 '언제 이렇게 나이가 들었나?' 하는 생각도 든다. 거울 앞을 떠날 줄 모르던 사춘기 시절에는 얼굴 구석구석을 잘 알았을까? 어쩌면 내가 보고 싶은 부분만 보았을지도 모른다. 얼굴 중 어느 부분이 마음에 들면 그 부분만 자체 클로즈업하여 살핀다. 그리고 어느 부분이 마음에 안 들면 그 부분을 제외한 다른 부분은 장막으로 덮은 듯이 눈에 들어오지 않는다. 전체적으로도 객관적인 시각으로도 자신의 모습을 보지 못한다.

겉모습에 대해서도 이러한데 내면은 오죽할까? 나의 내면에 대해서는 잘 안다고 생각한 적조차도 없는 것 같다. 나 자신에게 질문을 던지지만 언제나 답을 찾지 못하는 것 중 하나가 '나는 누구인가?'이다. 나는 자신의 외양도, 내면도 잘 모른다. 그렇다면 자신이 아닌 타인은 어떨까? 물론 나와 상관없는 사람에 대해서는 알지 못하는 것이 당연하다. 그런데 가까운 가족이나 같은 반 친구들이라면 어떨까? 어쩌면 잘 안다고 생각할지 모르지만 가까운 사이인 이들도 어찌 보면 엄연히 타인이다. 이들에 대해 알고 있는 것이 얼마나 되는지 다시 한번 생각해보고, 이런 시각에서 만남에 대해 생각해본다.

3월은 만남의 시기이다. 새로운 만남이 있어 3월은 확실한 존재감으로 다가온다. 3월에 아이들은 교실에서 친구들과 만난다. 그리고 자신과도 만난다. 친구와의 만남은 '타인과의 만남' 그 자체로서도 의미가 있고 '자신과의 만남'에 대한 실마리를 준다는 점에서도 중요하다.

이 프로젝트에서는 '나를 찾아 떠나는 여행'이라는 대주제 아래 자신과 반 친구들의 외양과 내면을 탐색한다. 자신이 잘하는 것, 좋아하는 것, 되고 싶은 것 위주로 자기와 친구를 소개하는 활동을 통해 자신과 친구들을 알아간다.

스스로 자신을 깊이 알아볼 수 있도록 마음을 나타내는 말을 학습하고, 가족을 다양한 그림으로 표현하는 활동 및 문장 완성 검사 등을 통하여 자신의 마음을 알아본다. 또 몸 생김새와 각 신체 부위가 하는 일을 알아보고, 각 기관을 이용한 놀이 활동으로 자신의 신체에 대해서도 알아본다.

또 자기가 좋아하는 책 소개하기, 글을 읽은 후 자신의 마음을 표현하기 등으로 말하는 방법과 자세, 소개하는 내용 작성 방법 등을 학습한다.

이런 활동을 통하여 나와 너, 우리와의 진정한 만남을 갖게 된다.

4. 관련 교과 및 성취기준

교과	단원	성취기준
국어	2. 자신 있게 말해요	[2국01-04] 듣는 이를 바라보며 바른 자세로 자신 있게 말한다. [2국02-05] 읽기에 흥미를 가지고 즐겨 읽는 태도를 지닌다.
	3. 마음을 나누어요	[2국01-03] 자신의 감정을 표현하며 대화를 나눈다. [2국05-02] 인물의 모습, 행동, 마음을 상상하며 그림책, 시나 노래, 이야기를 감상한다.
통합 (바슬즐)	1. 알쏭달쏭 나	[2바01-02] 몸과 마음을 건강하게 유지한다. [2슬01-03] 나의 몸을 살펴보고 몸의 여러 부분의 이름과 하는 일을 관련짓는다. [2즐01-03] 나의 몸을 창의적으로 표현하고, 활발하게 움직일 수 있는 놀이를 한다. [2슬01-04] 나의 과거와 현재 모습을 통해서 재능과 흥미를 찾고, 이에 근거하여 미래의 모습을 예상한다. [2즐01-04] 나의 흥미와 재능 등을 표현하는 공연·전시 활동을 한다.
창체	·	각종 검사를 통해 자신의 심리 상태와 학습 정도를 알아본다.

5. 교육과정 재구성

소주제	학습내용
나를 소개해요	◦ 자기 소개하기 　－ 사람 이름 빙고 　－ 긍정적인 내 이름으로 이름표 만들기 　－ 변형 꼬마출석부를 이용한 소개 활동
나를 알아보아요	◦ 학습 진단 　－ 소리 내어 읽기, 쓰기, 셈하기 ◦ 내 마음 알아보기 　－ 문장 완성 검사 　－ 가족 표현하기 ◦ 우리 몸 알아보기 　－ 몸의 각 부분이 하는 일 　－ 오감놀이 ◦ 마음을 나타내는 말 알아보기
내 생각 표현하기	◦ 좋아하는 책 소개하기 ◦ 글을 읽고 자신의 생각 말하기 ◦ 학습 정체성 형성 활동 　－ 학급 로고 정하기 　－ 학급 규칙 정하기
내 꿈을 소개해요	◦ 꿈을 이룬 내 모습 ◦ 꿈 풍선 ◦ 꿈 씨앗 발표회 　－ 꿈 씨앗 발표회 종목 선정 　－ 꿈 씨앗 발표회 준비 　－ 꿈 씨앗 발표회

6. 수업 돋보기

나를 소개해요

■ 사람 이름 빙고

사람들이 처음 만나면 가장 먼저 하는 것이 자신을 소개하는 일이다. 교실도 마찬가지다. 첫날 학생 수에 따라 칸을 만든 빙고 활동지를 나눠주고, 네모 칸마다 친구들의 사인을 채워나갔다. 단순히 사인만 받는 것은 의미가 없다. 반드시 서로 자기를 소개해야 한다. 친구들을 만나기에 앞서 활동지에 빈칸을 채워 소개의 말을 적고 시작했다.

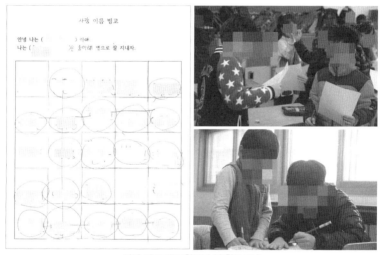

사람 이름 빙고 활동지 및 활동 모습

학생들은 교실에서 일어나 자유롭게 걸어 다니면서 마주치는 친구와 인사를 하고 소개 활동을 한다. 친구의 사인은 원하는 칸에 받을 수 있다. 칸의 수는 교실의 모든 학생과 담임 교사까지 만나야 채울 수 있도록 했으며, 이렇게 하면 한 학생도 소외되지 않고 모두 참여하게 된다.

각자 친구들을 만나며 완성한 활동지를 가지고 제자리에 앉는다. 가장 먼저 교사가 자신을 소개하고 다음 소개할 학생의 이름을 이야기하면, 호명된 학생은 일어서서 자신을 소개하고 다음 학생 이름을 말한다. 학생들은 소개하고 있는 아이의 이름에 동그라미를 표시하고 소개에 귀를 기울인다. 정해둔 기준(4줄 빙고, 5줄 빙고 등)에 따라 빙고를 외치는 학생이 나오면 작년 학습준비물 중 남아 있던 공책이나 풀 등을 상품으로 나눠주었다. 빙고가 되었다고 끝내는 것이 아니라 끝까지 모두 소개 활동을 하도록 했으며, 결국 모든 학생들이 자그마한 상품이라도 나눠 받았다. 약식 소개 활동이지만, 기존의 딱딱한 자기소개에 비해 부드러운 분위기 속에서 아이들이 직접 눈을 마주치며 1대 1로 만날 수 있다.

학생 수가 4×4, 5×5 등으로 딱 떨어지면 가장 좋지만 몇 칸 부족하거나 넘어도 그대로 적고, 빙고 놀이를 할 때는 위쪽 정사각형 부분만으로 선을 그어도 인정하면 된다. 혹은 자기 자신의 이름, 선생님 이름, 교장 선생님 이름 등을 원하는 곳에 써넣어 정사각형으로 맞춰도 좋다.

■ 긍정적인 내 이름표 만들기

3월 교실 책상 위에는 학생 이름을 적은 이름표가 붙어 있는 경우가 많다. 물론 첫날 학생들의 사진을 찍고 명렬표와 함께 두어 완벽히 이름을 외우는 것이 가장 좋지만, 수업의 원활한 진행을 위해서는 책상에 이름표를 붙여도 좋다.

이때 단순히 이름만 적는 것이 아니라 협동학습에서 학급 세우기로 활용하는 '긍정적인 내 이름'을 적용하여 이름표를 만들어 붙였다. 다음과 같이 자기 이름의 중성 자음으로 시작하는 긍정적인 관형사를 붙이는 방식으로 만든다.

· 김진수 ➡ 자랑스러운 김진수
· 김가연 ➡ 귀여운 김가연

저학년 학생은 스스로 만들기 어려우므로 칠판에 다양하게 예시를 제시하여 고르도록 했다. 그래도 정하지 못한 학생은 집에 가서 부모님과 함께 정할 수 있도록 했다.

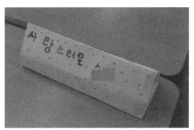

긍정적인 내 이름표 만들기

■ **변형 꼬마출석부를 이용한 소개활동**

본래 꼬마출석부는 글로 된 질문과 이에 대한 대답으로만 작성한다. 하지만 저학년 학생의 특성에 맞도록 그림을 그릴 수 있는 칸을 크게 제시하고 그 아래 간단한 형태의 질문을 세 가지 정도만 적어두었다.

• 잘하는 것은 무엇인가?
• 좋아하는 것은 무엇인가?
• 되고 싶은 것은 어떤 것인가?

활동지를 완성한 후에는 한 명씩 앞으로 나와서 딱딱한 방식으로 자기 소개글을 읽는 것이 아니라, '섞이고 - 짝 - 나누기' 구조를 이용하여 자유롭게 이동하면서 친구들을 만나 서로 소개하였다. 아이들은 친구들을 만나 손바닥을 마주친 후 각자 소개를 한다. 이때 듣는 이를 바라보며 적절한 크기의 목소리로 말하도록 강조하였다.

'섞이고 - 짝 - 나누기'가
끝난 후에는 활동지를 이용
하여 모둠 안에서 진실 두 가
지와 그럴듯한 한 가지 거짓
을 제시하여 틀린 내용을 맞
힐 수 있게 하는 '하얀 거짓
말 찾기'를 하였다. 먼저 돌
아가며 자신의 꼬마출석부

꼬마출석부 (자기소개)

를 보여주고 소개 활동을 한다. 소개가 끝나면 모둠에서 한 명씩 돌아가며 꼬마출
석부를 가지고 문제를 낸다. 게임 형식이기 때문에 아이들은 의욕적으로 참여하며
모둠 친구들에 대해 알아나갔다.

1대1, 모둠 내 소개 활동으로 자신감을 얻은 아이들은 이제 한 명씩 학급 전체
아이들에게 꼬마출석부를 이용하여 자기소개를 한다. 듣는 이를 바라보며 적절한
크기의 목소리로 말하도록 하고, 한 차례씩 소개가 끝나면 학급 아이들 전체의 꼬
마출석부를 교사가 모아 하얀 거짓말 찾기를 하였다.

그 후 같은 활동지를 이용하여 짝을 소개한다. 서로 짝의 얼굴을 그린 뒤 똑같이
이름, 잘하는 것, 좋아하는 것
을 물어서 적는다. 활동지 완성
후 '섞이고 - 짝 - 나누기' 구조
를 통해 짝을 소개하였다.

꼬마출석부 (친구 소개)

나를 알아보아요

■ 학습 및 정서 진단 활동

지금까지 소개 활동이었다면 이제는 학년 초 학생의 학습 정도와 정서적인 부분에 대한 진단 활동이다. 학습 면에서는 차례대로 나와서 소리 내어 그림책 읽기를 통해 능숙하게 글을 읽는 정도를 진단했다. 저학년 교실에서도 개인차는 상당히 크다. 글을 능숙하게 읽는 아이가 있는가 하면 더듬더듬 읽는 아이들도 많고, 한글을 익히지 못한 아이도 간혹 있다. 1학년 내용의 연산 활동지를 통해 셈하기 능력을, 받아쓰기 활동을 통해 맞춤법 습득 정도를 진단한다.

창의적 체험활동 시간을 활용하여 다음과 같이 문장의 뒷부분이나 중간 부분을 비운 후 완성하도록 하는 문장 완성 검사를 하였다.

- 나는 선생님을 (   ).
- 우리 반 아이들은 (   ).

저학년 수준에서는 작성하는 것이 쉽지 않고, 유의미한 결과를 도출하지 못할 수도 있다. 그러나 교우관계나 가족관계 등을 간단히 엿볼 수 있고 표현 정도를 통해 국어활용능력도 진단할 수 있다. 표현력이 아직 풍부하지 못하고 자기 생각보다는 바람직한 내용을 적으려는 경향이 큰 저학년 교실에서는 국어활용능력을 파악하는 데 더 도움이 된다.

다음으로 글보다는 활용도가 높은, 그림을 이용한 심리 검사를 실시하였다. 가족을 물고기로 표현하기, 가족을 동물로 표현하기 등을 통해 가족 구성원을 어떻게 생각하는지, 가족의 분위기가 어떤지 짐작할 수 있다. 다만 심리 검사 전문가가 아니므로 그림을 그린 후 그렇게 그린 이유를 적도록 하여 참고할 수 있게 했다. 아이들이 적은 설명은 아무래도 의도한 만큼 충분치 않으므로 따로 시간을 내어 쉬는 시간이나 방과 후에 개인 상담을 할 때 검사지를 두고 함께 이야기해보는 것이 좋다.

물고기로 알아보는 내 마음

가족을 동물로 표현하기

■ **우리 몸 알아보기**

개인을 규정하는 데에는 신체적 차이도 중요하다. 얼굴 생김새는 변형 꼬마출석부를 통해서 그림으로 표현하였고, 여기서는 우리 몸의 전체적인 생김새와 각 부분의 역할에 대해 알아보았다.

먼저 우리 몸의 각 신체 기관을 그려보는 활동이다. 각 모둠에 전지를 한 장씩 나누어 주었다. 대표로 한 명이 종이에 눕고, 나머지 학생들이 그에 맞춰 몸을 그린다. 그리는 아이들이나 누워 있는 아이나 하나같이 즐거운 표정이다.

저학년 아이들에게는 신체를 이용한 학습활동이 즐겁고 재미있다. 윤곽선을 다 그리면 모두 한데 모여 색을 칠한다. 옷을 그리고 단추도 그려 넣는다. 밝게 옷는 표정의 눈, 코, 입에 이어 귀, 손, 손가락, 발, 머리카락도 차례로 그린다. 그림이 완성되면 눈, 코, 잎, 귀, 손 등 각 기관의 명칭을 적어 교실 벽면에 붙여둔다.

우리 몸 알아보기

이어서 각 신체 기관의 역할을 이용한 놀이 활동으로 오감 놀이를 하였다. 교과서에도 나오는 오감 놀이는 준비에 제법 품이 많이 든다. 시각, 청각, 촉각, 미각, 후각을 체험할 수 있는 준비물을 제작하여 모둠별 책상 위에 올려놓고 순환학습 방식으로 체험한다. 시각과 청각 놀이 준비는 간단한 편이다. 시각은 활동지를 인쇄해놓고 다른 그림을 찾는 것이다. 청각은 안이 보이지 않는 통 안에 물건을 넣고 흔들어 들리는 소리를 통해 무엇이 들었는지 맞히는 활동이다.

촉각 놀이는 뚜껑 달린 A4 용지 박스를 활용하였다. 박스 뚜껑에 손이 들어갈 만한 구멍을 뚫는다. 밖에서 보이면 안 되므로 검정색 색지에 십자 모양의 칼집을 낸 뒤 박스 뚜껑 구멍에 붙인다. 십자 모양 칼집을 통해 손은 드나들 수 있지만, 밖에서 안은 보이지 않는 박스에 물건을 넣고 만져서 안에 무엇이 들었는지 맞히는 것이다.

미각 놀이는 아이들이 가장 좋아하는 놀이다. 오감 놀이를 하는 날이 다가오면 미리 사이다, 오렌지 주스 등을 사서 냉장고에 넣어둔다. 위생을 위해 빨대를 여유 있게 준비하고, 안이 보이지 않는 컵과 빨대를 꽂을 수 있는 뚜껑을 구해둔다. 아이들은 새 빨대를 꽂고 맛을 본다. 안이 보이지 않으므로 미각만으로 음료의 종류를 맞혀야 한다. 음료는 여유 있게 준비하고, 부족하면 다시 채워 넣는다.

후각 놀이는 과학실 시험관이 필요하다. 플라스틱 재질로 되어 있고 뚜껑이 달린 시험관에 참기름, 식초, 물을 채워 학교로 가져왔다. 시험관대가 있어도 좋지만, 아이들이 이동하며 건드려도 넘어지지 않으려면 A4 용지 상자 뚜껑이나 컵라면 6개들이 박스를 이용하면 좋다.

박스에 십자 모양의 칼집을 내고 시험관을 꽂아두면 아이들은 시험관대에 코를 가져다 대고 냄새를 맡아 안에 들어 있는 것이 무엇인지 알아맞힌다.

오감 놀이

■ **마음을 나타내는 말 알아보기**

마음을 나타내는 말에 대한 학습은 자신과 다른 사람의 마음을 알아보는 데 모두 중요하다. 상대방에게 공감하고 다른 사람을 배려하기 위해서는 필수적인 부분이라 할 수 있다. 먼저 마음을 나타내는 말 활동지를 작성하고 이를 '섞이고 - 짝 - 나누기'를 통해 나누었다. 그리고 이 활동지를 모아 제작한 카드를 통해 짝 - 카드 맞히기 놀이, 모둠 - 카드 맞히기 놀이, 나열식 카드 맞히기 놀이, 심화된 카드 맞히기 놀이를 하였다. 수업을 시작할 때 교사용 수업 교구를 사용하여 마음을 나타내는 말을 자주 접하면서 익힐 수 있도록 했고, 또 일상 활동의 하나인 마음일기를 통해서도 마음을 나타내는 말을 살펴보고 경험한 일과 그때의 마음을 표현하도록 하였다.

마음을 나타내는 말에 대한 학습 과정은 앞서 2부에서 충분히 서술하였으므로 여기서는 간단히 활동 이름만 언급했다. 마음을 나타내는 말은 2학년 교육과정에서 이후 활동의 기본이 되기에 중요한 부분이며, 분명히 가르치고 익히도록 해야 한다. 이를 위해 2부에서 소개한 '|시연| 함께 하며 익힌다'와 '|카드| 놀며 배우는 카드 놀이' 수업전략을 활용했다.

TV로 그림 확인하며 카드에 마음을 나타내는 말 적기

짝-카드 맞히기 놀이

모둠-카드 맞히기 놀이

나열식 맞히기 놀이

내 생각 표현하기

개인을 구성하는 요소는 변형 꼬마출석부 내용에 담긴 이름, 외양, 잘하는 것, 좋아하는 것, 되고 싶은 것 외에도 다양한 것들이 있다. 개인의 선호와 생각 등도 그중 하나이다. 따라서 자신의 생각을 표현하는 활동으로 좋아하는 책 소개하기, 학급 규칙 정하기, 학급 로고 정하기 등을 구성하였다. 생각을 표현하고 교류하며 '우리'를 만나는 것이다.

■ 좋아하는 책 소개하기

저학년 교실이므로 제대로 활동이 이루어지려면 몇 가지 준비가 필요하다. 그 자리에서 책을 정하고 생각을 떠올리기보다 소개하고 싶은 책을 미리 준비해 오도록 한다. 이때 책을 읽는 시간을 주고, 소개하기 위한 자료도 준비할 수 있도록 한다.

초등학교 저학년 교실임을 감안하여 활동지를 미리 준비하고 어떻게 소개할지 정해준다. 활동지 맨 위에 책 제목을 적고, 두 번째 큰 칸에는 인상 깊은 장면을 그리고, 아래에는 등장인물과 기억에 남는 문장을 적는다. 활동지가 완성되면 완성된 아이들부터 자리에서 일어나 자유롭게 이동하며 '섞이고 - 짝 - 나누기'로 책을 소개한다.

변형 꼬마출석부 활동지를 통한 책 소개

병풍책 만들기를 통한 책 소개

■ 글을 읽고 자신의 생각 표현하기

글을 읽고 자신의 생각을 표현하는 활동이다. 교과서에 나오는 〈동물 마을에서 생긴 일〉을 활용하였다. 아이들은 작게 소리 내어 각자의 속도로 읽는다. 다 읽은 학생은 눈으로만 반복하여 읽도록 한다.

모든 학생이 다 읽으면 첫 번째 발문을 한다. "동물 친구들의 걱정은 무엇입니까?"라고 물으며 칠판에 적는다. 주요한 내용만 간단하게 정리할 수 있도록 15글자 이내로 공책에 적도록 하고, 15글자로 표현하기 어려운 경우에는 글자 수에 구애받지 않고 적는다.

'번호순으로' 구조를 이용하여 각 모둠에서 학생이 발표하면 칠판에 학생의 이름을 붙이고 답한 내용을 판서한다. 칠판에 적힌 내용과 다른 생각이 있는 학생들은 손을 들어 발표하게 한다. 정확하게 설명하지 않고 단편적으로 이야기하는 학생들도 있지만, 아이들의 답을 모아서 읽어보면 내용이 명확해진다. 동물 친구들의 걱정은 '동물 마을에 넓은 찻길이 생겨서 마을 밖으로 안전하게 나가지 못한다.'로 정리하였다.

다음 발문은 "동물들을 도와줄 수 있는 방법은 무엇일까?"이다. 마찬가지로 15글자 이내로 적는다. 아이들은 큰 어려움 없이 적는다. 이번에도 '번호순으로' 구조를 이용하여 각 모둠의 1번과 2번 학생이 발표한다. 그리고 칠판에 적힌 내용 외에 다른 생각이 있는 학생은 손을 들어 발표하도록 하고, 그 내용을 판서하였다. 아이들은 '동물 횡단보도를 만든다', '찻길을 높이 만들고 그 아래로 동물들이 지나갈 수 있도록 한다' 등 그럴듯한 생각을 이야기한다. 또 '스프링 신발을 신는다' 등 아이답게 기발한 생각을 말하기도 한다.

아이들의 생각을 살펴본 후 각자 동의하는 생각에 손을 들었다. '서로 양보한다'에 3명이 동의하였고 '동물 횡단보도를 만든다'에 9명, '찻길을 높이 만들고 그 아래로 동물들이 지나갈 수 있도록 한다'에 10명이 동의하였다. 세 가지 의견을 중심으로 조금 더 생각을 나눠본 후 생각이 바뀌었는지 확인하며 수업을 마무리하였다.

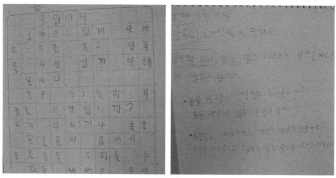

공책 기록

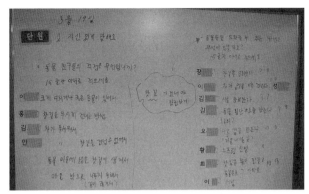
글을 읽고 자신의 생각 이야기하기

■ 학급 로고 정하기

학급의 정체성을 형성하는 것은 학급 세우기 활동의 첫걸음이다. 나라와 도시, 학교에 상징이 있는 것처럼 학급의 상징인 로고를 정한다. 학급의 상징은 그해에 학생들이 직접 정하고 1년 동안 사용하므로 그 의미나 선정 과정이 선명하게 머릿속에 남고, 그래서 더 의미가 있다.

우리 반 로고를 그리기에 앞서 다양한 로고를 살펴보며 로고란 것이 어떤 것이며 어떤 형태인지 파악한다. 아이들은 여러 로고 중 자신이 알고 있는 상품이나 브랜드의 로고를 발견하면 신나서 이야기한다. 익히 알 만한 로고들을 살펴보며 그 특징을 알아간다.

일반적으로 로고는 복잡하지 않고, 많은 색을 사용하지 않으면서도 강렬한 인상을 주는 것이라고 알려주고, 우리 학급의 의미를 담을 수 있어야 한다는 것도 설명하였다. 학생들은 열심히 로고를 그린다. 생각보다 수준 높은 결과물을 그리는 학생도 있고, 자신이 좋아하는 상품의 로고에서 힌트를 얻어 그리기도 한다. 또 교과서 표지를 참고하여 그리는 학생도 있었다.

로고가 완성되면 칠판에 붙여두고 각자 스티커를 두 개씩 나눠주고 투표한다.

친분에 따라 투표하지 않도록 그린 사람 이름은 적지 않고 우리 반 로고로 적합하다고 생각하는 것에 투표하도록 강조하였다. 아이들은 나름대로 고심하여 투표하고, 그 결과 우리 반의 로고를 정하였다.

저학년 교실에서는 자기 손으로 로고를 그리고 선정하는 경험 자체가 가장 중요하다.

우리 반 로고

■ 학급 규칙 정하기

학급 로고를 정했으니 이제 학급 규칙을 정할 차례다. 학급 규칙 정하기는 가장 기본적인 학급 자치활동으로서, 학생들이 자기 손으로 직접 규칙을 정하는 의미 있는 활동이다. 먼저 개인 칠판에 우리 반 규칙으로 삼을 만한 것을 각자 한 가지씩 적는다. 이를 칠판에 모둠별 학생 번호순으로 붙인다. 바람직한 의견으로 수렴하는 것보다는 다양한 의견을 취합하는 것이 목적이므로 자신의 의견을 수정하는 것에 대해서는 언급하지 않는다. 그렇지만 모둠 번호대로 나와서 붙이는 과정에서 앉아 있는 학생들은 다른 학생들의 의견을 참고할 수 있다. 이 과정에서 친구들의 생각을 보고 자신의 생각을 정리하는 데 도움을 얻을 수 있다.

모든 학생의 생각을 칠판에 붙인 후 비슷한 의견끼리 묶고 함께 대화하며 학급 규칙을 확정한다. 고학년 교실처럼 장난스러운 의견은 나오지 않고 대부분 진지하게 참여한다. 하지만 기발한 의견보다는 일반적으로 바람직하게 여기는 정도의 의견이 주를 이루어서, 내 손으로 만든 학급 규칙을 통해 주인의식을 갖기에는 다소 아쉬운 면도 있었다.

자세한 절차는 2부 1장 '[기본] 수업의 기본은 생활과 학습에서 출발한다'에서 소개하였으므로 여기서는 간단히 제시한다.

개인 칠판으로 모두 발표하기 　　　　　　비슷한 것끼리 묶기

내 꿈을 소개해요

변형 꼬마출석부 활동 시 되고 싶은 것을 적으며 꿈을 소개했다. 당시에는 자기 소개 내용 중 하나로 적은 것이고, 이번 활동은 꿈을 이룬 내 모습 그리기, 꿈 풍선 날리기를 통해 꿈을 이루는 과정을 더 구체화할 수 있도록 했다.

■ 꿈을 이룬 내 모습

학생 사진을 A4 크기로 인쇄한 후 나눠주고, 얼굴 부분만 가위로 오려 이를 새 A4 종이에 붙인다. 얼굴 이외의 부분은 자신이 꿈을 이룬 미래의 모습을 그림으로 그리도록 한다. 직업이 잘 드러나도록 옷이나 소품 등을 그리고, 뒷면에는 꿈을 이루기 위해 내가 할 수 있는 일을 적도록 했다. 이후 '섞이고-짝-나누기'를 통해 나눔 활동을 하였다.

이렇게 꿈을 이룬 모습을 상상하고, 이를 이루기 위해 해야 할 일을 생각하는 과정을 통해 막연하게만 생각하던 것을 보다 구체화시켜 생각할 수 있는 계기가 되었다. 꿈을 이룬 모습을 통해 직업의 특성을 탐색하고, 자신이 노력할 수 있는 일을 생각하여 적으면서 꿈을 향해 한 걸음 더 내디딜 수 있다.

꿈을 이룬 내 모습 그리기

■ **꿈 풍선**

꿈을 그리고 이를 소개하였으면 이제 다짐 활동이다. 모둠별로 풍선을 하나씩 나눠주고 네임펜 등을 이용하여 꿈을 이루기 위해 다짐하는 말을 적었다. 완성한 뒤에는 꿈 풍선을 이용하여 다양한 풍선 치기 활동을 하였다. 풍선 치기는 모둠 학생들끼리 둥글게 앉거나 서서 풍선이 땅에 떨어지지 않도록 치는 놀이다.

꿈 풍선

• 손을 잡지 않고 하는 풍선 치기

모둠 친구들이 모두 바닥에 앉아서 풍선 치기를 한다. 절대 엉덩이가 떨어지거나 이동하면 안 되며, 풍선이 떨어지면 중단한다. 양손 사용하기, 한손 사용하기, 한쪽 검지손가락만 사용하기 등 사용하는 신체 부위에 다양하게 변화를 줄 수 있다.

손을 잡지 않고 하는 풍선 치기 및 풍선 전시

• 손을 잡고 하는 풍선 치기

모둠원 4명이 서로 손을 잡고 풍선 치기를 한다. 풍선이 바닥에 떨어지지 않도록 하고 풍선이 떨어지거나 잡은 손이 떨어지면 중단한다. 앉아서 이동하지 않고 하기, 일어서서 하기 등 다양하게 변화를 주며 할 수 있다.

손을 잡고 하는 풍선 치기

• 분단 대항 풍선 치기

각 분단의 맨 앞에서 시작하며 풍선을 쳐서 맨 뒤로 갔다가 다시 맨 앞으로 오는 과정을 반복한다. 시간을 제시하여 그 시간 안에 왕복 횟수가 가장 많은 분단이 승리한다.

■ 꿈 씨앗 발표회

　자신의 재능을 친구들 앞에서 뽐내는 발표회이다. 먼저 날짜를 정하고 개인별로 자신이 할 종목을 정했다. 종목 선정 날짜는 미리 예고하여 생각할 시간을 충분히 준다. 그림을 그려서 소개하겠다는 아이부터 바이올린 연주, 우쿨렐레 연주, 음악 줄넘기, 노래, 쌍절곤 시연, 춤, 마술 공연까지 그야말로 다양하다.

　칠판에 학생별 종목을 정리하고, 동일한 종목인 경우 학생들 희망에 따라 함께 모아서 하기도 하고 학생 수가 많으면 그룹으로 나누기도 했다. 온전히 학생들의 의견대로 종목과 순서를 정했으며, 여러 종목에 참여하는 아이들도 있었다. 다만, 모든 학생이 한 종목 이상은 반드시 참여하는 것이 원칙이다. 학생들은 준비 기간 동안 열심히 실력을 갈고닦아 재능을 뽐낸다.

　원래 꿈 씨앗 발표회는 2017년『내 꿈은 방울 토마토 엄마』온작품읽기 활동 중에 본문에 나온 명칭을 이용하여 실제로 우리 학급에서도 발표회를 열었던 것이 시작이었다. 2018년부터는『7년 동안의 잠』을 1학기 온작품읽기 도서로 선정하고『내 꿈은 방울토마토 엄마』는 활용하지 않게 되면서 꿈 씨앗 발표회만 남게 되었다.

꿈 씨앗 발표회

2

여름 속으로 -『7년 동안의 잠』

1. 들어가는 이야기

어린 시절에는 언제나 시간이 많았다. 하루가 멀다 하고 동네 아이들과 산으로 계곡으로 놀러 다니고, 가재며 개구리, 메뚜기 등을 잡으며 놀기도 했다. 익사 사고가 심심찮게 발생하여 어른들이 가지 말라고 하던, 인적이 드문 연못에서 놀기도 했다. 비록 시멘트와 아스팔트 도로가 깔린 도시 지역이었지만, 지금만큼 온통 인공적인 재료들로 풀과 흙을 덮어버린 상태는 아니었다. 봄에는 철길 옆으로 난 길에 벚꽃이나 개나리 등 각종 봄꽃들이 피어 온 가족이 필름 카메라를 하나 들고 봄나들이 하러 가곤 했다. 여름에도 더운 줄 모르고 놀았으며, 비가 와도 우산 하나에 장화 한 켤레만 있으면 거리낄 것이 없었다. 비를 맞아가면서 운동장 한가운데 쪼그려 앉아 수로가 있는 상상 속의 성 만들기에 여념이 없었다. 가을엔 온통 붉은색과 노란색으로 물든 산을 볼 수 있었고, 간혹 겨울에 눈이라도 내리면 신이 나서 눈싸움에 빠져들었다. 눈사람 만들기도 하고, 스케이트 타느라 얼음 위를 휘젓고 다니기도 했다.

그런데 요즘에는 별다른 일이 없는 주말에도 여유를 찾을 수 없다. 어쩌면 지금의 세상이 사람을 더 급하고 여유 없게 만드는 것은 아닌가 하는 생각도 든다. 지금의 시간을 살아가는 아이들은 과연 예전에 내가 느꼈던 여유와 재미를 느낄 수 있을까?

그때의 자연을 지금의 아이들이 접하는 것은 불가능하다. 이제는 시멘트와 아스팔트, 보도블록이 빼곡히 도시를 채우고 있어, 아이들이 접하는 자연이란 고작 학교 안의 정원과 인공적으로 가꾼 수목원이나 공원뿐이다. 가끔 산에라도 가면 흙과 나무, 풀을 접할 수 있겠지만 아이들은 예전만큼 쉽게 산에 가지 못한다. 아이들이 자주 접하는 나무와 풀은 어쩌면 매연을 뿜으며 차들이 줄지어 달리는 도로 옆 한 뼘의 땅에 심어놓은 가로수가 고작일지 모른다.

접할 수 있는 자연이 줄어든 것도 있지만, 아이들이 누리던 길고 긴 시간도 줄어들었다. 요즘 아이들은 자연에 눈을 돌릴 여유가 없다. 학교 수업을 마치면 방과후학교 교실을 찾아가기 바쁘고, 교문 밖에는 학원 차가 대기하다가 아이들을 실어 나른다. 조금의 여유 시간이라도 생기면 휴대전화에 눈을 돌린다. 예전 세대들이 경험한 그 계절은 이제 찾을 수 없게 되었다. 그때만큼 날것 그대로의 자연을 찾아보기도 쉽지 않다.

아이들도 달라졌다. 생활과 경험이 달라지면 생각도 달라진다. 과거의 아이들과는 다를 수밖에 없다. 하지만 계절과 자연은 언제나 사람들에게 위안을 주고 감상을 불러일으키며, 아이들에게는 신나는 놀이터가 되어준다. 단지 여유가 부족하고 기회가 없을 뿐이다.

지금의 아이들에게도 계절이란 것을 느끼게 하고 싶은 마음으로 프로젝트 수업을 구성하였다. 아이들이 계절을 접하고, 자연에서 놀고 또 알아갈 수 있도록 하기 위한 '여름 속으로' 프로젝트는 그림책『7년 동안의 잠』온작품읽기를 중심으로 수업을 구성하였다.

2. 교육과정 재구성 주제망

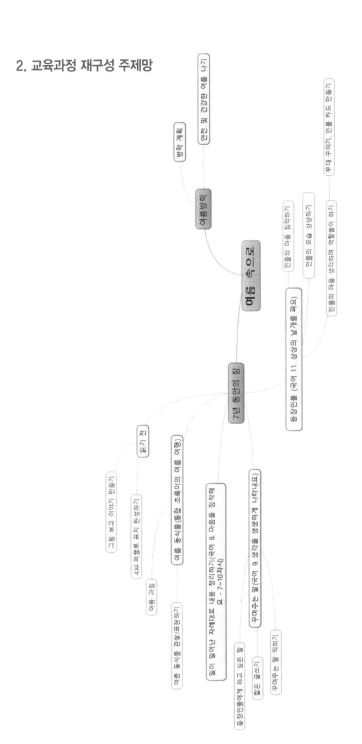

3. 교육과정 재구성 방향 및 의도

봄이 처음과 시작의 계절이라면 여름은 빠르게 성장하는 이미지에 어울린다. 봄을 맞이하여 새롭게 자라난 여린 푸르름은 여름을 맞이하여 더욱 풍성한 초록의 옷으로 갈아입는다. 저학년 학생들도 마찬가지다. 첫 만남 이후 '봄이 오면' 프로젝트를 통해 새로운 시작이라는 첫걸음을 내딛었다면, '여름 속으로' 프로젝트를 통해서는 학생들의 몸과 마음이 무럭무럭 자라기를 기대하였다. (이 책에서는 분량 문제로 '봄이 오면' 프로젝트에 관한 내용을 싣지 않았다.)

여름방학에 관한 내용을 제외하면 여름의 모든 교육과정은 그림책『7년 동안의 잠』온작품읽기 활동을 중심으로 구성하였다. 이를 통해 학생들의 사고력 향상을 위한 본격적인 독서교육이 이루어진다.

『7년 동안의 잠』은 개미 사회에서 포획된 매미 유충과 관련한 개미들의 고민과 결정에 대한 그림책으로, 배경과 등장인물이 모두 '여름 속으로' 프로젝트에 적합하다. 아스팔트 천장에 가로막혀버린 땅속에서 어려움을 겪는 개미와 매미의 처지에서 도시에서 생활하는 아이들의 처지가 연상되기도 한다. 또한 매미를 놓아주어야 할지 말아야 할지에 대한 논쟁점도 뚜렷하여 다양한 활용이 가능하다.

온작품읽기 활동이 끝나면 어느새 여름방학이 성큼 다가온다. 여름방학을 건강하고 알차게 보내기 위한 준비를 하며 1학기를 마무리하게 된다.

4. 관련 교과 및 성취기준

교과	단원	성취기준
국어	8. 마음을 짐작해요	[2국02-04] 글을 읽고 인물의 처지와 마음을 짐작한다. [2국01-02] 일이 일어난 순서를 고려하며 듣고 말한다.
	9. 생각을 생생하게 나타내요	[2국03-02] 자신의 생각을 문장으로 표현한다. [2국02-03] 글을 읽고 주요 내용을 확인한다. [2국04-04] 글자, 낱말, 문장을 관심 있게 살펴보고 흥미를 가진다.
	11. 상상의 날개를 펴요	[2국05-02] 인물의 모습, 행동, 마음을 상상하며 그림책, 시나 노래, 이야기를 감상한다. [2국03-05] 쓰기에 흥미를 가지고 즐겨 쓰는 태도를 지닌다.
통합 (바슬즐)	2. 초록이의 여름 여행	[2바04-02] 여름 생활을 건강하고 안전하게 할 수 있도록 계획을 세워 실천한다. [2슬04-03] 여름에 볼 수 있는 동식물을 살펴보고 그 특징을 탐구한다. [2즐04-03] 여름에 볼 수 있는 동식물을 다양하게 표현하고 감상한다. [2슬04-04] 여름방학 동안 하고 싶은 일과 해야 할 일을 계획한다. [2즐04-04] 여름에 할 수 있는 여러 가지 놀이를 한다.
창체	.	그림책 표지를 보고 내용을 짐작하거나 자신의 생각을 표현하는 활동을 한다.

5. 교육과정 재구성

소주제	학습내용
7년 동안의 잠	◦ 제목만 듣고 이야기 짐작하기 ◦ 4×4 퍼즐로 표지 확인하기 ◦ 주요 장면 보고 이야기 만들기 ◦ 인물의 모습 떠올리기 ◦ 여름 동식물 살펴보기 ◦ 책에 나온 곤충 표현하기

	• 꾸며주는 말 사용하면 좋은 점
	• 꾸며주는 말 사용하여 짧은 글 쓰기
	• 문장 만들기 놀이 하기
	• 노래 가사 바꾸어 부르기
	• 이야기를 읽고 인물의 마음 짐작하기
	• 인물의 마음에 어울리는 목소리로 이야기 읽기
	• 띄어 읽기
	• 인물 카드 만들기
	• 역할놀이
	– 역할놀이 무대 꾸미기
	– 역할놀이 하기
	• 이야기에 대한 생각이나 느낌 글로 쓰기
	• 등장인물에게 하고 싶은 말 편지 쓰기
	• 이어질 내용 그림책 만들기
여름 방학	• 방학 계획 세우기
	• 건강한 여름 나기

6. 수업 돋보기

『7년 동안의 잠』

『7년 동안의 잠』은 박완서 작가가 글을 쓴 그림책으로, 내용을 간추리면 아래와 같다.

어린 개미가 커다란 먹이를 발견한다. 개미 마을은 오랜 흉년으로 곡식을 쌓아두던 광이 비어가기 시작했기에 어린 개미는 자랑스럽게 이 소식을 전한다. 개미들은 힘차게 먹이를 향해 행진한다. 도착해서 보니 과연 커다란 먹이였다. 개미들이 먹이를 새카맣게 둘러싸던 그때 늙은 개미가 잠시 물러가 있으라며 둘러본다. 먹이는 매미였다. 늙은 개미는 한여름의 노래를 위해 7년 동안 날개와 목청을 다듬은 매미가 안쓰러워 놔주고 싶다. 하지만 굶주리던 젊은 개미들은 매미를 놓아주기가 아쉽다. 몇 차례 얘기를 나누다가 결국 매미를 놓아주기로 결정한다. 매미를 옮기던 중 두꺼운 콘크리트 천장을 만나고, 매미는 아마 그곳을 비집고 나가지 못했을 것이라고 한다. 그리고 개미 마을에 흉년이 든 것도 이것과 관련이 있을 것이라 짐작한다. 부드러운 천장이 있는 곳으로 매미를 옮기던 개미들은 어느 틈엔가 그다지 힘을 들이지 않고도 매미가 움직이는 것을 알았다. 땅 위로 나오니 마침 나무 아래이다. 이제 매미는 개미들을 뿌리치고 기어오른다. 매미의 갑옷이 부서지면서 다 자란 매미가 빛나는 날개를 펴고 날아오르고, 개미들은 매미를 축복한다.

『7년 동안의 잠』은 아이들 대상의 그림책이지만, 생명의 소중함과 자연의 가치라는 가볍지 않은 주제를 담고 있다. 생명의 소중함과 맞서는 가치는 가족 또는 종족의 생존이다. 어느 한쪽만이 옳다고 하기에는 양측 모두 근거가 충분하다. 따라서 이 그림책은 저학년뿐만 아니라 고학년 학생, 나아가 어른들이 읽고 토의·토론하기에도 적절하다.

저학년 학생들은 여름 동식물, 인물의 마음 짐작하기 등을 중심으로 활용할 수 있고, 고학년 학생들이라면 고차원적인 사고 활동을 중심으로 토의·토론 수업에 활용할 수 있을 것이다.

■ 제목만 듣고 이야기 짐작하기

2018년에는 이야기를 짐작한 후 이를 그림으로 표현하였다. 먼저 제목을 듣고 이야기를 짐작하여 적었다. 이를 짝과 서로 이야기 나눈 후 '번호순으로' 구조를 통하여 전체 아이들과 나눈다. 그 후 그림으로 표현한다.

2019년에는 제목을 듣고 이야기를 짐작한 후 이를 비주얼씽킹으로 표현하였다. 『7년 동안의 잠』이라는 제목은 독특하기도 하고 다양한 상상을 불러일으킨다.

잠을 7년 동안 잔다고 하니 현실적인 사고로는 내용을 짐작하기 어렵다. 어리둥절한 반응을 보이던 아이들은 하나둘씩 이야기를 만들어간다. 엄마에게 7년 동안 잠을 자겠다고 선언한 후 실제로 7년을 잔다는 내용, 7년 동안 잠을 자지 않고, 지내다가 7년을 몰아서 잔다는 내용 등 아이다운 상상력으로 내용을 짐작한다. 이미 그림책을 접한 일부 아이들에게는 절대 친구들에게 내용을 이야기하지 않도록 하고, 자신도 다른 내용을 상상하여 그려보도록 했다.

내용 짐작하여 짝과 나누기

완성 후 '섞이고 – 짝 – 나누기'

　　제목만으로 내용을 짐작하여 그림으로 표현하는 활동은 2016년 이문열의『하늘길』로 4학년 학생들과 온작품읽기 수업을 할 때부터 첫 시간에 해오던 것이다. 나름대로 이야기를 짐작하고 비교적 완성도 높은 표지를 그리던 4학년 아이들에 비해 저학년 학생들은 아무래도 평범한 상상이 많았다. 또한 내용 구성이나 그림으로 표현하는 활동에서도 개인차가 적지 않다. 다만 2019년에는 비주얼씽킹을 통해 그림으로 표현하되 단계별로 나누어 생각할 기회를 주었으므로 개인차가 다소나마 줄어들 수 있었다.

제목만 듣고 내용을 짐작하여 표현하기(비주얼씽킹)

■ 4×4 퍼즐로 표지 확인하기

진짜 책 표지를 확인할 차례이다. 물론 바로 보여줄 마음은 없었다. 책 표지를 사진으로 찍어서 색칠하기 좋은 형태로 변환한다. (누구나 무료로 사용할 수 있는 포토스케이프를 실행하여 사진 편집 메뉴에서 필터>그림 느낌>연필화를 적용하였다.)

각 모둠에 표지 그림을 한 장씩 주되 온전한 형태로 주지 않는다. 그림을 4조각으로 자르고 봉투에 넣어서 준다. 아이들은 4조각으로 자른 그림을 한 장씩 나눠 받아서 모둠 친구들에게 보여주지 않고 가위로 다시 4조각으로 자르고, 각자가 가진 조각을 색연필로 색칠한다. 분명 하나의 그림을 자른 조각이지만 각자가 색칠하므로 색상은 제각각이다. 색칠이 모두 끝나면 먼저 자신이 가진 조각을 원래 모양으로 맞춰본다. 그리고 이를 모둠 친구들과 모아서 전체 그림을 완성한다. 온전한 그림을 확인하지 못하고 조각을 받아서 완성하기 때문에 제목이 적힌 부분은 바른 모양으로 조각을 잘 맞추었지만, 아래에 개미 얼굴이 그려진 부분은 거꾸로 완성한 모둠도 있었다.

4×4 구조로 표지 그리기

"와, 이 그림이었구나."

"개미였구나."

아이들은 그제야 표지 그림을 확인한다. 개미 얼굴이라는 것을 확인하고 나면 이제는 이야기가 궁금해진다. 어서 읽어달라고 보채지만, 다음 수업 시간에도 책을 읽지 않고 그림만 제시한다.

■ 주요 장면 보고 이야기 만들기

다음에는 주요 장면을 칠판에 붙여두고 이야기를 짐작해보게 한다. 친구들끼리도 자유롭게 이야기하게 한다. 충분히 이야기를 나누었으면 칠판에 붙인 그림을 작게 인쇄한 것과 책 만들기를 위한 8절 색지를 아이들에게 나눠준다. 그후 그림의 순서를 이리저리 바꿔가며 이야기를 만들어낸다. 전체적인 뼈대가 완성되면 8절 색지로 책 만들기를 한 후 표지 그림을 그리고 자신이 정한 순서대로 그림을 붙인다. 그림에 어울리는 내용을 적어보면서 나만의 그림책을 만든다.

이 단계에서의 결과물은 앞서 제목만 듣고 그림으로 표현하거나 비주얼씽킹으로 표현했던 때에 비해 훨씬 더 완성도가 높다. 그림이 제시되었다는 점이 이야깃거리를 생각하는 데 가장 큰 영향을 주었고, 그림의 숫자와 책 만들기 활동 시의 페이지 수와 글자가 들어갈 공간 등 여러 요소가 복합적으로 작용한 것이다.

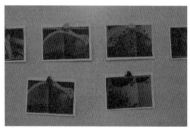

그림을 보고 내용 예상하여 그림책 만들기

그림책이 완성되면 나눔 활동을 하면서 친구들의 작품을 읽어보는 시간을 갖는다. 아이들은 이런 시간을 가장 좋아한다. 친구들이 만든 그림책을 시중에 파는 어떤 그림책보다 즐겁게 감상한다. 나눔 활동은 '섞이고 - 짝 - 나누기'를 통해서도 할 수 있고, 각자의 작품을 모둠 형태로 만든 책상 위에 올려두고 일정 시간 동안 정해진 방향으로 모든 모둠을 돌며 감상할 수도 있다.

나눔 활동

학생 결과물

■ **인물의 모습 떠올리기**

이제는 진짜『7년 동안의 잠』을 만난다. 교실 앞 공간에 아이들이 둘러앉은 가운데 그림책을 읽어준다.

아이들과 주거니 받거니 이야기하며 그림책을 다 읽은 후에는 등장하는 동물의 모습을 상상하여 그림으로 표현해본다. 그림책을 읽어주는 과정에서 모습을 보긴 했지만, 그림책에는 늙은 개미, 젊은 개미, 어린 개미의 외양에 큰 차이가 보이진 않는다. 어린 개미는 작고, 늙은 개미는 수염이 달리긴 했지만 커다란 차이는 아니다.

실제 개미의 모습을 그리기보다는 상상력을 더해서 그려야 한다. 등장하는 동물이 한 말이나 행동을 통해 각각의 모습을 더 깊이 생각해본다. 아이들은 늙은 개미, 젊은 개미, 어린 개미, 여왕 개미에게 어울리는 모습을 상상한다. 각 개미들에게 물건이 있다면 어떤 것을 사용하고 어떤 표정일지 등의 방향으로 생각하기도 한다.

등장 인물의 모습 떠올려 그리기

■ 여름 동식물 살펴보기

실제로 개미와 여름 동식물을 살펴보기로 했다. 2018년에 근무했던 학교는 인근에 공원이 있긴 했지만, 도심지라 과연 다양한 동물이 있을지 의문이었다. 하지만 실제로 가보니 의외로 많은 동식물을 만날 수 있었다.

"와, 개구리다!"

"하늘소다!"

아이들은 배수구에서 개구리를 발견하기도 했다. 당시 하늘소가 아주 많았던 것은 진기한 경험이었다. 휴양림에 가면 쉽게 만나지만, 인근에 아파트 단지가 있고 차가 다니는 도심지의 공원에서 하늘소를 그리 많이 만날 줄은 몰랐다.

아이들은 여기저기 뛰어다니며 곤충을 살펴보았다. 식물이나 평소에도 흔히 볼 수 있는 개미는 뒷전이었다. 여기서 새로운 곤충을 찾으면 우르르 몰려가 관찰하고, 저기서 외치면 또 저쪽으로 우르르 몰려들었다. 충분히 관찰하고 흥분이 가라앉은 후 각자 관찰할 동식물을 정하고 관찰하여 그리도록 했다. 아이들은 모둠별로 나눠준 식물도감과 곤충도감을 참고하며 여름의 동식물을 관찰하였다.

여름 동식물 관찰하기

■ 『7년 동안의 잠』에 나온 곤충 표현하기

• 여름 곤충 그리기

『7년 동안의 잠』에 나온 매미를 그려보았다. 2018년에는 때마침 내 차에 매미 유충 허물이 붙어 있는 것을 발견하여 바스러지지 않도록 조심스럽게 챙겨두었다가 그것을 보고 그렸다. 하나밖에 없어 모둠별로 다 줄 수는 없었고 실물화상기를 통해 관찰하도록 했다.

매미 허물 관찰하기

매미 허물 그리기

2019년도에는 개미를 그렸다. 우선 학교 화단으로 직접 나가서 모둠별로 나눠 준 루페에 개미를 가둬두고 관찰하며 그렸다. 그런 후 교실로 돌아와 직접 잡아온 개미를 루페에 넣어두고 TV 화면으로 자세히 관찰했다.

야외에서 직접 살펴보며 그리는 것도 좋지만 교실에서 화면을 통해 관찰하는 것이 집중도가 더 높았다. 2019년에 근무했던 학교는 실물화상기가 노후화되어 사용하지 못했으므로 휴대전화의 미러링 기능을 이용하여 TV에 화면을 띄웠다. 생각보다 화질도 좋고 화면 가득 개미의 모습을 보며 생생하게 관찰할 수 있었다.

개미 관찰하기

• 여름 곤충 만들기

다음으로 개미 만들기를 진행했다. 종이로 된 달걀 포장 용기를 3칸씩 잘라오도록 했는데, 집에서 잘라온 학생들도 있지만 한 판용 포장 용기를 그대로 가져온 학생들도 있었다. 그런 학생들은 가위로 잘라주고 네임펜을 이용하여 검정색으로 색칠하도록 했다. 색칠이 끝나면 검정색 털실을 잘라 더듬이와 다리를 만들어 붙였다. 몇몇 아이들은 눈을 만들어 붙이기도 했다.

개미 만들기

개미를 만들었으니 다음 날에는 마라카스 만들기를 했다. 작은 생수병에 쌀이나 콩을 1/3가량 채워 오고 학교에서 겉에 매미 모양을 색종이로 만들어 붙여 꾸몄다. 완성한 마라카스를 이용하여 교과서에 나오는 매미의 노래를 부르며 연주하였다.

마라카스 만들기

■ 꾸며주는 말

• 꾸며주는 말을 사용하면 좋은 점

『7년 동안의 잠』 그림을 이용해 꾸며주는 말에 관한 수업을 할 수 있었다. 국어 교과서에 나오는 문법 영역은 아이들 수준에 적절한 삽화와 그에 맞는 짧은 문장을 사용하여 구성되어 있지만, 그 문장이 아이들에게 의미 있는 것이 아니기에 학습의 효과가 떨어진다. 국어 교과서에서 문법 영역은 두어 단원 정도에 등장하며 그마저도 한 단원이 10차시라면 기껏해서 한 차시나 두 차시 정도 생뚱맞게 등장하는 정도이다. 따라서 학생들에게 유의미하고 흥미를 불러일으키기에는 온작품 읽기 그림책을 이용하는 것도 좋겠다고 판단했다.

먼저 꾸며주는 말을 사용하면 좋은 점을 알아보는 수업을 했다. 꾸며주는 말을 사용한 문장과 사용하지 않은 문장을 적고 소리 내어 읽도록 했다. 학생들에게 어떤 문장에서 장면이 잘 그려지는지 손을 들게 하자, 만장일치로 꾸며주는 말을 사용한 문장을 선택한다.

◦ 오늘은 비가 내렸다.
◦ 오늘은 비가 주룩주룩 내렸다.
◦ 나는 장화를 신고 학교에 갔다.
◦ 나는 노란 장화를 신고 학교에 갔다.

꾸며주는 말에 밑줄을 긋고 아이들에게 이런 것이 꾸며주는 말이라고 알려준 뒤, 사용했을 때 어떤 느낌이 드는지 물었다.

"느낌을 살려줘요."

"자세히 말하는 느낌이에요."

"생생하게 말하는 느낌이에요."

"실감 나게 말하는 느낌이에요."

이어서 『7년 동안의 잠』 장면을 칠판에 붙였다. 아이들은 그림을 알아보고 반가워한다. 각 그림 옆에 꾸며주는 말이 들어갈 부분에 괄호를 하고 나머지 내용을 적어주었다. 그림을 잘 살펴보고 괄호에 들어갈 내용을 공책에 적었다.

'번호순으로' 구조를 사용하고 각 모둠의 1~4번 학생들이 각각 하나의 그림에 해당하는 내용을 발표했다. 그 후 앉아 있는 학생들에게 혹시 다른 내용이 있다면 발표하도록 해 학급 학생들 모두의 의견을 수렴할 수 있었다.

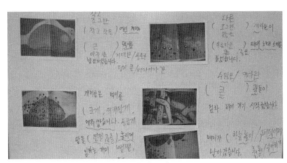
꾸며주는 말

다음은 실제 활용하고 있는 형태를 살펴본다. 2017년과 2018년에는 국어 활동에 제시된 『7년 동안의 잠』 본문에서 꾸며주는 말을 찾아 동그라미를 하도록 했고, 이와 달리 2019년에는 학생들이 평소에 쓰는 자신의 마음일기 중 하나를 골라서 그 글에 등장하는 꾸며주는 말을 찾아 동그라미를 치도록 했다. 『7년 동안의 잠』 본문을 이용한 경우 온작품읽기 작품과 관련이 있다는 것이 장점이고, 마음일기를 이용하면 자신이 직접 쓴 글에서 찾는다는 점에서 실생활과 관련되는 장점이 있었다.

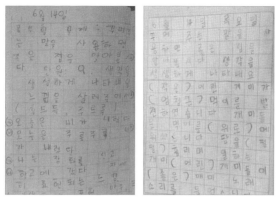

꾸며주는 말 수업 공책 활용

- **꾸며주는 말을 이용하여 짧은 글쓰기**

『7년 동안의 잠』 장면 인쇄물을 칠판에 붙였다. 앞 시간에 사용한 것과는 다른 그림이었다. 꾸며주는 말이 들어갈 부분을 괄호로 제시했던 앞 시간과 달리 이번 에는 그림에 어울리는 꾸며주는 말을 사용하여 짧은 글을 쓰도록 했다. 아이들은 저마다 꾸며주는 말을 사용하여 그림을 표현하였다.

꾸며주는 말

이어서 꾸며주는 말을 사용하여 마음일기를 썼다. 마음일기를 쓴 후 꾸며주는 말을 사용한 곳에는 동그라미 표시를 했다.

저학년 교실은 과제 수행에 개인별로 시간 차이가 많이 난다. 금방 다 한 학생 이 있는가 하면 여전히 열심히 써야 할 학생들도 많다. 다 한 학생들이 그냥 시간을 보내지 않도록 교실 중간으로 나와 앉게 하고, 주변 친구들과 서로 마음일기를 발표하게 했다. 그렇게 반복하는 사이, 마음일기를 다 적은 학생들은 차례로 합류하여 자신이 쓴 글을 나누었다.

꾸며주는 말을 사용하여 마음일기 쓰기

나눔 활동

- **꾸며주는 말을 사용하여 문장 만들기 놀이하기**

꾸며주는 말을 사용하여 문장을 만드는 연습을 한다. 먼저 내가 칠판에『7년 동안의 잠』중 두 가지 장면을 인쇄하여 붙이고 꾸며주는 말을 사용하여 이 그림을 묘사하는 표현을 적었다. 그 문장에서 꾸며주는 말을 찾도록 하고 괄호로 표시한 뒤 학생들에게 괄호 속 낱말 대신에 들어갈 수 있는 말을 공책에 적도록 했다. 학생들은 다양한 말을 적었다. '번호순으로' 구조를 이용하고 각 모둠의 1, 2번 학생이 발표한 후 이와 다른 내용을 적은 학생이 있으면 발표하도록 하였다.

이렇게 한 차례 꾸며주는 말을 사용하여 문장 만드는 연습을 해봤으니 이제는 본격적으로 문장 만들기 놀이를 할 차례다. 놀이 방법은 다음과 같다.

① 모둠의 1번 학생이 꾸며주는 말을 사용한 표현을 말한다.
② 2~4번이 차례대로 1번 학생이 말한 것에서 꾸며주는 말을 바꿔가며 이야기한다.
③ 4번 학생까지 말하면 다시 1번 학생이 말하는 방식으로 계속 반복한다.
④ 자기 차례에서 더 이상 꾸며주는 말을 할 수 없게 되면 새로운 표현을 말한다.
⑤ 이제는 새로운 표현의 문장을 이용하여 이어지는 모둠 번호 학생들이 꾸며주는 말을 바꾸어 말하며 반복한다.

◦ 문장 만들기 놀이 예시

- (모둠 1번) 비가 세차게 내립니다.

- (모둠 2번) 비가 억수같이 내립니다.

- (모둠 3번) 비가 시원하게 내립니다.

- (모둠 4번. 꾸며주는 말이 떠오르지 않아 새로운 표현)

  바람이 시원하게 붑니다.

- 바람이 쌩쌩 붑니다.

실제로 해보면 저학년 학생들은 아직 순발력 있게 말하는 것을 상당히 어려워한다. 또 새로운 문장을 잘 만들어내지 못한다. 꾸며주는 말이 포함된 문장을 바르게 만들거나 생각하는 데에도 시간이 한참이나 걸려서, 놀이라고 할 수 없을 때도 있다. 그러므로 저학년 학생들이 쉽게 참가할 수 있으면서도 놀이의 목적을 달성할 수 있는 장치가 필요하다.

한 가지 방법은『7년 동안의 잠』본문을 살펴보고 꾸며주는 말을 찾아 동그라미로 표시해두는 것이다. 아무것도 없는 상태에서 아이들이 꾸며주는 말을 생각해내기는 어렵다. 그러나 제시된 문장에서 꾸며주는 말을 찾는 것은 더 쉬우므로 이렇게 표시해두었다가 문장 만들기 놀이를 할 때 활용한다.

두 번째 방법은 칠판에 '(커다란) 먹이', '(시원한) 수박', '(아름다운) 노래', '(훨훨) 날아갔습니다' 등 네 가지 표현을 제시하는 것이다. 새로운 표현을 제시할 때는 칠판에 제시된 표현을 보고 이야기한다. 꾸며주는 말을 괄호 안에 넣어서 바꿀 표현이 어떤 것인지 확실히 표시한다. 원래 명칭은 '문장 만들기 놀이'이지만 완전한 문장까지는 필요 없겠다고 판단하여 간단한 표현만 제시하였다. 놀이를 시작하기 전에 괄호에 들어갈 수 있는, 꾸며주는 말을 각자 공책에 적어본 후 하는 것도 좋다.

> 커다란 먹이, 조그만 먹이, 먹음직한 먹이, 맛있는 먹이, 작은 먹이, 시원한 수박(새로운 표현), 차가운 수박, 맛있는 수박, 아름다운 노래(새로운 표현), 시끄러운 노래, 기분 좋은 노래…….

문장 만들기 놀이

■ 노래 가사 바꾸어 부르기

달팽이집 노래를 배우고 『7년 동안의 잠』 내용을 떠올려, 이와 어울리게 노래 가사를 바꾸어 부르도록 하였다. 달팽이집 대신에 개미집이나 매미집에 대한 내용으로 바꾼 학생들이 많았고, 일부 학생들은 개미가 먹이를 찾는 내용, 매미 노래를 들어보자는 내용 등 창의적인 내용으로 개사하였다.

달팽이집 노래 가사 바꾸기

　모둠에서 자신이 개사한 노래를 돌아가며 불러본 후 모둠 대표 노래를 하나 정했다. 약간의 연습 시간을 가진 후 차례대로 모둠 학생들이 나와서 바꾼 가사로 노래를 불렀다.

모둠 노래 정하여 연습하기　　　　　　노래 부르기

■ **이야기를 읽고 인물의 마음 짐작하기**

　인물의 마음을 살펴보며 그림책을 깊이 이해하는 수업이다. 먼저 이전에 교과서 제재를 이용하여 학습한 등장인물의 마음을 짐작하는 두 가지 방법을 짚어 준다.

　① 인물의 말과 행동을 살펴본다.
　② 인물의 마음을 직접 서술한 부분을 통해 짐작할 수 있다.

저학년 학생들은 말로만 설명하면 잘 이해하지 못하므로 그림책에 나온 내용을 예로 들어 설명하였다.

'어린 일개미는 자랑스럽게 이 기쁜 소식을 전하고 어깨를 으쓱댔다.'(자랑스럽다고 직접 서술)

'개미들의 행진은 빠르고 힘찼습니다.'(커다란 먹이를 가지러 가는 발걸음을 통해 설레고 기쁜 것을 짐작

할 수 있다.)

이어 학생들은 그림책 내용을 다시 살펴보며 인물의 마음을 짐작하고, 어떤 부분에서 그것을 알았는지 공책에 적었다. 이때 아이들에게 이유를 적으라고 하면 아무것도 적지 못한다. 이유라는 말보다는 어떤 부분을 보고 그렇게 생각했는지 적으라고 하는 것이 좋다.

아이들이 자신의 생각을 적은 후 '번호순으로' 구조를 통해 모둠의 1번 학생들은 어린 개미의 마음, 2번 학생들은 젊은 개미의 마음, 3번 학생들은 늙은 개미의 마음을 짐작하여 번호순으로 발표하였다. 한 번에 셋을 다 적고 한꺼번에 발표한 것이 아니라, 어린 개미의 마음을 짐작하여 먼저 적고 발표하고, 차례로 젊은 개미, 늙은 개미를 같은 과정으로 짐작하여 적고 발표하였다. 3부에서 언급한 바와 같이 저학년 학생들은 몇 가지 일을 한 번에 제시하기보다는 활동을 작게 잘라서 구성하는 것이 좋다.

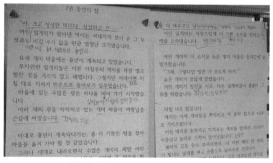

인물의 마음 짐작하는 방법 알아보기

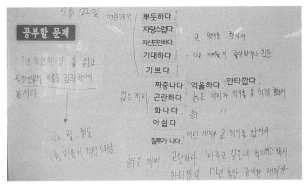

인물의 마음 짐작하는 방법 알아보기

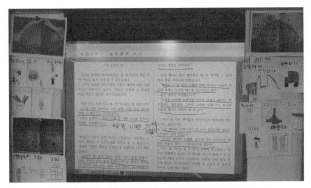

장면별 인물의 마음 짐작하기 – 자작 마음 카드 교구 이용

■ 인물의 마음 짐작하고 어울리는 목소리로 읽기

• 역할놀이 대본에서 인물의 마음 짐작하기

『7년 동안의 잠』의 내용을 역할놀이 대본으로 구성한 자료를 나눠주고, 상황에 맞게 인물의 마음을 짐작하여 적었다. 짝과 함께 비교해보고 모둠에서 비교한 후 토의·토론 과정을 통해 인물의 마음을 짐작해보았다. 마지막으로 화면에 대본을 띄워놓고 전체 학생들과 묻고 답하며 인물의 마음을 짐작했다.

등장 인물의 마음 짐작하기(역할놀이 대본)

- 인물의 마음에 어울리는 목소리로 대본 읽기

인물의 마음을 짐작하여 적은 대본을 가지고 각 모둠에서 인물의 마음에 어울리는 목소리로 읽어보았다. 학생들은 나름대로 인물의 마음에 맞는 목소리로 연습하였고, 이를 친구들 앞에 나와서 말하기도 했다.

짝과 연습하기

나와서 말해보기

- 띄어 읽기

연습해보니 아이들은 대사를 읽을 때 자연스럽게 띄어서 읽는 것을 어려워했으므로 띄어 읽기를 공부할 필요가 있었다. 먼저 띄어 읽기 기호와 띄어 읽는 방법을 간단히 설명하고, 각자 나름대로『7년 동안의 잠』대본을 읽고 띄어 읽기 표시를 하도록 했다. 그 후 짝, 모둠과 비교해보고 전체 아이들과 묻고 답하며 전자칠판에 띄어 읽기 표시를 한 후 연습하였다.

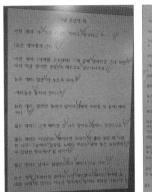

| 전자칠판 | 학생 활동지 |

■ 『7년 동안의 잠』 역할놀이

• 역할놀이 무대 꾸미기

역할놀이 무대를 꾸밀 차례. 거창한 무대는 아니지만, 천장에는 『7년 동안의 잠』 인물 카드를 만들어 털실로 연결한 후 양 끝에 자석을 달아 만국기 형태로 장식했다.

인물 카드는 양면으로 구성된다. 앞면의 반은 등장인물 중 하나를 그리고 나머지 반에는 그 인물이 한 행동이나 말 중 기억에 남는 것을 적고, 이때 그 인물의 마음을 적었다. 뒷면에는 『7년 동안의 잠』 전체 내용에서 기억에 남는 장면을 그렸다.

인물카드 장식

이어서 역할놀이 뒷배경을 만들었다. 제목 타이틀과 나뭇가지만 내가 만들어 붙이고 나머지는 모두 학생들의 학습 결과물을 이용했다. 『7년 동안의 잠』 중 한 장면을 카메라로 찍어서 밑그림만 남도록 편집하고, 플로터로 크게 인쇄하여 학생 수만큼 작게 잘라서 색칠하도록 하였다. 학생들은 해당 부분이 어느 그림인지 정확히 알지 못하는 채로 각자 원하는 색으로 칠한다. 이후 완성된 조각 그림을 모아 전체 배경 그림을 완성했다.

뒷배경 만들기 및 장착

다음은 나뭇잎이다. 학교 숲에서 나뭇잎을 몇 장 따와서 수학과 길이 재기에 활용하고, 그후 잎맥이 위로 가도록 놓고 하얀 종이를 덮어 색연필을 이용해 프로타주(frottage)로 표현하였다. 이를 나뭇잎 모양에 맞게 오리면 배경의 나뭇잎이 완성된다. 일부 붉은색으로 나뭇잎을 칠한 아이들 작품은 가을에 붙여주기로 약속한다. 아래에는 여름 식물을 그린 학생 학습 결과물을 붙였고, 사물함 위에는 이전에 만들었던 개미와 마라카스를 놓았다.

나뭇잎 길이 재기

프로타주로 나뭇잎 만들기

나뭇잎 만들어 꾸미기

학습 결과물로 꾸미기(개미, 마라카스)

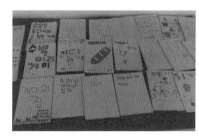

학습 결과물로 꾸미기(그림책 만들기, 개암죽 기르기)

• 역할놀이 홍보 포스터 만들기

배경이 완성되었으면 포스터를 만들어야 한다. 처음에 4×4 구조를 이용하여 만든 표지 그림을 이용하였다. 모둠 학생들이 완성하여 제출했던 그림들을 잘 가지고 있다가 나눠주었다. A3 용지에 붙이고 아래에는 역할극 날짜와 시간, 장소, 배역 등을 적고 교실 벽면이나 창문에 붙였다.

모둠별 역할놀이 포스터

역할놀이 무대 완성

• 역할놀이 하기

마지막으로 역할극을 연습하였다. 이때 인물의 마음과 그에 맞는 목소리로 할 것을 강조하고, 하루 정도 준비할 시간을 준 뒤 가능하면 대사를 외워오도록 했다. 하지만 저학년 학생들이 긴 대사를 외우는 것은 한계가 있으므로 결국 TV 화면에 대사를 띄워놓고 교실 뒤편에서 역할극을 진행했다. 서툴지만 아이들은 즐겁게 참여하였고, 그것으로 충분하다.

■ 이야기에 대한 생각이나 느낌 글로 쓰기

이제부터는 자기표현의 단계이다. 『7년 동안의 잠』에 대한 자기 생각이나 느낌을 표현한다. 먼저 교과서 지문 중「토끼와 자라」를 읽고, 이에 대한 생각이나 느낌을 적은 글을 전자칠판으로 보여주었다. 이때 내용을 적은 부분과 생각이나 느낌을 적은 부분을 구분하여 표시하고, 이를 통해 이야기를 읽고 생각이나 느낌을 어떤 식으로 표현하는지 학습했다.

저학년 학생들에게는 활동하는 방법을 정확히 짚어주어야 한다. 생각이나 느낌을 말해보라고 하면 무엇을 말해야 할지 모른다. 예시로 보여준 글을 통해 생각이나 느낌은 재미있는 부분, 본받고 싶은 부분, 기억에 남는 부분을 적으면 되는 것이라고 설명하고 밑줄을 그어 예를 제시해주었다. 이어서『7년 동안의 잠』을 다시 읽은 뒤 생각이나 느낌을 각자 적어보고, 이를 '번호순으로' 구조를 이용하여 발표하는 시간을 가졌다.

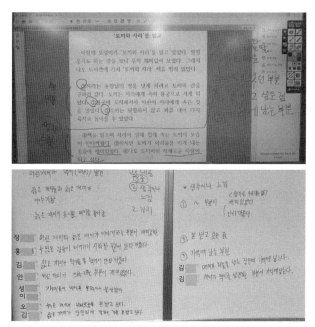

『7년 동안의 잠』을 읽고 생각이나 느낌 쓰기 수업

■ 등장인물에게 하고 싶은 말 편지 쓰기

등장인물에게 하고 싶은 말을 편지로 쓰는 수업이다. 저학년 학생들은 먼저 편지 쓰는 방법을 배운 뒤 쓰는 것이 좋다. 가족에 관한 프로젝트 수업 시 '부모님께 편지 쓰기'를 한 적이 있지만, 다시 점검해보았다. 화면에 교과서에 나오는 편지글을 띄운 후 받는 사람, 첫인사, 할 말, 끝인사, 날짜, 보내는 사람 등을 짚어주고 어떤 식으로 쓰는지 예시글을 이용해 설명하였다. 아이들은 저마다『7년 동안의 잠』에 등장하는 인물 중 한 명을 선택하여 편지글을 쓰고, 모둠 내에서 나눈 후 전체 아이들과 '섞이고 - 짝 - 나누기'로 발표하였다.

등장 인물에게 하고 싶은 말 편지 쓰기

편지 나눔 활동

등장 인물에게 하고 싶은 말 편지 쓰기

마음을 나타내는 말을 반복하여 학습한 덕인지, 아이들의 편지글을 보니 마음을 나타내는 말을 효과적으로 활용하여 자신의 마음을 표현한 것이 눈에 띄었다. 아이들은 늙은 개미에게는 어떻게 매미인 것을 알았는지, 어떻게 그렇게 똑똑해졌는지 궁금한 마음을 표현하였다. 또 어디 사는지 물어보는 부분에서는 아이다운 순수함을 느낄 수 있었다. 어린 개미에게 쓴 편지가 가장 많았는데, 아이들은 어린 개미가 큰 먹이를 찾았을 때 느꼈을 뿌듯함과 큰 먹이를 찾은 것에 대한 칭찬과 축하의 글을 적었다. 그리고 애써 찾은 매미를 먹지 못한 것에 대한 아쉬움을 공감하였고, 그와 함께 따뜻한 위로의 말도 잊지 않았다.

■ 이어질 내용 그림책 만들기

마지막으로 『7년 동안의 잠』에 이어질 내용을 그림책으로 만들었다. 8절 색지를 이용하여 그림과 글을 직접 그리고 써서 자신만의 그림책을 완성하였다. 그림책을 완성한 후 먼저 모둠 안에서 돌려 읽고, 자기 그림책은 자리에 그대로 두고 일정한 규칙에 따라 학생들만 모둠을 이동해가며 다른 모둠의 학생들이 만든 결과물을 감상하는 나눔 활동을 했다.

이어질 내용으로 그림책 만들기

여름방학

■ 우리 반 여름 도감 완성

『7년 동안의 잠』 온작품읽기 활동이 끝나면 곧 여름방학이 다가온다. 학생들은 방학 계획을 세우고 여름을 건강하게 보내기 위해 지켜야 할 사항을 학습한 후 여름방학을 맞이한다. 방학에 대한 기대감이 높아갈 무렵에, 아이들에게 선물이 될 수 있는 '우리 반 여름 도감' 마무리 작업에 돌입한다.

『7년 동안의 잠』 온작품읽기로 여름 곤충과 식물을 직접 관찰할 때 그렸던 곤충과 식물 그림을 모아 학생 수만큼 복사해두었다. 하지만 봄에 만들었던 우리 반 식물도감(2017)/우리 반 봄꽃 도감(2018)과 달리 여름 곤충과 식물을 관찰할 때는 이를 설명하는 내용을 작성하지는 않았다. 이에 대해 아쉬운 마음이 들었는데, 마침 8절 색지로 깃발을 만들 때 정사각형으로 잘라내고 남겨둔 조각이 눈에 띄었다. 그래서 색지 조각을 한 장씩 나눠주고 '여름 속으로' 프로젝트 기간 내내 사물함에 두고 활용했던 여름 동식물에 관한 그림책, 교실에 있던 식물도감과 동물도감을 이용하여 여름 동식물 중 한 가지를 정해서 각자 그림을 그리고 설명을 적었다.

 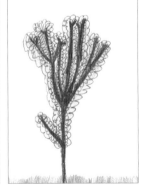

여름 동식물 관찰하여 그리기(여름 동식물 체험 때 완성)

여름 곤충과 식물 그림 및 설명

색지 조각을 이용했으므로 한 페이지에 한 작품만 넣기에는 크기가 맞지 않았다. 그래서 작품들을 모아 스캔한 후 그림 파일로 변환하여 한 페이지당 두 장을 붙여 넣고 학생 수만큼 복사하였다. 이제는 각자 표지를 그린 후 이를 묶기만 하면 된다.

우리 반 봄꽃 도감/우리 반 식물도감뿐만 아니라 우리 반 시선집, 우리 반 낱말사전, 우리 반 마음사전 등을 제작하면서 이미 익숙해진 표지 그리기 활동이다. 우리 반 여름 도감에 어울릴 만한 그림을 각자 완성한다. 그리고 각자 그린 표지를 칠판에 붙이고 감상하는 시간을 가진 후 각자 두 장씩 나눠준 스티커로 투표하여 우리 반 대표 표지를 정했다. 언제나 그렇지만 각자의 여름 도감 표지는 자신이 그린 표지 그림을 이용하고, 학급 대표 여유분만을 우리 반 대표 표지를 이용하여 만든다.

우리 반 여름 도감 표지 정하기

우리 반 여름 도감

■ 1학기 마무리 및 여름방학 계획

『7년 동안의 잠』 온작품읽기 수업이 끝나면서 '여름 속으로' 프로젝트도 거의 끝에 가까워진다. 이제는 여름방학이다. 여름방학에 하고 싶은 일을 이야기해보고 여름을 건강하게 보내는 방법도 알아본다. 그리고 여름방학 계획서를 작성한 뒤 여름방학을 맞이하면서, 아이들은 비로소 본격적인 여름을 맞게 된다.

3

가을이 오면 책을 -『마법의 설탕 두 조각』

1. 들어가는 이야기

가을은 풍성함의 계절이다. 가을이라고 하면 어릴 적 교과서에서 보았을 법한 '황금벌판'이라든지 '잘 익은 곡식들' 같은 표현이 떠오른다. 추석 때 큰집을 방문하면 쉽게 볼 수 있었던, 노랗게 익은 벼이삭도 눈앞에 선하다.

가을에는 풍성한 계절만큼이나 아이들의 생각도 훌쩍 자란 것을 알 수 있다. 1학기 때는 글밥이 적은 그림책을 온작품읽기에 활용했지만, 2학기에는 동화책을 활용했다. 글밥이 꽤 늘어났지만, 부쩍 성장한 아이들에게는 어려움이 없다.

2018년에는『마법의 설탕 두 조각』, 2019년에는『한밤중 달빛식당』을 이용하여 수업했다. 두 권의 책 모두 아이들이 관심을 가질 만한 환상 동화이다. '이 책을 1학기 5월에 활용해도 좋았겠다'는 생각도 들지만, 가족에 대한 소중함은 5월만이 아니라 언제나 느껴야 하는 것이다. 아름다운 계절 가을에 가족의 소중함을 생각할 수 있는 한 권의 책 또한 안성맞춤이다.

속이 뻥 뚫리도록 파란 하늘과 그 아래 화려한 단풍이 한 폭의 풍경화가 되는 가을 낮. 가만히 귀 기울이면 그 소리에, 그 정취에 취하게 되는 가을밤. 그런 날이면 한 권의 책보다 좋은 것이 또 있을까?

2. 재구성 방향 및 의도

2학기 온작품읽기는 원래 '가을이 오면' 프로젝트의 한 부분이다. 책의 분량 문제로 모든 내용을 소개하지 못하고 온작품읽기만 소개한다.

2학기 온작품읽기는 국어 '4. 인물의 마음을 짐작해요', '7. 일이 일어난 차례를 살펴요', '9. 주요 내용을 찾아요' 단원 내용을 위주로 구성하였다. 1학기 때는 마음을 나타내는 말을 학습했다면, 2학기에는 주로 이를 적용하여 등장인물이나 글쓴이 등의 마음을 짐작해보는 활동을 한다. '인물의 마음 파악하기'는 해당 단원을 공부하는 기간에만 공부해서는 충분하지 않다. 인물의 마음을 파악하는 빈도가 높아야 하고, 충분한 기간 동안 지속적으로 익히는 것도 중요하다.

따라서 2학기 온작품읽기는 인물의 마음을 알아보는 차시와 이야기의 주요 내용을 파악하는 차시 등 차시별로 선 긋듯이 주제를 구분하지는 않았다. 매 차시 인물의 마음 짐작하기를 기본 활동으로 하고, 두 번째 활동으로 일이 일어난 차례대로 내용 정리하기, 이야기의 주요 내용 파악하기, 인물의 모습 떠올리기 등을 위주로 구성했다.

2018년에는 『마법의 설탕 두 조각』으로, 2019년에는 『한밤중 달빛식당』으로 온작품읽기 수업을 진행했다. 여기서는 『마법의 설탕 두 조각』을 다룬 수업을 소개한다.

3. 관련 교과 및 성취기준

교과	단원	성취기준
국어	4. 인물의 마음을 짐작해요	[2국02-04] 글을 읽고 인물의 처지와 마음을 짐작한다. [2국03-02] 자신의 생각을 문장으로 표현한다.
	7. 일이 일어난 차례를 살펴요	[2국01-02] 일이 일어난 순서를 고려하며 듣고 말한다. [2국05-02] 인물의 모습, 행동, 마음을 상상하며 그림책, 시나 노래, 이야기를 감상한다.
	9. 주요 내용을 찾아요	[2국02-03] 글을 읽고 주요 내용을 확인한다. [2국01-04] 듣는 이를 바라보며 바른 자세로 자신 있게 말한다.
	11. 실감 나게 표현해요	[2국02-05] 읽기에 흥미를 가지고 즐겨 읽는 태도를 지닌다. [2국05-05] 시나 노래, 이야기에 흥미를 가진다.

• 『마법의 설탕 두 조각』

　부모님의 잔소리가 듣기 싫은 주인공 렝켄이 요정으로부터 설탕 두 조각을 얻으면서 겪는 일을 그린 동화이다. 부모님의 찻잔에 각설탕을 넣고 난 후 부모님은 렝켄의 말을 거스를 때마다 본래 키의 절반으로 줄어들게 된다. 처음에는 렝켄도 놀라고 부모님도 놀라지만 이내 렝켄은 이를 통해 권력을 휘두르기 시작한다. 너무나 작아진 부모님에게는 렝켄의 친구도, 애완동물도, 그리고 누구보다도 렝켄이 너무나 큰 위협이다. 후반부에 이르면 렝켄도 어려움을 겪게 되고 후회하게 된다. 결국 다시 요정을 만나 대가를 치르고 모든 것을 되돌리게 된다.

4. 수업 돋보기

■ 온작품읽기 – 『마법의 설탕 두 조각』

페이지	학습내용	차시
읽기 전	◦ 표지 보고 이야기 나누기	1~2
5~10	◦ 인물의 마음 알아보기 ◦ 등장인물의 모습 짐작하여 그리기 ◦ 등장인물에게 하고 싶은 말	3~4
11~19	◦ 이야기의 주요 내용 파악하기 ◦ 인물의 모습 짐작하여 그리기	5~6
20~35	◦ 인물의 마음 알아보기 ◦ 이야기의 주요 내용 파악하기 ◦ 비슷한 경험 떠올리기	7~8
36~44	◦ 인물의 마음 알아보기 ◦ 등장인물에게 하고 싶은 말	9~10
중간 정리	◦ 일이 일어난 차례대로 이야기 정리하기 　– 비주얼씽킹(44쪽까지)	10~12
45~57	◦ 인물의 마음 알아보기 ◦ 등장인물의 모습 짐작하여 그리기	13~14
58~66	◦ 인물의 마음 알아보기 ◦ 일이 일어난 차례대로 이야기 정리하기 　– 비주얼씽킹(58~66쪽)	15~16
67~75	◦ 이야기의 주요 내용 파악하기	17~18
76~86	◦ 인물의 마음 알아보기 ◦ 일이 일어난 차례대로 이야기 정리하기 　– 그림책 만들기(책 전체 내용)	19~20
읽은 후	◦ 이어질 내용 이야기 만들기	21~22
	◦ 렝켄의 엄마 아빠 실제 키대로 그리기	23~24
	◦ 등장인물에게 하고 싶은 말 편지 쓰기	25~26

• (읽기 전) **표지 보고 이야기 나누기**

아이들은 책 내용을 알지 못하는 상태에서 표지를 본 후 공책에 친구들과 이야기 나눌 만한 질문을 적었다. 이를 모둠 친구들과 이야기해보고, 모둠 대표 질문을 취합하여 칠판에 적었다. 간단한 질문은 바로 아이들과 묻고 답하며 해결하였고, 조금 더 길게 이야기 나눌 만한 두 가지 질문을 다음과 같이 정했다.

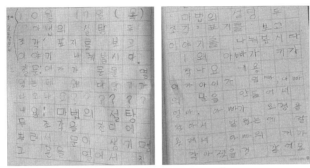

공책 필기—표지 보고 질문 만들기

◦ 왜 문을 열면 바다가 있나요?
◦ 왜 아저씨가 키가 작나요?

첫 번째 질문 '왜 문을 열면 바다가 있나요?'에 대해, 한 아이는 제목과 같이 마법의 설탕 두 조각을 먹어서 그런 것 같다고 하였다. '배를 타려고', '바다 옆에 집을 지어서'라고 이야기한 아이들도 있고 '마법의 설탕을 잔디에 뿌리면 문이 생겨서 가고 싶은 곳으로 갈 수 있다'고 상상력을 한껏 발휘한 대답도 있었다.

두 번째 질문 '왜 아저씨가 키가 작나요?'는 표지에 렝켄의 아버지가 키가 줄어든 상태로 있는 것을 보고 작성한 질문이다. 아이들은 '작게 태어나서'와 같이 대답한 경우도 있었고 '밥을 적게 먹어서', '우유를 적게 먹어서'와 같이 아이답게 순수한 생각을 말하기도 했다. 제목을 통해 내용을 짐작하여 '아저씨가 설탕을 먹고 몸이 작아져서', '설탕을 먹고 몸을 줄여달라고 소원을 빌어서'라고 대답하기도 했다.

• (5~10쪽) **인물의 마음 알아보기, 등장인물의 모습 짐작하여 그리기**

렝켄은 엄마, 아빠가 원하는 걸 들어줄 때는 착한 아이다. 하지만 엄마, 아빠는 그렇게 해주는 일이 거의 없어 불만이다. 렝켄은 계속 이렇게 살 수 없다고 여겨 요정을 찾아나선다. 경찰관을 만나 요정이 사는 곳을 물어보기도 하며 결국 요정의 대문 앞에 선다.

– 인물의 마음 짐작하기

수업 시작 후에는 항상 개별 읽기 활동이 먼저다. 한 차시에 다루는 페이지가 많지 않아 미리 읽어올 필요는 없었다. 옆 사람에게 방해되지 않는 정도의 크기로 각자의 속도로 소리 내어 읽었다. 아이마다 글을 읽는 속도가 다르므로 다 읽은 학생은 소리 내지 않고 눈으로 반복하여 읽도록 했다. 글 읽는 소리가 잦아들면 모든 학생이 한 번 이상은 읽은 셈이다. 그리고 내가 소리 내어 다시 한번 읽는다. 이미 스스로 읽었지만, 소리 내어 읽어주니 더 빠져들어 듣다가 정해진 분량까지만 읽고 중단하니 아쉬워한다.

등장하는 인물이 누가 있는지 묻고 칠판에 받아적었다. 렝켄, 경찰관, 엄마, 아빠라고 적었는데 엄마와 아빠는 그저 언급되는 정도로만 등장하였으므로, 주요 등장인물은 렝켄과 경찰관으로 정리하였다. 렝켄의 마음부터 짐작하여 적고 나눈 후에 경찰관의 마음을 짐작하는 순서로 진행했다.

반복되는 이야기지만 저학년 학생들에게 이유를 적으라고 하면 대부분 아무 내용도 적지 못한다. 첫술에 배부를 수 없듯이 렝켄의 마음을 적되 이유를 적을 수 있는 사람은 적도록 하는 것이 첫 번째 방법이다. 마음을 짐작하는 것이 1차 목표이고 이유는 필수적인 부분은 아니므로, 학생 수준에 따른 심화활동으로 보면 된다. 반복적으로 인물의 마음을 알아보고 이유에 대해 이야기 나누는 것을 통해 이유를 적을 수 있는 학생들이 늘어나는 것을 기대한다.

더 나은 방법은 렝켄의 마음을 적고, 어떤 부분을 읽었을 때 렝켄의 마음을 알 수 있었는지 이야기하는 것이다. 이 경우 '이유'라는 단어가 주는 어려움이 해소된다. 실제로 이같이 발문하면 첫 번째 방법으로 발문한 것에 비해 훨씬 많은 학생이 이유를 적고 이야기한다.

인물의 마음을 짐작하는 방법은 1학기 『7년 동안의 잠』 온작품읽기 활동 시 '인물의 말과 행동, 상황을 통해 짐작할 수 있고 경우에 따라 직접 서술한 부분이 있음'을 학습하였다. 여기에 더하여 인물의 표정을 통해서도 마음을 짐작할 수 있다는 것을 짚어준다. 『7년 동안의 잠』은 개미와 매미가 등장인물이라 그림에 표정 등이 확연히 나타나지 않지만, 『마법의 설탕 두 조각』은 인물의 표정이 드러나기 때문이다. 인물의 마음을 짐작하는 활동은 이미 1학기에 배우고 직접 해봤지만 저학년 학생들에게는 반복이 중요하다.

발표하는 과정은 개인 활동과 짝 활동, 전체에서 나누는 활동으로 이루어진다. 먼저 스스로 여러모로 고민하여 공책에 인물의 마음을 짐작하여 적는다. 나누는 활동은 짝과 함께 나누는 것이 먼저다. 그리고 '번호순으로' 구조를 통해 각 모둠의 특정 번호 학생들이 전체 발표를 한다. 아이들이 발표할 때마다 자석 종이로 만든 학생 이름표를 붙이고 그 옆에 학생이 한 말을 칠판에 받아적는다. 이 과정이 끝난 뒤 칠판에 적힌 내용 이외의 마음을 적은 학생이 있으면 손을 들고 발표한다. 그러면 모든 학생의 생각을 칠판에 정리한 셈이 된다.

아이들은 엄마 아빠 때문에 '슬프다', '섭섭하다', '화가 난다', '짜증 난다' 등을 이야기한다. 특이한 점은 똑같이 렝켄의 마음이 '슬프다'라고 하였지만 한 아이는 '엄마, 아빠 때문에', 다른 아이는 '요정의 집을 찾기 어려워서'라고 말한 것이다. 아이들은 같은 마음을 다른 맥락이나 원인에서 느낄 수 있음을 알아간다.

인물의 마음 짐작하기(5~10쪽)

다음으로 경찰관의 마음을 짐작해본다. '황당하다', '당황스럽다'라고 말한 학생이 대다수이고 '화가 난다', '도와주고 싶다', '놀라다'. '짜증 나다'와 같이 대답한 아이들도 있었다. 길에서 만난 한 아이가 요정의 집을 찾아달라고 했을 때 경찰관이 충분히 느낄 만한 마음이다.

– 등장인물의 모습 짐작하여 그리기

아이들은 앞서 짐작한 인물의 마음과 인물이 처한 상황을 떠올리며 나름대로 인물의 모습을 상상하여 그렸다. 이때 반드시 그림을 그렇게 그린 이유를 적도록 했다. 갑자기 요정의 집을 물어봐서 무슨 말인지 이해하지 못하는 경찰관의 표정을 표현한 그림, 렝켄이 갑자기 울어버리자 놀라는 경찰관의 모습을 그린 그림, 책에 묘사된 대로 멜빵바지를 입고 요정의 집을 찾다가 힘들어하는 모습을 표현한 그림 등 나름의 이유로 인물의 모습을 표현하였다.

– 등장인물에게 하고 싶은 말

이어서 렝켄에게 하고 싶은 말을 적었다. 아이들은 엄마 아빠 때문에 슬픈 렝켄의 마음을 위로하기도 하고, 요정을 찾는 일을 포기하지 말라는 말도 잊지 않았다. 여기까지 활동한 후 아이들은 '섞이고 - 짝 - 나누기'를 통하여 친구들을 만나 나눔 활동을 하였다.

인물 모습 짐작하여 그리기

등장 인물에게 하고 싶은 말

• (11~19쪽) 이야기의 주요 내용 파악, 인물의 모습 짐작하여 그리기

렝켄이 요정을 만나서 겪는 일이다. 대문을 열자 발밑에는 호수가 나타났다. 마술 카누를 타고 도착한 요정의 집에는 손가락이 여섯 개인 요정이 있다. 모든 시계는 12시를 가리킨다. 시간은 자정이었다. 요정은 렝켄의 고민을 듣고 각설탕 두 개를 주며 엄마, 아빠가 이것을 먹으면, 렝켄의 말을 안 들어줄 때마다 몸이 반으로 줄어든다고 하였다. 요정은 첫 번째 상담은 무료이나 다음은 비싸다고 하였다.

– 이야기의 주요 내용 파악하기

내용을 읽은 후 이야기의 내용을 파악하기 위해 질문을 만들어 이야기를 나누었다. 먼저 자신의 질문을 만들고 짝과 묻고 답한다. 그리고 모둠 친구들과 이야기한 후 모둠의 질문을 만들고 이에 대해 전체가 이야기를 나누었다. 아이들은 '왜 요정의 손가락이 여섯 개인지', '요정이 첫 번째 상담은 무료라고 한 이유는 무엇인지', '요정의 집은 왜 계속 12시인지'를 궁금해했고, 각자 고심하며 자기 나름의 생각을 이야기하였다.

– 인물의 모습 짐작하여 그리기

자신이 생각하는 요정의 모습을 그려보고 이를 설명한다. 아이들은 '손가락이 여섯 개'인 점 등 이야기에서 서술한 요정의 모습과 자신이 평소 생각하는 요정의 모습을 종합하여 상세하게 그림을 그리고 글로도 묘사하였다.

질문 만들기

인물의 모습 짐작하여 그리기

- **(20~35쪽) 인물의 마음 알아보기, 이야기의 주요 내용 파악하기, 비슷한 경험 떠올리기**

코르크 마개를 뽑는 듯한 소리와 함께 렝켄은 집으로 돌아와 있었다. 평소와 같이 렝켄이 말하는 것을 들어주지 않자 정말로 엄마와 아빠의 몸이 절반으로 줄어들었다. 두 차례 반으로 줄어드는 와중에 렝켄은 자신이 원하는 대로 만화영화를 보고 과자를 먹는다. 카드 게임을 하였고 렝켄이 큰 침대를 차지하고 엄마 아빠는 장난감 침대에 자라고 하였다. 부모님이 이에 반발하자 또 절반으로 줄었다. 엄마와 아빠의 키는 각각 168cm, 184cm였으나 이날 분량에서 21cm, 23cm까지 작아진다.

‒ 인물의 마음 알아보기

아이들은 렝켄이 자기가 원하는 대로 다 할 수 있어 '기쁘다', '행복하다', '편하다'라고 하였다. 반면 엄마와 아빠는 '화가 난다', '짜증 난다'라는 이야기가 많았고 자기 몸이 작아지는 것에 '놀라다', '당황하다'라는 반응도 있었다.

‒ 이야기의 주요 내용 파악하기

아이들은 각자 공책에 질문을 적고 짝과 서로 묻고 답하였다. '번호순으로' 구조를 통하여 질문을 발표하여 칠판에 정리하고, 그 외에 새로운 질문이 있으면 손을 들어 발표하였다. 아이들이 만든 질문을 묻고 답하는 과정에서 이야기의 내용도 파악할 수 있다. 또한 이를 넘어서서 인물과 사건에 대해 이야기하는 과정을 통해 인물에 대해 깊이 있게 이해할 수 있고 사고력도 키울 수 있다.

◦ 엄마는 왜 기절해버렸나요?
◦ 엄마, 아빠는 키가 줄었는데도 왜 렝켄의 말을 들어주지 않았나요?
◦ 왜 키가 작아졌나요?
◦ 렝켄이 각설탕을 먹으면 어떻게 될까요?

네 가지 질문 중 위에 있는 세 가지를 묻고 답하는 과정을 통해 이야기의 내용을 파악할 수 있다. 또한 마지막 질문 '렝켄이 각설탕을 먹으면 어떻게 될까요?'에 대해 자기 생각을 이야기하는 과정에서는 아이들의 상상력과 재미있는 표현을 엿볼 수 있었다. 아이들은 '개미만큼 작아진다'와 같이 표현하기도 하고, '어떤 경우에 작아지는지'에 대해서는 이야기에 나오는 것과 반대로 엄마 아빠 말을 안 들을 때 작아질 것 같다고 대답했다.

– 비슷한 경험 떠올리기

부모님이 내 말을 들어주지 않았던 경험을 떠올려 이야기하는 활동이다. 아이들은 저마다 부모님께 서운했던 일을 떠올려 적는다. '배고파서 밥 달라고 하니, 바쁘다는 대답을 들었던 일'을 이야기한 아이도 있었고, '엄마가 TV를 보느라 내가 하는 말을 들어주지 않고 화를 내서 정말로 많이 슬펐다'는 것을 강조하여 이야기한 아이도 있었다.

인물의 마음 짐작하기

질문 만들기   부모님께 서운했던 경험

- (36~44쪽) 인물의 마음 알아보기, 등장인물에게 하고 싶은 말

렝켄이 어려움을 겪는 부분이다. 한밤중 천둥이 몰아칠 때 무서워진 렝켄은 믿고 의지할 곳이 없다. 또 렝켄이 다쳤을 때 엄마 아빠가 너무 작으니 약을 바르고 반창고를 붙여주는 것도 어렵다. 렝켄이 요정과 겪은 일을 듣고 엄마와 아빠는 분개한다.

– 인물의 마음 짐작하기

이제 아이들은 인물의 마음을 짐작하고, 어떤 점에서 그렇게 생각했는지도 곧잘 말한다. '번호순으로' 구조를 이용하여 발표하면, 대부분의 아이들이 인물의 마음을 짐작한 후 그렇게 생각한 근거가 되는 부분도 말할 수 있었다. 엄마와 아빠의 마음을 '화가 난다'라고 짐작한 뒤 '참 못된 요정이구나'라고 말한 것을 언급하였다. 또 렝켄의 마음을 '섭섭하다'로 짐작하고 이를 부모님을 찾는 데 나오려고 하지 않은 부분에서 짐작했다고 말했다. 아이들은 인물이 한 말과 이야기의 맥락을 통해 인물의 마음을 짐작하고 있었다.

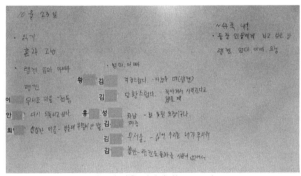

인물의 마음 짐작하기(36~44쪽)

– 등장인물에게 하고 싶은 말

아이들은 등장인물 중 한 명을 선택하여 하고 싶은 말을 적었다. 오늘 읽은 부분으로 제한하지 않고 이전 부분까지 모두 포함하여 적을 수 있도록 했다. 아이들

은 요정에게 '왜 1차 상담은 무료인데 2차는 대가를 받는다고 하였는지'를 묻기도 했다. 또 렝켄에게는 요정을 찾아서 '엄마, 아빠를 원래대로 되돌려달라고' 말하라고 하고, 렝켄의 잘못을 지적하기도 하고 격려하기도 했다.

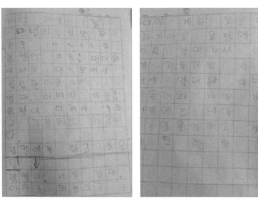

인물의 마음 짐작하기, 등장인물에게 하고 싶은 말

• (중간 정리) **일이 일어난 차례대로 이야기 정리하기**

다음은 일종의 중간 정리로, 책 분량을 나가지 않고 처음부터 44쪽까지 비주얼씽킹으로 정리하게 하였다. 간단한 그림으로 단계를 나누어 표현하고 각 장면을 짧은 글로 설명하도록 했다.

글로만 적는 것과 그림을 그린 후 그 그림을 글로 설명하는 것은 저학년 학생에게 큰 차이가 있다. 저학년 학생들은 실제로 자신이 할 수 있는 것을 잘 알지 못하고, 처음 접근법에 흥미를 느끼지 못하면 할 수 있는 일도 해내지 못한다. 그림을 이용하여 흥미를 갖고 접근한 후, 이를 글로 설명하면서 일이 일어난 차례대로 내용을 정리할 수 있다.

44쪽까지는 상당히 많은 분량이었지만 1학기부터 꾸준히 해오던 활동이라 일부 도움이 필요했던 몇몇 학생 외에는 큰 무리 없이 해냈다. 비주얼씽킹을 통한 정리가 완료되면 '섞이고 - 짝 - 나누기'를 통하여 교실을 자유롭게 이동하며 친구들과 나눔 활동을 하였다.

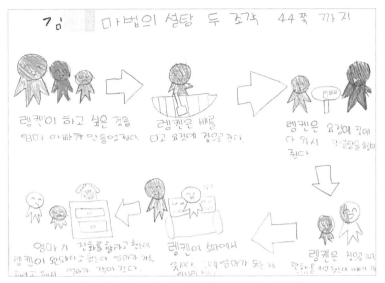

일이 일어난 차례대로 이야기 정리하기(처음부터 44쪽까지)

'섞이고 - 짝 - 나누기' 나눔 활동

• **(45~57쪽) 인물의 마음 알아보기, 등장인물의 모습 짐작하여 그리기**

렝켄의 친구 막스가 고양이 조로를 데리고 찾아오는 부분이다. 엄마와 아빠는 막스의 눈에 띌까 염려되어 숨어 있었다. 막스가 렝켄에게 고양이를 자랑하자 렝켄은 자기는 난쟁이들이 있다고 자랑했다. 그 사이 엄마와 아빠는 고양이와 마주쳐 위기를 맞지만,

가위로 고양이 수염을 잘라 간신히 위험을 벗어난다. 고양이 수염이 잘린 것에 대해 렝켄이 자기 난쟁이가 그랬다고 하자 막스는 겁을 먹고 도망간다. 엄마와 아빠가 자신들이 잘못되면 렝켄을 돌봐줄 사람이 없게 되어 고아원에 가야 할지 모른다고 하자 렝켄은 울음을 터뜨린다. 엄마와 아빠를 안전한 곳에 둔다면서 장식장에 넣어둔다.

– 인물의 마음 알아보기

먼저 렝켄의 마음을 알아보았다. 아이들은 막스가 찾아왔을 때 부모님을 막스에게 보이지 않으려고 조급했을 것 같다고 말했다. 엄마 아빠가 고양이에게 잡아먹힐 뻔했다는 얘기를 들었을 때는 놀랐을 것 같다고 했고, 고아원에 갈지 모른다는 이야기를 들었을 때는 슬펐을 것 같다고 하였다.

막스에 대해서는 고양이를 자랑스럽게 생각했다고 말했다. 하지만 렝켄이 난쟁이를 보여주지 않았던 부분과 고양이 수염이 잘린 부분에서는 화가 났을 것 같다고 말했다.

엄마와 아빠의 마음에 대해서는 고양이를 집에 들여서 화가 났을 것 같다고 하고, 고양이를 물리쳤을 때는 뿌듯했을 것 같다고 하였다. 고양이를 만난 장면에서는 놀라고, 무섭고, 두려웠고 예전으로 돌아가고 싶었을 것 같다고 하였다.

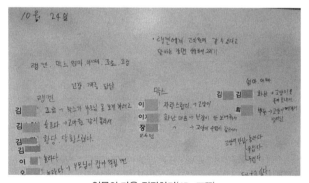

인물의 마음 짐작하기(45~57쪽)

– 등장인물의 모습 짐작하여 그리기

등장인물이 여러 명 나오는데, 이 부분에서는 렝켄이 고아원에 가야 할지도 모른다는 말을 듣고 울음을 터뜨리는 장면을 그림으로 그렸다. 아이들은 울고 있는 렝켄을 크게 그렸다. 작아진 엄마 아빠는 시무룩하거나 울고 있는 표정으로 그리기도 하고, 화난 표정이나 웃는 표정으로 그리기도 하였다.

인물의 마음 짐작하기　　　　　인물 모습 짐작하여 그리기

- (58~66쪽) 인물의 마음 알아보기, 일이 일어난 차례대로 이야기 정리하기

라디오에서 요정이 다시 상담하고 싶으면 이사한 바람거리 7번지 지하실로 오라고 하였고 두 번째 상담은 비싼 값을 치러야 한다고 이야기하였다. 렝켄은 으스스해진 기분을 떨치고 놀다가 집으로 돌아왔다. 그런데 열쇠를 가지고 나가지 않았다. 아빠와 엄마는 장식장에 갇혀 있어서 문을 열어줄 수 없었다. 현관에서 울다가 배도 고프고 두려운 마음이 들었다. 마침 요정이 보낸 쪽지대로 접어서 날린 종이비행기가 렝켄을 요정에게로 안내하였다. 이전과 달리 호수는 얼어붙어 있었고 요정의 집 시계들은 여전히 12시를 가리키고 있었지만, 이번에는 낮이었다.

– 인물의 마음 알아보기

이 부분에서 렝켄의 내면적 혼란과 갈등이 절정에 이른다. 아이들은 렝켄의 마음에 대해 엄마 아빠를 되돌리고 싶은 마음, 먹지 못하게 되어 두려운 마음, 집에 못 들어가서 슬픈 마음이 들었을 것 같다고 하였다. 또 비행기를 따라가는 장면에서 "아슬아슬하다", "다칠까 불안하고 조마조마하다", "무섭고 걱정되었을 것 같다"라고 말했다.

– 일이 일어난 차례대로 이야기 정리하기

큰 범위의 내용에 대해 일이 일어난 차례대로 내용을 정리하는 것을 어려워하는 학생들이 있어, 이번에는 그날 분량만으로 일이 일어난 차례대로 내용을 정리하였다. 아이들은 한결 가벼운 마음으로 활동한다. 먼저 비주얼씽킹으로 내용을 정리하고 각 장면을 짧은 글로 설명하여 적었다. 긴 범위에 이어 짧은 범위의 내용으로 활동을 해보는 것이 일이 일어난 차례대로 내용을 정리하는 방법을 익히는데 도움이 되었다. 분량이 줄어들면서 정리한 내용이 더 풍성해진 느낌이었다.

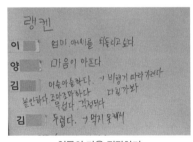
인물의 마음 짐작하기

비주얼씽킹 나눔 활동

일이 일어난 차례대로 이야기 정리하기(58~66쪽)

- (67~75쪽) **이야기의 주요 내용 파악하기**

다시 요정을 찾은 렝켄은 지난번 상담으로 일어난 일을 되돌리고 싶어 한다. 하지만 요정은 시간을 되돌리기 위해서는 렝켄이 마법의 설탕을 먹어야 하고 지난번과 반대로 엄마 아빠의 말을 거역할 때마다 렝켄의 몸이 반으로 줄어든다고 하였다. 고민하던 렝켄은 그렇게 하겠다고 대답한다.

질문 만들고 나누기를 통하여 내용을 파악하기에 집중하였다. 처음에는 질문을 만들고 묻고 답하는 기존의 수업과 동일한 방식으로 진행하였다. 먼저 자신의 질문을 만들고 짝, 모둠에서 함께 이야기 나눈 후 모둠 질문을 칠판에 정리하고 전체적으로 함께 이야기했다.

◦ 두 번째 상담은 왜 낮 12시인가요?

→ 자기 마음이다/밖에서 낮이면 요정이 있는 곳은 밤이고 밖에서 밤이면 요정이

있는 곳은 낮이다.

◦ 요정이 시간을 되돌릴 때 어떤 마음이었나요?

→ 귀찮은 아이를 이제 안 봐도 돼서 기쁘다/행복하다/편안하다.

→ 고민을 해결해줘서 뿌듯하다.

→ 마법을 많이 써서 힘들다.

◦ 왜 요정의 마지막 모습인가요?

→ 만날 필요가 없어서, 자기 키가 작아질까 봐 엄마, 아빠 말을 잘 들어서.

◦ 처음부터 요정을 찾아가지 않았다면 어떻게 되었을까?

→ 불만, 스트레스, 잔소리 듣고 산다. 화를 낸다.

◦ 요정이 왜 탁자를 두드렸나요?

→ 고민할 때 버릇이다.

◦ 요정은 어떤 결정을 내리라고 했나요?

→ 시간을 되돌릴지 그대로 있을지 결정하라고 했다.

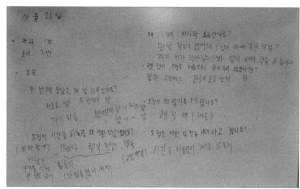

질문 만들기로 이야기의 주요 내용 파악하기(67~75쪽)

여기까지 이야기 나눈 후 선생님의 질문이라고 하면서 한 가지 질문을 추가하였다. 아이들의 질문을 통해 많은 이야기를 나누어도 좋겠지만 아이들의 사고력 향상에 필요하다고 생각하는 질문이나 이야기를 나누면 재미있을 것 같은 주제를 선생님 질문이라고 하여 추가하는 것도 좋다.

∘ (이끔 질문) 렝켄이 상담으로 지급한 대가는 무엇인가?

요정은 처음 만났을 때는 대가를 요구하지 않았지만, 다음에는 대가가 있을 것이라고 하였다. 그런데 실제로 두 번째 고민 상담을 했을 때 렝켄이 요정에게 돈을 지불하지는 않았으므로 렝켄이 지급한 대가는 무엇인지 생각해보도록 하는 질문이다.

아이들은 요정이 해결 방법으로 제시한 것. 즉, 렝켄이 설탕을 먹는 게 대가라고 하였다. 또 요정이 잊어버렸거나 요정은 돈이 필요 없어서라고도 하였으며, 렝켄이 다시 요정을 찾을 것이라 말하며 다시 찾아오게 하여 돈을 받으려는 의도라고도 하였다.

• (76~86쪽) **인물의 마음 알아보기, 일이 일어난 차례대로 이야기 정리하기**(그림책 만들기)

이제는 결말이다. 코르크 마개를 뽑는 듯한 소리를 들으며 렝켄은 거실로 돌아와 있다. 집은 평소와 같다. 다만 렝켄의 손에 들려 있는 각설탕이 지난 일이 꿈이 아님을 말해준다. 렝켄은 설탕을 먹고 엄마 아빠의 말을 한 치도 거역하지 않는다. 이를 이상하게 여긴 엄마 아빠가 거듭 묻자 그제야 렝켄은 지난 일을 이야기한다. 엄마 아빠는 요정에 대해 분개하는 한편, 설탕은 금방 없어지므로 렝켄이 엄마 아빠의 말을 거역해도 별일 없을 것이라고 했다. 연습 삼아 한 번 거역해보니 별다른 일이 생기지 않았고, 이후로 렝켄과 부모님은 서로의 말에 무턱대고 반대하지 않게 되었다.

– 인물의 마음 알아보기

계속하여 인물의 마음을 짐작했으므로 아이들은 능숙하게 찾아낸다. 여느 때와 같이 아이들은 등장인물의 마음을 짐작하여 적는다. '번호순으로' 구조를 기본으로 하여 등장인물의 마음을 발표하고, 어떤 부분에서 그렇게 생각했는지도 능숙하게 이야기한다.

10여 쪽의 많지 않은 분량이지만, 이야기가 전개되는 각 시점에 따라 인물의 마음은 다르다. 같은 인물이지만 아이들은 다양한 마음을 발표하고 그에 맞는 맥락이나 말, 행동 등을 각각 제시한다. 요정의 집에서 상담의 대가로 마법의 설탕을 먹고 나온 터라 처음에 렝켄은 자신의 몸이 작아질까 봐 걱정스럽고 무섭다. 한편으로는 요정이 시간을 되돌려주어 기쁘지만 시간이 갈수록 엄마 아빠의 말을 안 들어서 자기 몸이 작아질 것에 대한 걱정으로, 마음대로 행동하지 못한다. 계속 슬프고 답답하고 속상하다. 그런데 부모님 말씀을 거역했는데도 몸이 작아지지 않아서 기쁜 마음이 들었다. 이런 과정을 칠판에 적으며, 시간의 흐름에 따라 화살표를 그린다.

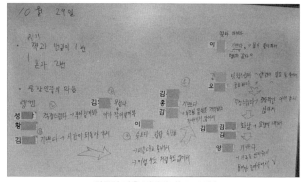

인물의 마음 짐작하기(76~86쪽)

마찬가지로 엄마 아빠의 마음도 발표하고 이를 칠판에 적고 화살표를 그려 넣는다. 엄마 아빠의 마음은 평소와 같다가 렝켄이 말을 잘 들어서 당황스럽기도 하고 궁금하기도 하다. 그리고 정상적인 아이의 행동 같지 않아 걱정스럽다. 그러다 렝켄에게 자초지종을 들은 후에는 요정에 대해 화를 낸다. 그러나 렝켄이 부모님의 말을 거역했는데도 몸이 작아지지 않자 기뻐한다.

– 일이 일어난 차례대로 이야기 정리하기(그림책 만들기)

책 전체의 주요 내용을 정리한다. 저학년 아이들이 혼자서 책 전체 내용을 정리하는 것은 쉽지 않으므로 아이들과 묻고 답하며 전체 내용을 대략적으로 정리한다. 그 후 8절 색지로 책 만들기를 하여 책 전체 내용을 그림과 글로 정리하였다. 중간에 비주얼씽킹으로 두 차례 내용을 정리했으므로 아이들은 큰 어려움 없이 그림책을 만들었다.

일이 일어난 차례대로 정리하여 책 만들기(책 전체 내용)

• (읽은 후) 이어질 내용 이야기 만들기

다음은 새로운 이야기를 만들기로 하였다. 8절 색지로 책 만들기를 통해 글과 그림으로 표현하였다. 『마법의 설탕 두 조각』 등장인물의 또 다른 이야기, 주인공을 변경하여 요정의 시점에서 이야기 만들기 등 원하는 주제를 선택하도록 했다.

이야기를 만드는 것은 대다수의 아이들이 즐겁게 참여하는 활동이다. 아이들은 할로윈데이를 맞이하여 가면 만들기를 했던 기억을 떠올려 렝켄의 가족들이 할로윈데이를 맞아 요정과 막스를 초대하여 파티를 여는 이야기, 렝켄이 호박을 주워 왔는데 호박이 퀴즈를 내어 이를 풀어나가는 방향의 퀴즈 책 등 다양한 책을 만들었다.

이어질 내용으로 책 만들기

- (읽은 후) 렝켄의 엄마, 아빠 실제 키대로 그리기

수학 길이 재기 단원 수업에 『마법의 설탕 두 조각』을 활용하였다. 렝켄의 엄마와 아빠의 키가 반씩 줄어든 것을 직접 체감하기 위해 처음 키(168cm, 184cm)와 반으로 줄어든 키(84cm, 92cm)에 맞게 큰 종이에 실제 키의 엄마와 아빠를 그렸다. 얼굴은 내가 미리 인쇄해주었고, 종이는 이전에 수업에 사용하고 버리지 않은 플로터 대형 인쇄물 뒷면을 이용했다.

길이를 재는 활동은 직접 신체를 이용하는 활동인 만큼 아이들이 흥미 있게 참여하는데, 온작품읽기 수업을 했던 소재를 이용하니 더 의욕적으로 참여했다.

큰 그림 두 개, 반으로 줄어든 그림 두 개 등 총 네 개의 그림을 그리고, 이에 맞게 모둠 학생들을 배정하였다. 큰 그림은 두 모둠 학생들이 모여서 그렸고 작은 그림은 한 모둠 학생들이 그렸다.

그림이 완성된 후 교실 벽면에 그림을 붙이고 감상하였다. 아이들은 책으로만 봤을 때는 '그저 반으로 줄어들었구나' 싶었겠지만 실제로 원래 키와 반으로 줄어든 길이를 보니 그 차이와 느낌을 더 실감하는 것 같았다. 돌아가며 중간에 서서 모델처럼 포즈를 취하고 기념사진을 촬영하는 것으로 마무리하였다.

등장인물 실제 키로 그리기

• (읽은 후) **등장인물에게 하고 싶은 말 편지 쓰기**

등장인물 중 한 사람에게 편지 쓰기로『마법의 설탕 두 조각』온작품읽기 수업을 마무리했다. 이 수업은 인물의 마음을 짐작한 후, 해당 인물에게 하고 싶은 말을 편지로 쓰는 것이다. 수업 진행 내내 인물의 마음을 짐작하는 활동을 했으므로 인물의 마음은 충분히 알아보았다. 이를 잘 떠올려 등장인물 중 한 사람을 선택하여 편지 쓰기를 해보았다.

편지 쓰기 방법은 그동안 다른 수업에서도 여러 차례 배웠지만 이전에 참고한 편지글을 다시 살펴보고, 편지 쓰는 방법도 점검한 후 본격적으로 쓰도록 했다. 아이들은 대부분 렝켄에게 편지를 썼고 막스에게 쓴 학생도 있었다. 일부는 요정에게 쓰기도 했고 고양이 조로에게 편지를 쓰기도 하였다.

렝켄에게 쓴 편지는 주로 '엄마와 아빠를 작게 만든 것', '엄마와 아빠가 작아졌을 때 자기가 하고 싶은 대로 행동한 점' 등을 들어 잘못된 행동이라는 내용이 많았다. 그리고 지금까지 책을 읽으면서 짐작했던 렝켄의 마음과 지금까지의 책 내용을 떠올려 적기도 하였다. 또 아직 요정을 만나러 나서기 전의 렝켄에게 '너에게 이런 일이 일어날 것이고 너는 이런 마음일 것'이라고 쓰는 아이들도 있었다.

요정에게 쓴 학생은 키가 작다는 자신의 고민을 털어놓으며 이를 해결해줄 마법의 설탕을 만들어줬으면 좋겠다고 쓰기도 했다. 조로에게 쓴 편지는 수염이 잘 렸을 때의 기분이 어땠는지 묻고, 자신은 고양이가 너무 좋다는 내용이었다.

편지글을 다 쓴 후에는 '섞이고-짝-나누기'를 통해 나누었다.

등장인물에게 편지 쓰기

4

이런 집 저런 가족 - 가족, 집, 배려

1. 들어가는 이야기

5월에 스피커를 통해 흘러나오던 동요 〈어린이날 노래〉에 대한 기억이 유난히 선명하다. 잠시 떠올리는 것만으로도 조회 시간을 기다리며 친구들과 거닐던 운동장 전경이 보이는 듯하고 〈어린이날 노래〉가 귓전을 맴도는 듯하다. '오늘은 어린이날 우리들 세상'이라는 가사를 '오월은 어린이 달 우리들 세상'으로 잘못 기억하는 이도 많은데 그도 그럴 것이, 그 시절엔 5월이 통째로 어린이 달이었고 어린이날은 우리들 세상이었다.

어린이날이 다가오면 며칠 전부터 아이들은 마음이 들떠 있다. 어린이날에는 당시로서는 어마어마하게 커 보였던 공설운동장에서 어린이 대잔치 행사를 하곤 했다. 다채로운 코너들이 있었고 관악단의 행진도 있었지만, 가장 기다려지는 것은 따로 있었다. 맨 마지막이면 어김없이 등장하던 패러글라이더였다.

볼거리가 많지 않던 시절, 어린이 대잔치가 아니면 어디서 패러글라이딩 모습을 보았겠는가?

패러글라이더가 등장하면 나는 함께 간 부모님께 어디를 날고 있는지 쉴새 없이 물으며 하늘을 바라보며 찾곤 하였다. 이때 한 가지 기대하는 것이 패러글라이더에서 던져주는 선물이었다. 한 번도 받아본 적이 없어서 무엇이 들어 있었는지 지금도 궁금할 정도지만, 돌이켜보면 그날 가장 기대했으나 받지 못해 실망한 것이 바로 그 선물이다.

하지만 다행히도 어린이날에는 누구나 선물을 받을 수 있었다. 정확히 어린이날을 앞둔 5월 4일이면 어김없이 어머님들이 학교로 찾아와 과자와 선물을 듬뿍 담은 검정색 비닐봉투를 나눠주셨다. 학교를 마치기 바로 전에 나눠주면 우리는 기쁜 마음으로 비닐봉투를 한 손에 들고 집으로 향했다.

간식도 좋았지만, 집으로 오면 또 다른 즐거움이 있었다. 바로 자장면 외식. 동네에 있는 중국집에서 시켜 먹기도 하고 시간 여유가 있을 때는 조금 멀리 걸어서 더 고급스러웠던 중국집으로 향하기도 했다. 지금이야 배달 어플리케이션을 이용해 몇 번 클릭만 하면 쉽게 먹을 수 있고 가격도 저렴한 메뉴지만, 당시에는 특별한 날에나 먹던 특식이었다.

즐거운 어린이날을 보내고 다시 학교에 가면 어버이날이 다가온다. 어버이날을 앞두고는 어김없이 부모님께 편지를 썼다. 어떤 때는 어머님 한 분이 일일교사로 오셔서 재미있는 이야기를 들려주시거나 책을 읽어주기도 하셨다. 집으로 돌아오면 종이접기 책을 꺼내 들고 카네이션을 만들었다. 어버이날 아침에 부모님께 편지와 카네이션을 드리면 그리 예쁘지도 않은 그 종이 카네이션을 부모님께서는 하루 종일 가슴에 달고 계셨다.

나와 같은 세대에게 어린이날과 5월은 행글라이더와 간식으로 가득한 검정색 비닐봉투, 그리고 서툴지만 정성스럽게 접은 카네이션으로 대표된다. 그리고 5월은 마치 브라운관 TV 속 영상만큼이나 밝고 따뜻했다. 반면 지금의 5월은 화려하고 선명하지만 따스함이 잘 느껴지지 않는 신형 TV 같다. 어쩌면 순전히 내가 어린 시절을 보냈던 과거에 대한 향수 때문에 그렇게 느끼는 것일지도 모른다. 요즘 아이들에게는 어떤 것이 그 자리를 차지하고 있을까? 물론 지금의 아이들에게도 그들 나름의 5월이 있을 것이다.

점차 개인주의 경향이 강해지고 전통적인 가정의 기능이 축소되어가고 있다고는 하지만, 여전히 사회가 지원하지 못하는 각종 돌봄과 부양, 정서적 연대 같은 핵심 기능은 가정에서 이루어진다. 이웃 간의 교류가 줄어들고, 나날이 혼자 있는 시간이 늘어나며, 1인 가구의 증가세가 뚜렷한 우리 사회지만 아직도 가정이나 가족이라는 단어에서 따스함을 느끼는 것이 나만은 아닐 것이다. 이 프로젝트를 통해 다양한 가정을 알아보고, 각자의 가정 이야기도 해보며 감사하는 마음을 가졌으면 좋겠다.

2. 교육과정 재구성 주제망

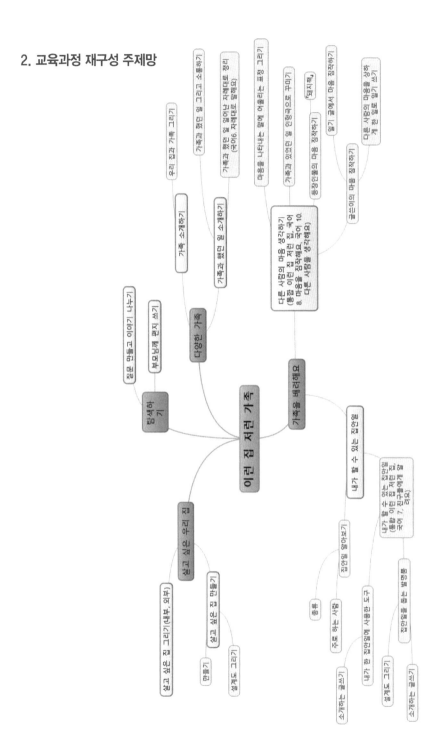

3. 교육과정 재구성의 방향 및 의도

'가정은 혈연과 결혼으로 이루어진 가장 기본이 되는 공동체라고 할 수 있다'라는 설명은 단순히 가정의 외형적 구성을 설명하는 사전적인 의미일 뿐 실질적인 의미를 담지 못한다.

가정과 가족을 생각하면 참으로 따뜻하고도 애틋한 감정이 든다. 가정에 대해서는 사전적인 설명보다는 정(情)이라는 단어가 더 어울린다고 느낀다. 항상 만나고 부대끼며 생활하기 때문에 서로의 민낯을 드러내며 힘들게도 하지만, 가족들은 정을 나누며 생활한다. 너무나 익숙해서 서로를 배려하는 일에 소홀하기 쉽지만 가장 소중한 사람들이 가족이다. 이러한 면에서 가족과 집에 대한 소개와 표현 외에도 가족에 대한 배려를 중요한 한 축으로 구성하였다.

먼저 가족을 소개하고 가족과 한 일을 나누면서 다양한 가족이 있음을 알아본다. 학급 친구들의 가정만을 살펴보아도 현재 사회에는 다양한 가정 형태가 있음을 알 수 있다. 또한 자신과 접점이 부족한 가정의 형태나 생활보다는 주변 사람들의 생활과 가정 형태가 더 와닿는다. 그리고 내가 살고 싶은 우리 집을 생각해보고 표현하는 활동을 한다.

이어서 가족 간 배려를 강조하기 위해 집안일을 살펴보고, 그 일을 주로 하는 사람이 누구인지 생각해보면서 가족의 마음을 헤아린다. 또한 집안일을 편하게 할 수 있는 물건을 생각해보고 내가 할 수 있는 집안일도 정리한 후, 이를 실천하고자 하는 마음을 다진다.

4. 관련 교과 및 성취기준

교과	단원	성취기준
국어	2. 자신 있게 말해요	[2국01-04] 듣는 이를 바라보며 바른 자세로 자신 있게 말한다. [2국02-05] 읽기에 흥미를 가지고 즐겨 읽는 태도를 지닌다.
	6. 차례대로 말해요	[2국01-02] 일이 일어난 순서를 고려하며 듣고 말한다. [2국05-04] 자신의 생각이나 겪은 일을 시나 노래, 이야기 등으로 표현한다.
	7. 친구들에게 알려요	[2국03-03] 주변의 사람이나 사물에 대해 짧은 글을 쓴다. [2국02-03] 글을 읽고 주요 내용을 확인한다. [2국04-02] 소리와 표기가 다를 수 있음을 알고 낱말을 바르게 읽고 쓴다.
	8. 마음을 짐작해요	[2국02-04] 글을 읽고 인물의 처지와 마음을 짐작한다. [2국01-02] 일이 일어난 순서를 고려하며 듣고 말한다.
통합 (바슬즐)	1. 이런 집 저런 집	[2바03-02] 가족의 형태와 문화가 다양함을 알고 존중한다. [2슬03-03] 주변에서 볼 수 있는 여러 형태의 가족을 살펴본다. [2즐03-03] 집 안팎의 모습을 여러 가지 방법으로 표현한다. [2슬03-04] 가족의 형태에 따른 구성원의 다양한 역할을 알아본다. [2즐03-04] 가족 구성원이 하는 역할에 대해 놀이를 한다.

5. 교육과정 재구성

소주제	학습내용
탐색하기	◦ 질문 만들고 이야기 나누기 ◦ 부모님께 편지 쓰기

다양한 가족	◦ 가족 소개하기
	  – 우리 집과 가족 그리기
	◦ 가족과 했던 일 소개하기
	  – 가족과 했던 일 그리고 소통하기
	  – 일이 일어난 차례대로 가족과 했던 일 정리하기

살고 싶은 우리 집	◦ 살고 싶은 집 그리기
	  – 살고 싶은 집 내부 그리기/ 외부 그리기
	◦ 살고 싶은 집 만들기
	  – 설계도 그리기
	  – 살고 싶은 집 만들기

가족을 배려해요	◦ 『돼지책』을 읽고 등장인물의 마음 생각하기
	◦ 집안일 알아보기
	  – 집안일의 종류 및 집안일을 주로 하는 사람
	◦ 내가 할 수 있는 집안일
	  – 내가 할 수 있는 집안일 생각해보고 실천하기
	  – 내가 한 집안일에 사용한 도구 소개하기
	  – 집안일을 돕는 발명품 설계도 그리기
	  – 집안일을 돕는 발명품 소개하는 글쓰기
	◦ 다른 사람의 마음 생각하기
	  – 마음을 나타내는 말에 어울리는 표정 그리기
	  – 가족과 있었던 일 인형극
	  – 일기글에서 글쓴이의 마음 짐작하기
	  – 다른 사람의 마음을 상하게 한 일로 일기 쓰기

6. 수업 돋보기

탐색하기

■ 질문 만들고 이야기 나누기

가장 먼저 교과서 '이런 집 저런 집' 단원을 살펴본 후 질문 만들기를 하였다. 각자 질문 세 가지를 공책에 적고 짝과 이야기를 나누며, 그 과정에서 질문 내용에 대해 생각할 수 있다. 아이들의 이야기가 모두 정답일 수는 없지만, 자기 생각을 마련하여 이야기를 나누는 과정은 의미가 있다.

질문 중에서 전체에서 나눌 만한 것을 선정하여 A5 크기 이면지에 적었다. 학생들은 모둠 번호에 따라 차례로 칠판에 나와 질문을 붙인다. 각 모둠의 1번 학생들이 다 붙이면 이어서 각 모둠 2, 3번 학생들이 차례로 나와 붙인다. 이렇게 4번 학생들까지 다 붙이면, 모든 학생들의 질문이 칠판에 붙여진다. 아이들의 질문은 집 만들기 할 때 재료, 가족이 하는 일, 가정의 종류 등에 관한 내용이었다. 이제 비슷한 질문끼리 분류하여 붙인다.

아이들과 이야기 나누며 칠판에 아이들이 이야기한 내용을 정리하였다. 먼저 가족 구성원을 정리해본 후, 가족들이 하는 일에 대해 이야기했다. 아이들은 아빠는 회사에 가서 일하고 엄마도 직장에 가서 일을 하거나 집안일을 한다고 하였다. 그리고 할머니, 할아버지는 집안일을 하신다고 하였고 형, 누나, 동생은 특별히 하는 일이 없다고 하였다.

집 만들기 재료에 대해서는 집의 종류를 이야기해보았다. 아파트, 주택 등 흔히 볼 수 있는 집을 이야기하는 아이들이 많았고 기와집이나 나무집, 초가집을 이야기하는 아이들도 있었다. 집 만들기 재료는 종이, 찰흙, 우유상자를 이야기하였다.

마지막으로 가정의 종류는 가족 구성에 따라 이야기해보았다. 아이들은 자기 가족을 중심으로 아빠, 엄마, 자녀로 구성되는 가정을 이야기하는 경우가 많았다.

그리고 할아버지, 할머니, 아빠, 엄마, 자녀가 함께 사는 가정도 생각보다 많았다. 엄마와 자녀가 함께 사는 가정, 아빠와 자녀가 함께 사는 가정을 이야기하는 아이들도 있었다. 한부모 가정이라고 하면 말하기를 꺼릴지 모른다고 생각했는데 자신의 가정에 대해서도, 친구의 가정에 대해서도 그리 민감하게 생각하지 않는다. 부끄럽거나 숨기기에 급급할 일이 아닌 것을 오히려 아이들에게서 배울 수 있다.

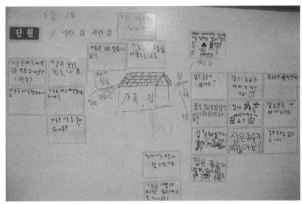
질문 만들기(2018)

질문 만들기(2019)

■ 부모님께 편지 쓰기

마침 5월이다. 어버이날이 다가오고 있어 부모님께 감사 편지를 적었다. 부모님께 감사의 마음을 담은 편지 쓰기 활동은 프로젝트 학습을 조금 더 진행한 후에 해도 좋겠지만 어버이날이 5월 8일이다 보니 항상 시기를 맞추기가 어려웠다. 그래서 2학년을 맡은 3년 내내 '이런 집 저런 가족' 프로젝트 도입 시기에 쓰게 되었다. 편지 쓰기 수업은 국어 5단원 '낱말을 바르고 정확하게 써요'에서 바른 낱말을 사용하여 마음을 전하는 편지 쓰기 활동을 재구성하여 배치한 것이다. 바른 낱말에 대해서는 4월에 학습한 '알쏭달쏭 낱말 익히기' 프로젝트 때 학습한 적이 있어서 실제로 적용하는 편지 쓰기만 남겨둔 상태였다.

저학년 학생들은 글쓰기에 익숙하지 않다. 글을 쓰라고 하면 무언가 쓰려고는 하지만 어떻게 해야 할지 몰라 멍하니 앉아 있는 등 곤란해한다. 이때 약간의 설명만 곁들이면 충분히 글쓰기가 가능한데, 편지 쓰기도 마찬가지다. 먼저 교과서에 나온 편지글을 전자칠판에 보여주고 편지글의 구성과 쓰는 방법에 대해서 설명한다. 그리고 이를 참고하여 부모님께 편지를 쓰도록 한다. 아이들은 평소 부모님께 죄송한 마음과 감사한 마음을 담아 편지를 썼다. 편지 쓰는 방법에 대해 설명을 듣고 쓰니 한결 쉽게 여기는 모습이다.

편지글이 완성되면 어버이날 당일에는 색지와 색종이를 이용하여 편지 겉면을 만들고 카네이션을 붙여 장식한다. 마지막으로 편지글을 풀로 붙인다. 아이들은 자신이 직접 쓰고 만든 결과물에 뿌듯함을 느낀다. 부모님께 전할 것이기에 더욱 즐거워하며 소중히 가방에 담아 집으로 가져간다.

부모님께 편지 쓰기

다양한 가족

■ 가족 소개하기

이번에는 자신의 집과 가족을 그리고 뒷면에는 간단히 소개하는 글을 적는 활동을 했다. 2017년과 2018년에 내가 근무했던 학교는 아파트 단지 옆에 있었다. 그래서 학생들도 대부분 인근 아파트나 주택에 살았는데, 2019년에는 아이들이 그린 집 그림이 훨씬 다양했다. 또 가족의 형태도 다양하여 부모님과 형제 자매들로 구성된 집도 있고, 부모님과 많은 형제자매들, 그리고 이모와 이모부와 사는 아이도 있었다. 가족의 수가 아홉 명에 이르는 아이는 그림 속 집 주변의 여백에 사람을 빼곡히 그려 넣었다.

그림을 완성한 뒤에는 각자 자신의 그림을 들고 자유롭게 이동하며, 친구들에게 자신의 집과 가족을 '섞이고 - 짝 - 나누기'를 통하여 소개하였다. 그 과정에서 자연스럽게 다양한 가족 형태가 있음을 알아간다.

우리 집과 가족 소개하기

■ 가족과 했던 일 소개하기

• 가족과 했던 일 그리고 소통하기

가족과 했던 일 중 기억에 남는 일을 그림으로 그리고 간단히 설명하는 글을 적는다. 아이들은 바다에 놀러 갔던 일, 할머니 생신 때 할머니 댁에 가서 고기를 먹었던 일, 수영장에 갔던 일, 미용실에 갔던 일 등 다양한 내용을 그림으로 표현하였다. 작품들을 칠판에 붙이고 함께 감상하자 아이들은 흥미를 가지고 보면서 친구의 그림에 자신이 하고 싶은 말을 포스트잇에 적어 붙였다. 친한 친구에게 답글을 다는 모습도 있었지만 신선한 소재나 눈길을 끄는 그림에도 답글을 달았다.

가족생활 알아보기

• **일이 일어난 차례대로 가족과 했던 일 정리하기**

이어서 가족생활을 상세히 정리하여 설명하도록 했다. 아이들은 지난 주말 가족과 함께 했던 일을 일이 일어난 차례대로 비주얼씽킹으로 표현하였다. 지난 주말에 특별히 가족과 한 일이 없다면 그 이전의 일을 그려도 되고, 특별한 일이 아니더라도 가족과 했던 일이면 무엇이든 상관없다. 가족과의 평소 생활 모습을 소개하는 것이 활동 목적에 맞을 것이다. 소개할 때 고학년 학생은 그림만 보고도 자신이 할 말을 생각하여 소개할 수 있지만, 저학년 학생들이기에 뒷면에 자신이 소개할 내용을 글로 적도록 했다. 설명글을 먼저 완료한 학생들이 나와서 '섞이고 - 짝 - 나누기'를 통해 주말에 가족과 함께 했던 일을 설명하기 시작한다. 곧 모든 학생이 완성하는 대로 차례로 주말에 있었던 일을 나눈다.

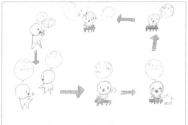

가족과 했던 일 비주얼씽킹으로 표현하기

살고 싶은 우리 집

■ 살고 싶은 집 그리기

가족 구성원과 현재의 집을 알아봤으면 이제 살고 싶은 집을 표현해본다.

먼저 집의 내부 모습이다. 교과서 CD에 담긴 활동지를 이용하였다. 활동지를 자르고 풀로 붙여 조립하기 전에 우선 그림을 그려야 한다. 집의 안과 밖이 될 부분을 확실히 알려주는 것이 중요하다. 활동지를 잘라서 칠판에 붙여두고 어디가 안이 되고 밖이 되며, 어느 부분이 풀로 칠하여 가려질 부분인지 표시해준다. 안이 될 부분과 밖이 될 부분은 각각 활동지 앞면과 뒷면에 해당하므로 크게 혼동되지 않겠지만, 풀을 칠하여 붙일 부분에 그림을 그리지 않아야 하는 것과 자를 선이 어떤 곳인지는 반복하여 알려주어야 한다.

학생들은 커다란 TV나 2층 침대, 책장 등으로 저마다의 집 내부를 꾸민다. 외부에도 하늘색 바탕에 꽃과 나비를 그려 넣기도 하고, 벽돌로 집의 외벽을 꾸민 학생도 있다. 또 강아지를 기르고 싶은 학생은 강아지집도 함께 그린다.

살고 싶은 집 내부와 외부 표현하기(2018, 2019)

2017년에는 살고 싶은 집 외부의 모습을 먼저 그리고 이후 집 내부를 표현했으며, 같이 사는 가족이 집 앞에 있는 모습을 함께 그렸다. 아이들은 동물의 모습을 한 집, 나무 위에 있는 집 등 다양한 모양의 집을 그림으로 표현하였다.

살고 싶은 우리 집 외부 그리기(2017)

■ 살고 싶은 집 만들기

• 설계도 그리기

먼저 인터넷 검색을 통하여 다양한 형태의 집을 살펴본다. 거꾸로 된 집, 나무 위에 지은 집, 산꼭대기에 지은 집, 물 위의 집, 동물 모양의 집, 얼음집, 나무 배트가 달린 집 등 다양한 집들이 있다. 아이들은 하나하나 볼 때마다 탄성을 지른다.

비록 모형 집이지만 집을 만들려면 설계도가 필요하다. 연필과 자를 이용하여 집 모양을 그리고, 각 부분을 무슨 재료로 만들지도 계획하여 적는다. 진지하게 공을 들여 그린 설계도가 완성되면 모둠 안에서 발표하는 시간을 가졌다.

살고 싶은 우리 집 설계도 그리기

• 살고 싶은 집 만들기

　이어서 설계도에 따라 여러 재료를 준비하여 살고 싶은 집을 만든다. 아이들은 상자, 나뭇잎, 우유갑, 요구르트병, 빨대 등 다양한 재료를 이용하여 미래의 집을 만든다. 평범한 집을 만든 학생이 있는가 하면 인형의 집과 같이 만들려고 노력한 학생도 있고, 기상천외한 형태의 집을 만든 학생도 있었다.

살고 싶은 우리 집 만들기

가족을 배려해요

■ 『돼지책』 읽고 등장인물의 마음 생각하기

　『돼지책』을 펴든다. 아이들은 가까이 모여 앉는다. 먼저 표지를 보면 엄마가 아빠를 업고 그 위로 두 아이들을 한 번에 업고 있는 그림이다. 아빠와 아이들은 웃고 있지만, 엄마는 그렇지 않다. 표지를 보고 인물의 마음에 대해 이야기를 나눴다. 아이들은 엄마의 마음을 짐작해 '외롭다', '속상하다'라고 하였고, 엄마 표정이 슬퍼 보인다고도 하였다. 또 아빠와 아이들을 업고 있어서 짜증 날 것이라고 하였고, 자신도 업히고 싶어서 부러운 마음일 것 같다고도 하였다. 한 아이는 등에 업은 아빠와 아이들이 떨어질까 두려운 마음일 것 같다고 하여 다른 방향에서 생각할 거리를 주기도 했다.

『돼지책』에서 회사를 다니는 아빠와 학교를 다니는 아이들은 집안일을 전혀 하지 않는다. 아빠와 아이들은 아무것도 하지 않고 밥만 찾는다. 아빠와 아이들이 집을 나서면 엄마는 설거지, 침대 정리, 바닥 청소를 마친 후 일을 하러 나선다. 그리고 돌아와서 또 저녁밥을 챙겨주고 설거지를 하고 다림질, 빨래를 한 후 먹을 것을 만든다. 그러던 어느 날 엄마는 한마디가 적힌 쪽지를 남기고 홀연히 사라진다.
"너희들은 돼지야."
아빠와 아이들은 그 뒤로 돼지의 모습이 된다. 굶지는 않지만 설거지, 빨래, 청소 등 아무것도 하지 않아 집은 엉망이 되어간다. 더 이상 먹을 것이 없자 온 집을 샅샅이 뒤져서 음식 찌꺼기라도 찾던 중, 엄마가 돌아왔다. 아빠와 아이들은 제발 다시 돌아와달라고 한다. 이후 달라진 아빠와 아이들은 집안일을 함께 하고, 엄마는 행복해진다.

책을 읽은 후 그림책에 나온 내용을 통해 듣는 사람의 기분을 생각하며 말하기에 대해 공부하였다. 아이들에게 인물의 마음을 짐작할 수 있는 부분을 물었더니, "어이 아줌마 빨리 밥 줘."라고 한 부분을 입을 모아 이야기했다. 이유를 묻자 아이들은 엄마는 젊다고 생각했는데 아줌마라고 불러서 그랬다고 대답한다. 이를 포함하여 인물이 한 말을 몇 가지 칠판에 적는다.

◦ 아빠: 어이 아줌마 빨리 밥 줘. 여보 빨리 밥 줘.
◦ 아이들: 엄마 빨리 밥 줘요.

◦ *엄마: 너희들은 돼지야.*

각자 공책에 인물의 마음을 짐작하여 적는다. 먼저 엄마의 마음을 짐작해보았다. '번호순으로' 구조를 통하여 각 모둠의 3번 학생이 발표한다. 엄마의 마음은 '속상하다', 혼자 일해서 '화난다', 기분 나쁘게 말해서 '억울하다', 계속 일만 하고 다른 사람은 일도 안 하며 아줌마라고 불러서 '슬프다'라고 했다. 그리고 아이들과 아빠의 마음은 엄마가 없어서 '우울하다', '슬프다', '짜증 난다'라고 하였다.

이제는 듣는 사람의 기분을 생각하며 말하도록 고치면 어떻게 될지 물었다. 먼저 아빠의 말에 대해 아이들은 아래와 같이 고쳐 말하면 되겠다고 하였다.

◦ *어이 아줌마 빨리 밥 줘.*

⇒ 밥 주세요.

⇒ 밥 차리는데 뭘 도와드릴까요?

다음으로 엄마의 쪽지에도 아빠와 아이들의 기분이 상했을 것 같다고 하여 쪽지 내용을 어떻게 고쳐 적으면 될지 물었다.

◦ *너희들은 돼지야.*

⇒ 나 좀 도와줘.

⇒ 숟가락 좀 놓아주겠니?

■ **집안일 알아보기**

집안일을 주로 하는 사람이 누군지 알아보는 수업을 한다. 먼저 각자 집안일의 종류를 적고 모둠별 번호순으로 나와서 붙이는 방법으로 모든 학생이 발표한다.

내용을 살펴보며 칠판에서 마인드맵으로 분류하여 집안일을 종류별로 정리한다. 아이들은 빨래, 설거지, 청소를 많이 적었고 이불 개기, 아이 보기, 빨래 널기 등도 적었다.

아이들과 묻고 답하는 과정을 통해 집안일을 세부적으로 정리해본다. 먼저 빨래는 빨래 개기, 널기 등으로 세분화해보고 청소는 과정에 따라 먼지 털기, 쓸기, 닦기로 나눈다. 그리고 방, 거실, 화장실, 신발장 등 장소에 따라서도 나누었다. 이불 개기는 이불 털기, 세탁, 이불 개기, 이불 깔기로 나눌 수 있다. 요리와 설거지는 하나의 가지 아래에서 치우기와 설거지/요리/시간에 따라 나눴다. 또 시간에 따라서 아침, 점심, 저녁, 간식으로 정리해보았다. 이렇게 집안일을 세분화하여 정리하면 그저 빨래, 설거지, 요리, 청소와 같이 한 단어로 적은 것이라도 실제로는 더 많은 일들이 있으며, 집안일이 매우 힘들다는 것을 알게 된다.

집안일을 정리한 뒤에는 이제 분류별로 각각 그 일을 주로 하는 사람을 적었다. 엄마, 아빠, 할머니 등이 언급되었으나 이 중에서 주로 하는 사람을 되물으니 다들 엄마라고 대답했다. 다만 2019년에는 조부모와 함께 사는 가정이 많아, 할머니께서 집안일을 주로 하신다는 대답도 있었다.

집안일의 종류 및 주로 하는 사람(2017)

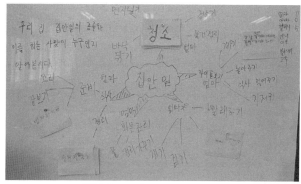

집안일의 종류 및 주로 하는 사람(2019)

　이제는 자신의 가정에서 집안일을 하는 사람은 누구인지 짚어보기로 한다. 벤다이어그램 학습지를 이용하여 가정에서 하는 집안일에는 어떤 것이 있고, 주로 누가 하는지 정리해보았다. 칠판에 마인드맵으로 정리한 집안일을 참고하여 벤다이어그램 학습지를 해결해간다. 벤다이어그램은 아빠, 엄마, 자녀(나, 형, 누나, 동생 등) 세 칸으로 되어 있고 필요 시 할머니나 할아버지를 적어 동그라미를 그리도록 하였다. "아빠 칸에는 쓸 게 없다", "아빠는 안 하는데?"라는 말도 몇 차례 나왔다.

　이 단계에 이르면 집안일을 주로 하는 사람의 마음이 어떤지 의도적으로 물어볼 필요도 없다. 아이들은 활동지를 작성하면서 힘들다, 슬프다, 우울하다 등의 마음을 나타내는 말을 절로 언급하게 된다.

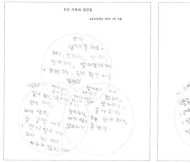

집안일을 하는 사람

■ 내가 할 수 있는 집안일

• 내가 할 수 있는 집안일 생각해보고 실천하기

집안일로 인해 어려운 사람과 그 마음을 짐작해봤으니 이번에는 내가 할 수 있는 집안일을 생각해본다. 앞 시간에 적었던 집안일의 종류를 칠판에 그대로 두었다가 참고한다. A4 크기 도화지를 반으로 접어 만든 실천 카드 중간의 접히는 부분에는 입체 카드 형태로 가위질하여 내가 실천할 집안일을 적는다. 그리고 양옆에는 이에 걸맞은 그림을 그린다. 한 아이는 그림 위에 '꼭 도와드릴게요'라고 반복해서 적어, 집안일을 하겠다는 의지를 다졌다.

이렇게 만든 실천 카드를 집에 두고 볼 때마다 집안일을 도와야겠다는 마음을 갖도록 하고, 적어도 한 가지 집안일은 돕기로 다짐했다.

내가 할 수 있는 집안일

• 소개하는 글 쓰는 방법

다음은 집안일에 사용한 도구를 소개하고, 내가 발명하고 싶은 도구를 소개하는 글쓰기다. 소개하는 글은 어떻게 쓰는지 먼저 학습해야 한다. 그래서 물건을 설명하는 글을 읽고 주요 내용을 확인하였으며, 무언가를 소개하는 경험이나 상황도 떠올려보았다.

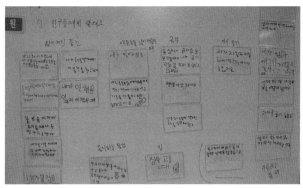
소개하는 상황

　이제는 소개하는 글은 주로 어떤 형태인지 살펴본다. 교과서의 '요즘과 다른 물건'을 읽고 주요 내용을 파악한다. 먼저 짝과 한 문장씩 번갈아가며 본문을 소리 내어 읽는다. 짝과 함께 읽을 때는 각자의 교과서로 읽는 것보다는 한 권을 중간에 놓고 함께 보며 읽는 것이 좋다. 다 읽은 학생은 눈으로 반복하여 읽는다.

　글 읽는 소리가 잦아들면서 모든 학생이 다 읽고 나면 이제 본문을 읽고 질문을 두 가지씩 만든다. 질문을 먼저 만든 학생은 교실 중앙에 나와 앉아서 자유롭게 이동하며 자신이 만든 질문에 대해 서로 묻고 답한다. 그 과정에서 학급 전체와 나눌 만한 질문을 한 가지 골라, 이를 A5 크기 이면지에 적는다. 그리고 차례대로 나와 칠판에 붙임으로써 전원 동시 발표한다.

　다음으로 비슷한 질문끼리 묶어 분류한다. 큰 분류는 TV와 라디오로 나누고 모양, 크기, 사용법으로 분류하였다.

◦ (크기) 옛날 TV는 왜 작은가?

◦ (모양) 옛날 TV는 왜 뒤쪽이 튀어나와 있나?

◦ (사용법) TV의 동그란 장치를 돌려야 하는가?

◦ (라디오) 옛날 라디오는 어떻게 사용할까?

그 외에도 '옛날에는 어떤 신기한 물건이 있었나?', '옛날 옷은 어떻게 생겼나?', '옛날 집은 어떻게 생겼나?' 등 창의적인 질문도 있었다. 아이들과 질문에 대한 답을 생각해보고, 서로 이야기 나누며 글의 주요 내용을 파악하였다.

짝과 번갈아 읽기

친구들과 묻고 답하기

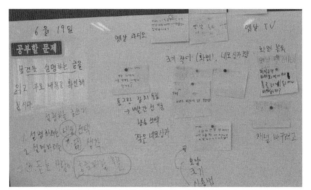
물건을 설명하는 글을 읽고 주요 내용 파악하기 수업

• 내가 한 집안일에 사용한 도구 소개하기

다시 집안일로 돌아와서, 자신이 집안일을 하면서 사용했던 도구를 설명하는 글쓰기를 진행했다. 소개글의 짜임을 보여주기 위해 전 시간에 배웠던 '요즘과 다른 물건'을 활용한다. 도입부에는 설명하는 대상과 설명하는 까닭을 먼저 적고 이후 모양, 크기, 사용 방법 등 설명하는 내용을 적는다고 안내하였다.

소개하는 글 활동지는 두 부분으로 구성된다. 소개글을 쓰기 위해 해당 물건의 이름, 크기, 모양, 사용법 등을 정리하는 부분과 그 물건을 소개하는 글을 적는 부분이다. 저학년뿐만 아니라 고학년에서 성인에 이르기까지, 글을 쓰기 위해서는 먼저 쓸 내용을 정리하는 과정이 필요하다. 특히나 글쓰기 경험이 없고 소개하는 글을 정식으로 쓰는 것이 처음인 저학년 학생에게는 쓸 내용을 정리하는 일이 매우 중요하다.

글이 완성되면 교실 중앙으로 나와서 먼저 완성한 학생들부터 자신의 글을 나눈다. 차츰 완성한 아이들이 늘어가면서 더 많은 아이들이 나눔 활동을 하고, 마지막에는 모든 학생이 자신이 쓴 소개하는 글을 나누게 된다.

집안일에 사용하는 도구를 설명하는 글쓰기

• **집안일을 돕는 발명품 소개하기**

– 집안일을 돕는 발명품 설계도 그리기

다음은 자신이 발명하고 싶은 물건을 소개하는 활동이다. 단 이때의 물건은 집안일을 도와주는 물건으로 한정한다. 설계도라고 하기에는 거창하지만, 발명하고 싶은 물건의 모양과 기능 등을 설명한 일종의 설명서를 작성하였다. 아이들은 청소하면서 세탁도 할 수 있는 청소기, 요리를 해주는 로봇, 청소를 하면서 휴대전화를 거치 및 충전하며 사용할 수 있는 청소기 등을 그렸다.

(발명하고 싶은) 집안일을 도와주는 물건 설명서

– 집안일을 돕는 발명품 소개하는 글쓰기

소개하는 글을 쓸 차례다. 활동지는 앞서와 같이 두 부분으로 구성된다. 소개하는 글을 쓰기 위해 소개하는 물건의 이름, 크기, 모양, 사용법 등을 정리하는 부분과 실제로 소개하는 글을 적는 부분이다.

글이 완성되면 교실 중앙으로 나와 자신의 글을 친구들과 나눈다. 한 차례 소개하는 글을 적어서인지 이전에 적은 글에 비해서는 완성도가 많이 향상되었다.

(발명하고 싶은) 집안일을 도와주는 물건 소개하는 글

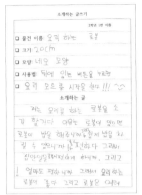

(발명하고 싶은) 집안일을 도와주는 물건 소개하는 글

소개하는 글 나눔 활동

■ 다른 사람의 마음 생각하기

프로젝트 초반에 『돼지책』을 읽고 인물의 마음을 짐작해본 후 듣는 이를 생각하여 말하기에 관한 수업을 하였다. 이번에는 가족 인형극을 한 후, 글을 읽고 글쓴이의 마음을 짐작해본다. 그리고 직접 마음이 드러난 일기를 써보는 방향으로 진행된다.

• 마음을 나타내는 말에 어울리는 표정 그리기

마음을 나타내는 말은 '나를 찾아 떠나는 여행' 프로젝트 때 학습하였으므로 복습 차원의 활동부터 시작한다. '마음을 나타내는 말' 활동지 작성 시에는 자신이 맡았던 말에 어울리는 표정을 그린다. 종이접기로 남자와 여자 얼굴을 만든 후 마음을 나타내는 말에 따라 표정을 그렸다. 또 수업 시작 첫머리에는 항상 '마음을 나타내는 말 교사용 교구'를 이용하여 마음을 나타내는 말을 반복하여 접하도록 한다.

마음을 나타내는 말에 어울리는 표정 그리기

• **가족과 있었던 일 인형극**

앞서 만든 얼굴 뒤에 나무젓가락을 붙인다. 이를 이용해 가족과 있었던 일을 인형극으로 꾸몄다. 먼저 인형극 대본이 필요하다. 아이들은 각자 경험을 참고하여 대본을 만들었다. 동생에게 음식을 먹여주는 것을 보고 나도 먹여달라고 했다가 혼난 이야기, 친구가 올 예정인데 동생에게 방을 치우라고 하다가 결국 자신이 치우게 된 이야기 등 동생과 얽힌 이야기나 오빠와 관련된 일 등 다양한 마음을 느낄 수 있는 이야기를 인형극 대본으로 적었다. 먼저 모둠 내에서 인형극을 해보고, 희망하는 학생은 교실 앞에서 전체 아이들을 대상으로 인형극을 하도록 했다. 저학년 학생이고 또 연습을 많이 한 것이 아니라서 대사 전달이나 내용 구성에 부족한 점은 있지만, 인형극을 하는 아이나 보는 아이나 모두 즐거워하는 시간이 되었다.

가족과 있었던 일 인형극 대본

인형극 모습

- **일기글에서 글쓴이의 마음 짐작하기**

교과서의 일기글을 살펴보면서 인물의 마음을 짐작해보고, 다른 사람의 마음을 상하게 한 기억을 떠올려 일기를 썼다. 교과서에는 지석이의 일기와 민지의 일기가 나오는데, 같은 사건을 두고 두 사람이 각자 쓴 일기글이다.

먼저 지석이의 일기를 각자 소리 내어 읽었다. 일기글에서 지석이의 마음을 알수 있는 부분을 책에 표시하였다. 그리고 '번호순으로' 구조를 이용하여 모둠의 3번 학생이 발표하였다.

지석이의 마음에 대해서는 '미안하다'라고 한 학생이 많았고, '걱정되다', '놀라다'라고 말한 학생도 있었다. 그리고 공을 잘못 차서 '부끄럽다', 민지가 괜찮다고 해줘서 '고맙다'라고 말한 학생도 있었다. 이어서 공에 걸려 넘어졌을 때 민지의 마음을 짐작할 수 있는 부분을 각자 본문에 표시하고, '번호순으로' 구조에 따라 모둠의 4번 학생들이 발표하였다. 학생들은 '부끄럽다', '화나다', '슬프다', '황당하다', '두렵다', '짜증 나다'라고 마음을 발표하였다.

이어 민지의 일기를 각자 소리 내어 읽었다. 민지의 일기에도 지석이의 마음을 짐작할 수 있는 부분이 나오지만, 지석이보다는 민지의 마음을 짐작하기에 적합하기도 하고, 지석이의 마음은 지석이의 일기에서 충분히 짐작해보았으므로 민지의 마음만 짐작하기로 하였다. 각자 본문에서 민지의 마음을 짐작할 수 있는 부분에 표시하고 민지의 마음을 짐작해 적었다.

'번호순으로' 구조를 통하여 모둠의 1번 학생들이 발표하였다. 아이들은 민지의 마음에 대해 운동회 날이 되어 '기대되다', '긴장되다'와 같은 마음이 들었다고 하였고, 지석이의 공에 걸려 넘어졌을 때는 '슬프다', '우울하다', '안타깝다'라고 짐작했다. 그리고 지석이가 사과한 후 이를 받아들일 때는 '기쁘다', '감동하다', '고맙다'와 같은 마음이 들었을 것 같다고 했다.

이제 인물의 마음을 짐작하는 방법을 아이들과 묻고 답하면서 칠판에 정리하였다. 아이들은 자신이 본문에 표시한 부분이 어떤 부분인지 살펴보고 발표한다. 칠판에 받아적으며 다음과 같이 정리하였다.

① 마음이 직접 드러나는 부분 찾기(마음을 나타내는 말)
② 인물의 말이나 행동 살펴보기

2018년에는 전자칠판을 통해 교과서에 제시된 일기글 본문에 표시를 해 보이고 마음을 나타내는 말 교사용 A5 크기 교구를 활용하였다.

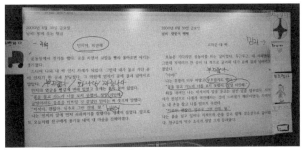

일기글 읽고 인물의 마음 짐작하기(2018)

2019년에는 전자칠판이 없어 TV 화면으로 일기글을 보면서 아이들 발표 내용을 칠판에 판서하고 자석 A4 용지를 이용하여 제작한 마음을 나타내는 말 교구를 붙여가며 정리하였다.

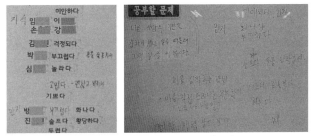

일기글 읽고 인물의 마음 짐작하기(2019)

• 다른 사람의 마음을 상하게 한 일로 일기 쓰기

마지막으로 다른 사람의 마음을 상하게 한 기억을 떠올려 일기 쓰기를 하였다. 평소 마음일기를 꾸준히 써왔기에 큰 어려움은 없었다. 아이들은 다른 사람에게 미안했던 일을 떠올려 일기를 썼다. 현장체험학습 때 친구에게 맡겨둔 물건을 친구가 다른 데 두고 와서 친구에게 화를 냈던 일, 부모님께 알리지 않고 친구 집에서 놀다가 아버지가 데리러 와서 미안했던 일, 더 놀다 가고 싶은데 집에 가자는 언니에게 화를 내서 미안했던 일 등 가족이나 친구의 마음을 상하게 했던 일을 적었다.

다른 사람의 마음을 상하게 한 기억을 떠올려 일기 쓰기

2018년에는 마음을 상하게 한 사람에 따라 각각의 코너에 모인 학생들끼리 자신이 쓴 일기글을 발표한 후 기억에 남는 내용이나 소감을 전체에 나누는, 협동학습의 '코너 게임 구조'를 통해 나눔 활동을 했다. 이와 달리 2019년에는 디귿자 책상 구조를 통해 마련되는 교실 중앙 공간에 앉아서 '섞이고 - 짝 - 나누기' 구조를 통해 일기글을 서로 나누었다.

나눔 활동

5

동네 한 바퀴 – 동네 그리고 사람

1. 들어가는 이야기

돌이켜보면 어린 시절에는 동네 아이들은 물론 이웃집 아저씨, 아주머니들까지 대부분 잘 알고 지냈다. 중국집 형제, 전파상네 형제, 문구점 집 동생, 가축병원 2층집 형 등 아직도 그 시절의 동네 사람들이 눈에 선하다. 이후에는 그때만큼 가까운 이웃을 만나지 못한 것 같다.

개인주의적 경향이 강해진 최근에는 의도적으로 이웃과 교류하지 않으려는 경우도 많다. 아파트 엘리베이터에서 만났을 때 간단한 인사말이라도 하면 양호한 편이다. 바로 옆집에 살고 있어도 굳이 마주치지 않으려 하고, 어쩌다 마주쳐도 말 한마디 하지 않는 경우가 많다. 세상이 흉흉하여 잘 모르는 사람과의 만남을 꺼리기도 하고, 불편한 타인과의 만남보다는 내 가족 또는 나 혼자만의 시간을 갖는 것을 중요하게 여기기도 한다.

어른의 시각에서 볼 때와 아이의 시각에서 세상과 이웃을 볼 때는 분명 차이가 있다. 하지만 확실히 이야기할 수 있는 사실은, 지금 아이들은 과거에 비해 돈독한 이웃 관계를 경험하지 못하고, 이웃 간의 정도 느끼지 못하고 있다는 것이다. 하교 시간에 맞춰 교문 앞에서 기다리고 있던 학원 차에 몸을 맡기고, 저녁 시간이 되어서야 겨우 집으로 돌아가는 지금 아이들이 이웃 간의 정을 경험하지 못하는 것은 어찌 보면 당연하다.

알지 못하는 대상에 대해서는 무관심하기 쉽다. 그러므로 첫걸음은 만남이다. 만나고 서로를 알아야 관계가 시작된다. 사람과의 만남만이 아니다. 그렇게 우리 동네를 만나고, 또 우리 동네 사람을 만난다.

이 프로젝트는 수업 시간을 할애하여 아이들이 동네와 동네 사람들을 만날 수 있는 계기가 되었으면 좋겠다는 생각으로 구성하였다.

2. 교육과정 재구성 주제망

동네 사람 소개하기(국어 6. 자세히 소개하기)

작은 카드 만들기

여러 가지 말놀이(국어 3. 말의 재미를 찾아서)

우리 동네 사람 알아보기

동네 사람들

듣는 사람이 많이 모이는 곳(질서, 규칙)

인상 깊은 경험 쓰기(국어 2. 인상 깊은 일을 써요)

직업 체험하기

동네를 위해 할 수 있는 일

동네 사람에게 편지 쓰기

동네를 위해

동네 한 바퀴

우리 동네 설명서 완성

우리 동네 탐색하기

길을 만들고 이야기 나누기

우리 동네 소개 자료 구성 방향 정하기

우리 동네 그림 지도

우리 동네 시설 살펴보기

우리 동네 시설물 소개 자료 만들기

우리 집 위치 확인하고 소개 자료 만들기

우리 동네 그림 지도 완성하기

살고 싶은 우리 동네

우리 동네 분석하기 (수학 5. 표와 그래프)

살고 싶은 우리 동네 시설 (수학 5. 표와 그래프)

살고 싶은 우리 동네

살고 싶은 우리 동네 꾸미기

3. 교육과정 재구성의 방향 및 의도

자신이 살고 있는 동네는 너무나 일상적인 풍경이라 여간해서는 평소에 관심을 갖는 일이 없다. 또 과거에 비해 이웃에 누가 사는지, 동네 사람들은 누구인지도 모르는 경우가 많다.

'동네 한 바퀴' 프로젝트의 방향성을 나타내는 키워드는 '만남'과 '관심'이다. 기존에 당연하다고 여긴 동네의 모습을, 얼굴이나 알면 다행일 정도로 왕래가 없는 동네 사람들을 만나고 관심을 갖는 것이 목적이다.

우선 우리 동네에 어떤 시설(가게, 공원 등)이 있으며 어떤 사람들이 있는지 알아보고 그림지도를 그린다. 또 우리 동네 사람들이 하는 일을 알아본 후 소개하는 글을 쓰고 다양한 직업도 직접 체험해본다.

다음으로는 살고 싶은 우리 동네에 대해 생각해본다. 그리고 살고 싶은 동네에 필요한 시설을 알아보기 위해 지금 우리 동네에 있는 시설을 표와 그래프로 정리하고, 살고 싶은 우리 동네 그림지도를 그림으로써 활동을 마무리한다.

프로젝트 수업을 통해 이렇게 완성한 결과물들을 묶으면 내가 작성한 우리 동네 설명서가 완성된다.

4. 관련 교과 및 성취기준

교과	단원	성취기준
국어	2. 인상 깊었던 일을 써요	[2국03-04] 인상 깊었던 일이나 겪은 일에 대한 생각이나 느낌을 쓴다. [2국01-03] 자신의 감정을 표현하며 대화를 나눈다. [2국04-03] 문장에 따라 알맞은 문장 부호를 사용한다.
	3. 말의 재미를 찾아서	[2국03-05] 쓰기에 흥미를 가지고 즐겨 쓰는 태도를 지닌다. [2국05-03] 여러 가지 말놀이를 통해 말의 재미를 느낀다.
	6. 자세히 소개하기	[2국03-03] 주변의 사람이나 사물에 대해 짧은 글을 쓴다. [2국05-03] 여러 가지 말놀이를 통해 말의 재미를 느낀다. [2국04-02] 소리와 표기가 다를 수 있음을 알고 낱말을 바르게 읽고 쓴다.
수학	5. 표와 그래프	[2수05-02] 분류한 자료를 표로 나타내고, 표로 나타내면 편리한 점을 말할 수 있다. [2수05-03] 분류한 자료를 ○, ×/ 등을 이용하여 그래프로 나타내고, 그래프로 나타내면 편리한 점을 말할 수 있다.
통합 (바슬즐)	1. 동네 한 바퀴	[2바05-02] 동네를 위해 할 수 있는 일을 찾아 실천하면서 일의 소중함을 안다. [2슬05-03] 동네의 모습을 관찰하고, 그림으로 그려 설명한다. [2슬05-04] 동네 사람들이 하는 일. 직업 등을 조사하여 발표한다. [2즐05-03] 동네 모습을 다양하게 표현한다. [2즐05-04] 동네에서 볼 수 있는 직업과 관련하여 놀이를 한다.

5. 교육과정 재구성

소주제	학습내용
우리 동네 탐색하기	◦ 질문 만들고 이야기 나누기 ◦ 우리 동네 소개 자료 구성 방향 정하기 ◦ 우리 동네 그림지도 – 우리 동네에 있는 사람과 시설 알아보기 – 우리 동네에 있는 시설 소개 자료 작성하기 – 우리 집 위치 확인하기 및 그리기 – 우리 동네 그림 지도 완성하기
동네 사람들	◦ 우리 동네 사람 알아보기 – 우리 동네 사람 소개하는 글쓰기 – 직업 카드 만들기 – 여러 가지 말놀이 ◦ 직업 체험하기 – 사람이 많은 곳에서 지켜야 할 일 – 직업 체험하기 – 현장체험학습에서 인상 깊었던 일 글쓰기
동네를 위해	◦ 동네를 위해 할 수 있는 일 정하기 ◦ 동네를 위해 할 수 있는 일 실천하기 ◦ 우리 동네 사람에게 편지 쓰기
살고 싶은 우리 동네	◦ 우리 동네 분석하기 – 우리 동네 시설 표와 그래프로 나타내기 – 우리 동네에 많은 시설과 부족한 시설 파악하기 ◦ 살고 싶은 우리 동네 – 살고 싶은 우리 동네 시설, 살고 싶은 우리 집 – 살고 싶은 우리 동네 지도 완성
동네 설명서	◦ 우리 동네 설명서 속지 모으기 ◦ 우리 동네 설명서 표지 그리기 및 완성

6. 수업 돋보기

우리 동네 탐색하기

■ 질문 만들고 이야기 나누기

이번에도 질문 만들기로 시작하였다. 교과서를 살펴보고 질문을 두 가지 만들어 공책에 적었다. 짝과 이야기하면서 한 가지 질문을 정한다. 이를 개인 칠판에 적어 칠판에 각 모둠별로 1~4번 학생들이 순서대로 나와 붙었다. 학생들과 함께 질문을 확인하면서 비슷한 질문끼리 칠판에 마인드맵 형식으로 분류하였다. 이때 주가지를 동네, 직업으로 정하고, 동네 소개를 왜 하는지에 관한 질문을 동네의 하위 부가지 중 하나로 정리하였다. 그리고 '동네에서 재미있는 곳은 어디인지'에 관한 질문을 동네의 하위 부가지로 '재미있는 곳'이라고 적어 분류하였다. 또 동네 일손이 무엇인지에 관한 질문은 '일손'으로 분류하였다. 이어서 '직업' 주가지에는 각종 직업에 관한 질문을 사회복지사, 우체부, 꽃집, 주민센터로 이름 붙인 부가지로 분류하여 정리했다.

프로젝트 수업을 진행하여 질문에 대한 답을 알아갈 텐데, 어떻게 알아볼지를 이야기하고 '일손'에 관해서는 동네를 위해 할 수 있는 일을 찾아 실천하기로 했다. 그리고 주가지 '동네'의 부가지 '소개' 부분에서 어떤 내용을 소개할지도 이야기했다. 아이들은 '동네의 자랑', '옷이나 화장품, 장난감, 신발 등을 파는 가게', '직업', '재미있는 곳', '쉬는 곳' 등 칠판에 정리한 것을 중심으로 이야기하였다.

소개할 내용을 정했으니 이제는 소개하는 방법을 이야기할 차례다. 아이들은 이야기, 사진, 영상, 그림, 행동, 지도, 설명서라고 대답하였다.

질문 만들고 이야기 나누기

　본격적인 학습에 들어가기 전에『다 같이 돌자 직업 한 바퀴』그림책을 읽었다. 다양한 직업을 알 수 있는 내용이므로 찬찬히 글을 읽고 그림도 자세히 살펴볼 수 있도록 충분한 시간을 주었다.

　『다 같이 돌자 직업 한 바퀴』는 2017년에 온작품읽기를 위해 학생 수만큼 구입한 책이다. 이때는 이 책을 중심으로 교육과정을 재구성하여 온작품읽기 수업을 진행하였으나, 스토리가 풍부하지는 않기에 2018년부터는 '동네 한 바퀴' 프로젝트를 진행하는 중간중간 필요한 경우에 활용하였다. 온작품읽기로 활용하지 않았다는 것은 슬로리딩 형식으로 천천히 읽으며 주교재로 활용하지는 않았다는 뜻이다. 이 책은 '동네 한 바퀴' 프로젝트 기간 동안 교실 책꽂이에 학생 수만큼 꽂아두고 언제든지 읽을 수 있도록 하고, 수업 시간에도 활용하였다.

『다 같이 돌자 직업 한 바퀴』읽기

■ 우리 동네 소개 자료 구성 방향 정하기

다음으로 질문 만들기 때 이야기가 나왔던 것처럼 우리 동네 소개를 어떻게 해야 할지 이야기했다. 소개할 내용으로 나온 의견은 자랑, 가게, 직업, 재미있는 곳, 쉬는 곳이었다. 우리 동네의 자랑에 대해 아이들은 '아름다운 것', '꽃'이라고 하였고 꽃은 꽃집에 있거나 공원에 있다고 하였다. 또 재미있는 곳은 아파트나 공원에 있는 놀이터라고 하였고, 쉬는 곳은 공원이라고 말했다. 우리 동네를 소개할 방법으로는 다음과 같이 대답했다.

① 이야기하기 ② 사진, 영상, 그림
③ 행동 ④ 지도 ⑤ 설명서

아이들은 ① 이야기할 내용을 알아보기 위해 수첩, 연필이 필요하며 ② 사진, 영상, 그림을 위해 휴대전화나 카메라, 연필, 스케치북도 필요하다고 했다. ④ 지도는 가게나 아파트 등을 그림지도로 그리기로 하고, 마지막으로 ⑤ 설명서는 어떤 방법으로 만들지 생각하다가 동네에 대해 메모한 것이나 사진, 영상, 그림으로 표현한 것을 모으면 되겠다고 하였다.

우리 동네 소개할 내용과 방법 정하기

■ 우리 동네 그림지도

• 우리 동네에 있는 사람과 시설 알아보기

지도 작성을 위해서는 먼저 동네를 살펴봐야 한다. 그러나 무턱대고 나갈 것이 아니라 사전 준비를 철저히 해야 한다. 한 사람이 전체를 모두 정리하기는 어려우므로 모둠 수에 따라 구역을 나누기로 했다. 우리 동네를 아파트 단지 세 곳, 요양병원 근처, 커피집 근처, 빵집 근처 등으로 나누고 모둠별 희망을 고려하여 맡을 구역을 정했다.

아이들은 맡은 구역 내에서 어떤 곳을 방문할지 결정하고, 방문하였을 때 할 일을 연습한다. 이왕 나가는 만큼 우리 동네에 어떤 시설이 있는지 살펴보는 일과 함께 어떤 사람이 있는지, 그 사람이 어떤 일을 하는지도 알아보도록 인터뷰를 준비한다. 어떤 질문을 할지 정하였고, 무작정 가게에 들어가서 질문을 하게 되면 예의에 어긋나므로 인터뷰의 바른 절차와 인사말도 연습할 필요가 있었다. 시작할 때의 인사말, 끝냈을 때의 인사말을 생각해보고 연습하였다.

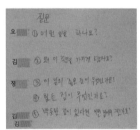

인터뷰 준비

다음으로는 동네를 둘러보고 인터뷰하는 데 사용할 활동지를 나눠주었다. 활동지 앞면에는 자기 모둠이 맡은 구역의 지도와 인터뷰 때 할 질문, 그에 대한 답을 적을 수 있는 칸을 만들었다. 뒷면에는 자신이 맡은 곳 이외의 구역을 살펴볼 때 할 수 있는 활동으로, 그곳에서 볼 수 있는 가게 이름을 적는 칸이 있다. 그리고 인터뷰 때 참고할 수 있도록 인사말과 인터뷰를 하게 된 이유 및 거절당하더라도 예의

바르게 인사하고 나오도록 하는 내용이 담겨 있다.

아무래도 저학년 학생들이라 학교 밖에서 각자 맡은 구역으로 흩어지도록 할 수는 없었으므로, 모든 학생이 다 함께 이동하여 특정 구역에 도착하면 해당 구역을 맡은 학생들이 인터뷰할 곳으로 들어가 인터뷰했다. 인터뷰한 뒤에는 활동지 앞면 지도에 그 구역에 있는 가게나 시설을 적었고, 그동안 다른 구역을 맡은 학생들은 주변에 있는 가게 이름을 활동지 뒷면의 칸에 적도록 하였다.

이렇게 모둠원들이 함께했고 인사말과 인터뷰할 질문을 미리 정리한 덕분에, 나는 개입하지 않고 밖에만 있었는데도 인터뷰가 원활하게 이루어졌다. 아마도 어린 학생들이 인터뷰하러 와서 똑똑하게 인사말을 하고 질문하는 것을 예쁘게 여기고 다들 성실하게 인터뷰에 응해주었기 때문일 것이다.

우리 동네 살펴보기

• **우리 동네에 있는 시설 소개 자료 작성하기**

동네를 살펴본 후 교실로 돌아와 우리 동네에 있는 가게나 시설물을 소개하는 후속 활동을 한다. 활동지 첫 칸에는 시설물의 이름을 적고 중간 칸에 그림을 그린 후 아래에는 설명하는 글을 적는다. 아이들은 자신들이 맡은 구역의 시설물 중 소개할 만한 것을 골라 모둠 내에서 겹치지 않도록 하나씩 나누어 작성하였다.

활동지 작성을 완료한 학생들은 먼저 교실 중간으로 나와 한 명씩 대면하여 자신이 작성한 내용을 친구들에게 소개하였다. 차례로 모든 학생이 나눔 활동을 하고 나면 여유 있게 활동을 마무리한다. 이후 활동지를 모아 스캔한 후 작게 인쇄하였다. 플로터를 이용하여 우리 동네 지도를 크게 인쇄하고, 여기에 작게 인쇄한 활동지를 붙여 우리 동네 지도를 완성한다. 2019년에는 학교에 플로터가 없어서 프린터의 '설정'에서 '포스터 형식 인쇄하기'를 이용하여 인쇄했다.

우리 동네 그림지도(2018)

우리 동네에 있는 가게나 시설물

　　2017년에는 2학년을 맡은 첫해라 아이들 그림을 작게 인쇄하여 붙이는 것을 미처 생각해내지 못했다. 그래서 동네를 둘러본 후 교실에 돌아와 학생들 각자가 맡은 가게나 시설을 포스트잇에 적어 지도의 해당 위치에 붙였다. 그리고 그곳에서 일하는 사람을 그림으로 표현했는데, 이때 직업의 특성이 드러나는 옷차림과 사용하는 도구를 함께 그리도록 했다. 또 우리 동네 가게나 시설물 중 세 곳을 골라 좋은 점을 포함한 간단한 설명을 적어 전시했다.

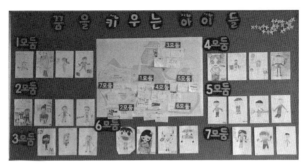

우리 동네 지도(2017)

가게나 시설에서 일하는 사람 그리기(2017)

우리 동네 시설 모습 및 좋은 점(2017)

■ 우리 집 위치 확안하기 및 그리기

아이들은 학교 수업에서 우리 동네를 만나면 즐거워한다. 칠판에 동네 지도를 붙이기만 해도 관심을 보이며 자기 집은 여기고, 저기에는 무엇이 있는지 신나게 이야기한다. 2018년에는 학생들이 대부분 학교 인근의 아파트 단지 세 곳에 살았는데, 직접 나가서 동네를 살펴보며 아파트 단지를 지날 때면 너도나도 신이 나서 '저기가 우리 집이에요!'라고 말했다. 2019년에는 사정상 직접 나가지 못하고 로드뷰를 통해 살펴보았는데, TV 화면으로 거리 모습을 보아도 아이들은 신이 나서 자기 집 쪽으로 지도를 옮겨서 보고 싶어 했다. 그래서 모든 아이들의 집뿐만 아니라 아이들이 다니는 태권도 학원, 자주 가는 마트나 편의점 등을 한참이나 로드뷰로 확인한 다음에야 마칠 수 있었다.

우리 동네에 어떤 가게나 시설물이 있는지 알아보는 것도 중요하지만, 아이들에게 실제로 의미 있는 활동은 우리 집과 친구의 집 위치일 것이다. 원래 계획은 거리로 나가 우리 동네를 살펴보고 친구들의 집까지 직접 가보는 것이었지만, 예상되는 문제점과 학교 위치상 안전에 취약한 점 때문에 직접 가지는 못하고 로드뷰를 활용했다. 친구들과 자신의 집을 로드뷰를 통해 찾아간 후 그림으로 표현하였다. 각자 자신의 집을 그리면 이제 이를 모아 스캔하고 작게 인쇄하여 나눠주고, 우리 동네 지도를 포스터 형식으로 인쇄하여 자신의 집 실제 위치에 붙였다.

우리 집 그리기

2017년과 2018년에는 학교가 아파트 단지 인근에 위치하여 아이들의 집도 대부분 같은 아파트, 같은 모습이었으므로 지도에 표시하는 활동은 생략했는데, 2019년에는 집의 위치나 형태 등이 제각각이라 친구들의 집이 어디인지 아는 것도 중요한 요소였다.

동네 사람들

■ 우리 동네 사람 알아보기

• 우리 동네 사람 소개하는 글쓰기

이번에는 동네 사람들을 더 자세히 알아보기로 했다. 앞서 동네 둘러보기를 할 때 인터뷰를 했지만, 이제는 직업별, 개인별로 자세히 알아본다. 먼저『다 같이 돌자 직업 한 바퀴』책을 다시 한번 읽고 책에 나오는 직업을 짚어보았다.

조사할 때는 직업이 중복될 수 있으므로 칠판에 기록해가며 자신이 조사할 직업을 체크하여 중복되지 않도록 한다. 학생들은 자신이 아는 특정 이웃 사람에 대해 알아보겠다고 마음먹지만, 실제로는 쉽지 않을 수 있다. 그래서 조사하는 사람을 바꿀 수 있도록 하여, 부모님 중 한 분을 상대로 조사해오기도 했다. 질문 내용은 2018년에는 이름, 직업(하는 일), 특징(옷차림, 외모), 좋아하는 것과 자신이 정한 질문 한 가지를 적어오도록 하였다. 2019년에는 하는 일, 옷이나 도구, 이 사람에 대한 자신의 생각을 적어왔다. 2018년에는 객관적인 특성 위주였고, 2019년에는 객관적인 특성에 자신이 바라보는 특성을 추가한 것이다.

− 소개하는 글쓰기 방법 알아보기(짝 소개하기)

1학기에 물건을 소개하는 글쓰기 활동을 했으므로 아주 생소한 글쓰기는 아니다. 하지만 소개하는 대상이 사람이라는 차이점도 있고, 저학년 학생이므로 글쓰기 방법을 다시 짚어주는 것이 좋다. 이웃에 대해 조사하는 과제를 내주던 날

학교에서는 짝을 소개하는 활동을 통해 소개하는 글쓰기 방법을 알아보았다.

먼저 교과서에 나오는 소개하는 글 두 가지를 전자칠판에 제시하였다. 두 글 중 하나는 소개하는 내용이 불분명하고 글의 짜임에서도 소개하는 대상을 나타내기에 부족한 점이 많았다. 다른 글은 이와 반대로, 짝을 소개하는 글이 갖춰야 할 점을 잘 갖추고 있었다. 전자칠판에서 두 글 중 잘 쓴 글을 중심으로 소개하는 글 쓰는 방법을 아이들과 묻고 답하면서 정리했다. 또 소개하는 글의 짜임과 들어갈 내용도 정리하였다.

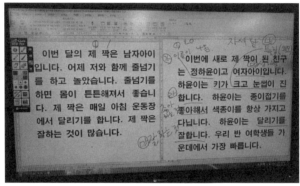

소개하는 글쓰기 짜임(전자칠판 이용, 2018)

이제 직접 짝을 소개하는 글을 쓸 차례이다. 소개하는 글쓰기 활동지는 두 부분으로 되어 있다. 소개하는 내용을 정리하는 부분과 실제 글을 쓰는 부분이다. 활동지에 제시한 부분은 이름만 제시하였고 나머지 소개할 내용은 학생들이 전자칠판의 예시글을 참고하여 항목을 정하고 내용을 정리하였다. 이어서 전자칠판의 글을 참고하여 소개하는 글의 짜임을 살펴가며 짝을 소개하는 글을 썼다. 먼저 완료하는 학생들부터 시작하여 모든 학생들이 나눔 활동에 참가할 때까지 '섞이고 - 짝 - 나누기'를 통하여 나누었다.

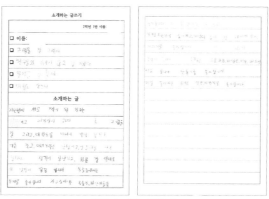

친구 소개하는 글쓰기

– 우리 동네 사람 소개하는 글쓰기

조사해온 내용을 이용하여 학교에서 동네 사람을 소개하는 글을 쓴다. 활동지는 앞뒷면으로 구성하였다. 2019년에는 직업, 그림, 조사한 내용을 정리하는 부분으로 앞면을 구성했고, 뒷면에는 소개하는 글을 쓰는 칸이 있었다. 반면 2017년과 2018년에 활용한 활동지는 앞면의 절반은 조사한 내용을 정리하는 칸이고 나머지 절반과 뒷면은 소개하는 글을 쓰는 칸이었다.

2017년에는 이름을 제외한 모든 항목에 대해서 자유롭게 항목을 정하여 작성하도록 했다. 그래서 자신이 면담하기로 한 사람이 좋아하는 것, 잘하는 것, 생김새 등 개인적인 특성이 반영되었으나, 경우에 따라 직업과 관련한 요소의 언급이 부족하기도 했다. 이를 보완하기 위해 2018년에는 하는 일, 그에 따른 옷차림과 같이 직업적 특성에 관한 항목 두 가지와 개인의 특성을 나타낼 수 있는 좋아하는 것, 그 외에 자율적으로 작성할 수 있는 항목을 한 가지 적도록 했다.

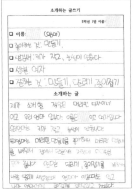

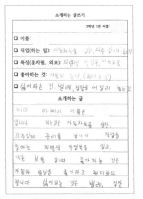

동네 사람 소개(2017)　　　　　동네 사람 소개(2018)

　　2019년 활동지는 이전과 두 가지 면에서 큰 차이점이 있다. 우선 조사하여 작성하는 내용에 직업과 관련한 항목은 2018년과 동일하게 유지하되, 자신의 생각을 적는 항목과 동네 사람을 그림으로 표현하는 칸을 추가하였다. 소개하는 글쓰기에서 소개하는 대상에 대한 생각이나 판단도 중요함을 강조한 것이고, 또 그림의 효과와 추후 활용도를 고려한 것이다. 그림을 통해 해당 직업인이 사용하는 도구나 옷차림 등을 더 확실히 학습하게 된다. 또한 그림 부분을 스캔한 후 작게 인쇄하여, 앞서 작성한 우리 동네 그림지도에 추가하여 소개하는 사람이 일하거나 사는 곳에 붙이도록 했다.

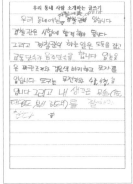

동네 사람 소개(2019)

- **직업 카드 만들기**

2017년에는 직업카드를 만들어 놀이를 통해 다양한 직업을 알아가도록 했다. 우리 동네를 살펴보고 자신이 맡은 가게나 시설에서 일하는 사람을 그리고, 그 사람이 사용하는 도구도 그려보았다. 동네에 있는 가게나 시설에서 직업을 찾아서인지 은행원, 의사, 간호사, 학원 강사, 교사 등 일반적으로 생각할 수 있는 직업도 있었지만 대다수는 자영업자였다. 아이들은 횟집 사장님, 낙지집 사장님, 과일가게 사장님 등으로 표현하였고 햄버거 가게 직원, 세차장 직원과 같이 고용되어 일하는 직원을 표현하기도 했다.

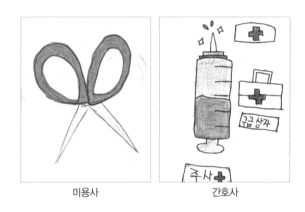

| 미용사 | 간호사 |

그림을 모두 그리면 이를 모아 스캔한 후 작게 인쇄하여 두 명당 한 세트씩 나눠주었다. 각자 책상에 늘어놓은 후 전자칠판에 그림을 하나씩 띄워서 어떤 직업인지 아이들과 묻고 답한다. 그러면 아이들은 해당 그림 카드를 찾아 뒷면에 직업을 적는다. 이렇게 그림을 하나씩 살펴보는 과정과 카드 만들기가 마무리된다.

이제는 2부 7장 '카드 놀며 배우는 수업 전략, 카드 놀이'에서 소개했던 방법으로 카드 놀이를 한다. 먼저 '짝 카드 맞히기 놀이'다. 짝끼리 하는 것으로, 한 사람이 모든 카드를 가지고 하나씩 그림을 보여주면 다른 학생이 맞힌다. 정답을 맞히면 카드를 주고 틀리면 맨 뒤로 넘긴다. 모든 카드를 갖게 되면 역할을 바꾼다. 그리고 '심화된 카드 맞히기 놀이', '나열식 카드 맞히기 놀이'를 하며 직업별로 하는 일, 옷차림이나 도구 등 우리 동네 사람 소개를 위해 조사했던 사항을 게임을 하며 익힌다.

2018년에는 각자 역할을 나누는 과정에서 직업을 미리 칠판에 적어 학생들과 묻고 답하며 직업의 종류를 선정했고, 직업 카드에 좀 더 다양한 직업을 담고자 노력하였다. 2017년의 카드 형태가 간편하기도 하고 수업 시간에 활용하기에는 더 편리했지만, 2018년 직업 카드는 직업에 대한 정보가 적혀 있는 만큼 더욱 다양한 용도로 활용하기에 좋다.

짝 카드 맞히기 놀이

나열식 카드 맞히기 놀이

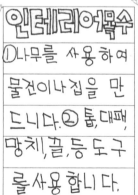
직업 카드(2018)

• 여러 가지 말놀이

- 하얀 거짓말 찾기

재미있는 말놀이 활동을 통하여 직업을 알아본다. 2학년 국어과에서 아이들이 가장 좋아하는 내용이 말놀이 단원이다. 1학기에 했던 말놀이는 순발력과 유창성 위주의 말놀이였다면 2학기 내용은 수수께끼나 다섯 고개 등 창의적인 요소가 엿보이는 활동이다.

먼저 소개하는 글쓰기 활동지를 이용하여 하얀 거짓말 찾기를 하였다. 자신이 작성한 소개 자료를 보며 동네 사람이 하는 일, 옷차림, 사용하는 도구 등의 내용을 모둠 내에서 돌아가며 말한다. 이어 모둠에서 번호대로 자신이 작성한 소개 자료에서 맞는 내용 두 가지, 맞는 것 같지만 틀린 내용 한 가지를 이야기하면 나머지 학생들이 틀린 내용을 맞히는 활동이다.

모둠원이 네 명이고 네 가지의 직업에 대해 문제를 내므로 활동은 그리 오래 걸리지 않는다. 자신의 모둠에서 활동이 다 끝나면 활동지를 모둠 간에 이동시켜서 다른 모둠에서 작성한 활동지로 같은 활동을 반복할 수 있다. 활동지는 모둠 간 순환하여 이동하도록 각 모둠에서 이동시켜야 할 다음 모둠을 정하여 알려준다.

이러한 활동을 충분히 하고 나면 모든 활동지를 모아 그중에서 한 장씩을 뽑아서 문제를 냈다. 몇 차례 문제를 내고 학생들이 맞히다 보면 자신이 문제를 내고 싶다는 학생들이 나온다. 그런 학생에게 기회를 주어 학생이 문제를 내도록 한다.

다만 '하얀 거짓말 찾기 활동'은 빨리 답을 말하는 것이 중요한 것이 아니라 모든 학생들에게 충분히 생각할 기회를 주는 것이 중요하다. 거짓이 어떤 것인지 생각할 시간을 주고 '하나 둘 셋'이라고 외치면 일제히 1~3번 중 하나를 손가락으로 표시한다. 이는 모둠 활동 시에도 마찬가지이다. 생각할 동안 맞히는 학생들끼리 대화를 허용하여 힘께 고민하고 자신의 생각을 이야기할 수 있도록 하면 학습 효과가 더 좋다.

– 다섯 고개

2학년 국어 교과서에 나오는 다섯 고개는 문제를 내는 사람이 하나씩 단서를 주면서 맞히도록 하는 것이다. 단서는 다섯 개까지 주고, 각 단계의 힌트를 들으며 답을 맞히는 활동이다. 어찌 보면 우리가 알고 있던 스무고개와는 반대되는 형식이다. 스무고개는 문제를 맞히는 쪽에서 질문을 20개까지 하면 문제를 내는 사람은 '예 또는 아니오'만 대답할 수 있고 20번 이내에 맞히느냐 20번에도 맞히지 못하느냐에 승부가 갈리는 말놀이다. 나는 두 가지 형태를 다 활용하였다.

먼저 교과에 소개된 형태의 다섯 고개이다. 활동에 앞서 내가 먼저 문제를 내고 학생들이 맞히는 과정을 거치면서 활동 방법과 준비해야 할 힌트 형태를 익히도록 한 후, 학생들이 문제를 만들었다. 먼저 자신이 문제를 낼 직업을 정하고 그에 맞는 다섯 가지 힌트를 적었다. 힌트를 적을 때『다 같이 돌자 직업 한 바퀴』책과 '동네 사람 소개하기' 활동에 사용한 활동지를 참고하여 적었다.

직업 다섯 고개 힌트 작성이 완료되면 '섞이고-짝-나누기'를 통해 자유롭게 이동하며 친구들을 만나 문제를 내고 맞히도록 하였다. 활동이 끝나면 한 사람씩 나와서 전체 아이들을 대상으로 다시 문제를 냈다.

속도감 있는 전개를 원할 때는 힌트 단계마다 답을 맞히도록 하겠지만, 모든 학생에게 생각할 기회를 주기 위해서는 손을 들어 답을 말하지 않고 단계별 힌트를 들을 때마다 메모지에 자신이 생각하는 답을 적게 한다. 마지막 다섯 번째 힌트까지 제시되면 비로소 답을 이야기할 수 있다. 긴장감은 떨어지지만, 모든 학생이 충분히 사고하는 데에는 효과적이므로 문제를 바로 맞히지 않고 메모지에 적는 방법을 활용한 것이다. 차츰 분위기가 무르익으면 바로 맞히는 방법으로 바꾸기도 했다.

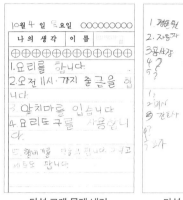

| 다섯 고개 문제 내기 | 다섯 고개 문제 맞히기 |

- 스무고개

문제를 내고 맞히는 방법을 연습하는 차원에서 내가 먼저 몇 차례 문제를 내고, 다음으로 학생들에게도 문제를 낼 기회를 주었다. 처음에는 '예 또는 아니오'로 답하기 어려운 형태로 질문하는 학생들이 많지만, 반복하여 짚어주면 차츰 바른 형태로 질문하게 된다.

학생들은 문제를 맞히는 것도 좋아하지만 문제를 내는 것에도 큰 즐거움을 느낀다. 학생들이 진행하게 되면 충분히 생각할 시간을 주지 않고 급하게 진행하는 경향이 있으므로, 천천히 할 수 있도록 이야기하며 조절한다.

■ **직업 체험하기**

나는 2017~2019년까지 3년간 2학년 담임을 하면서 가을 현장체험학습 장소를 항상 키자니아로 정했다. 교육과정과 연계되는 면도 있고, 놀이를 통해 직업을 체험하는 형태가 저학년 학생들에게 적합하기 때문이다.

• **사람이 많은 곳에서 지켜야 할 일**

체험학습에는 준비가 필요하다. 체험학습에 앞서 사람이 많이 모이는 곳에서 지켜야 할 사항에 대해 알아보았다. 공연장, 극장, 전시장, 식당 등의 장소에 따라 지켜야 할 사항들을 이야기한다. 충분히 이야기한 후 각 모둠에서 장소와 상황을 정하여 역할놀이 대본을 적었다. 대본 작성이 완성된 모둠은 역할놀이 연습을 시작하고, 모두 연습이 끝나면 한 모둠씩 나와서 역할놀이를 했다. 짧은 시간에 준비했으므로 완성도가 높지는 않지만 모두 즐겁게 참여한다.

역할놀이 대본

역할놀이가 끝나면 문장 만들기를 통해 질서에 관해 자기 나름대로 생각하여 적어보게 한다. 문장 만들기 활동은 사전적 의미가 아니라 대상의 속성에 따라 말을 만들어내는 것이다. 저학년 학생들이라 이해가 쉽지 않았으나 나름의 생각을 적는다. 잘 적은 학생도 있고 문장 만들기 방식을 잘 이해하지 못한 학생들도 있다.

질서 문장 만들기

◦ 질서는 행복이다. 왜냐하면 주위 사람들을 행복하게 하기 때문이다.

◦ 질서는 사다리다. 왜냐하면 사람들이 길게 줄을 서 있기 때문이다.

◦ 질서는 마법사다. 왜냐하면 한 번에 좋을 수 있기 때문이다.

다음 시간에는 키자니아에서 함께 다닐 모둠을 구성하였다. 교실 모둠을 그대로 적용해도 되지만, 현장체험학습이니 친한 친구들끼리 다니는 것도 좋을 것 같아 자유롭게 모둠을 구성하도록 했다. 다만 비상 연락을 위해 모둠마다 적어도 한 학생은 휴대전화가 있는 학생으로 편성했다.

• **직업 체험하기**

이제는 키자니아에서 직업 체험활동을 할 시간이다. 직업 체험활동 시 보호자는 밖에 머무르므로 나는 전체적으로 둘러보며 혼자 떨어져서 헤매는 아이들에게 제 모둠을 찾아주고 점심시간에 식당에 모였을 때 지도하는 정도의 역할만 한다. 모든 체험은 아이들 자신의 몫이다. 아이들은 어느 수업보다, 어느 체험학습보다 즐겁게 참여한다.

키자니아 직업 체험

• **현장체험학습에서 인상 깊었던 일 글쓰기**

– 마인드맵으로 정리하기

즐겁게 직업 체험학습을 다녀왔다면 이제는 후속 활동이다. 단순히 체험으로

만 그치면 얻는 것이 적다. 현장체험학습 때 있었던 일 중 인상 깊었던 일을 쓰는 활동을 구성하였다.

먼저 인상 깊었던 일을 떠올린다. 칠판에 현장체험학습이라고 쓰고 마인드맵으로 겪었던 일을 정리하면서 어떤 식으로 정리할지 보여준다. 마인드맵 활동은 1학기 때부터 여러 차례 했기 때문에 긴 설명이 아니더라도 비교적 잘 해낸다. 아이들은 활동지 중간에 2학기 현장체험학습이라고 쓰고, 그때 있었던 일을 각자 마인드맵으로 촘촘하게 가지를 쳐나가며 정리한다.

마인드맵 작성이 끝나면 완료한 학생부터 순서대로 나눔 활동을 한 후, 마인드맵으로 작성한 내용 중에서 인상 깊었던 일을 골라낸다. 마인드맵 아래로 언제, 어디서, 누구와, 어떤 일이 있었는지, 그리고 그때의 생각이나 느낌은 어땠는지 쓰도록 했다. 친구가 팝콘을 주어서 고마웠던 일, 친구와 다퉜던 일, 친구들과 소방관 체험을 했던 일 등 각자 인상 깊었던 일을 정리한다. 작성이 완료되면 '섞이고-짝-나누기'를 통하여 자유롭게 이동하여 친구들을 만나며 자신의 이야기를 나눈다.

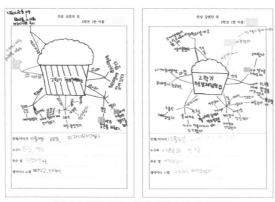

키자니아 직업 체험-인상 깊었던 일 정리하기

- 일이 일어난 차례대로 정리하기

다음 시간에는 인상 깊었던 일을 일어난 차례대로 정리한다. 앞 시간에 간단히 작성했던 것에 살을 붙여야 한다. 직업 체험학습 도중 인상 깊었던 일을 다시 떠올려보고, 이를 일어난 차례대로 정리한다. 비주얼씽킹을 활용하여 그림으로 정리하고 각 장면을 간단한 문장으로 설명하여 적는다. 인상 깊은 일을 현장체험학습이 있었던 하루 전체로 보아 정리할 수도 있고, 그때 있었던 특별한 일이나 체험내용 중 하나로 볼 수도 있다. 아이들은 전체를 정리한 경우가 많았다. 비주얼씽킹이 완료되면 모둠에서 자신이 작성한 것을 나눈다.

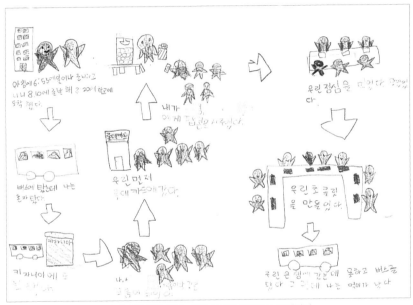

키자니아 직업 체험 – 일이 일어난 차례대로 정리하기

– 인상 깊었던 일 글쓰기

이제 최종 단계이다. 인상 깊었던 일을 글로 쓴다. 먼저 경험한 일을 글로 쓴 예시문을 통해 글의 짜임을 알아보기로 했다. 전자칠판에 교과서에 나오는 지문 「새 운동화」를 띄워놓고 아이들과 묻고 답하며 일이 일어난 순서대로 간단히 정리해보았다.

① 새 운동화를 사러 간 일

② 사는 과정

③ 운동장에 나간 일

④ 술래잡기에서 그동안 못 잡았던 채현이를 잡은 일

그리고 글에 나온 대화 부분을 짚어가며 당시 있었던 대화를 따옴표에 넣어 인용하면 더 생생한 글이 된다는 것을 보여주었다. 또 뒷부분에 채현이를 잡았을 때 느낀 점을 표시하며 자신의 생각이나 느낌을 적도록 알려준다.

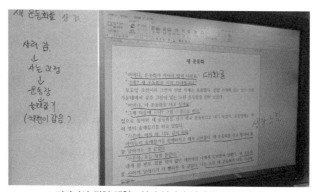

키자니아 직업 체험 – 일이 일어난 차례대로 정리하기

경험한 일을 쓰는 방법을 알아보았으니 이제 직접 글을 쓸 차례다. 아이들은 이전 수업에서 활용한 마인드맵 및 인상 깊었던 일을 정리한 활동지도 참고하고, 비주얼씽킹으로 정리한 것도 참고하여 글을 썼다. 현장체험학습 전체 과정을 글로 쓴 학생들이 있었던 반면, 체험학습 도중 버스에서 일어난 일에 대해서 쓴 학생도 있었다. 또 한 아이는 젤리를 살 때 친구가 돈을 보태줘서 고마운 마음에 젤리를 나눠줬는데, 주변에서 다른 아이들이 너도나도 달라는 통에 젤리를 금방 다 먹어 아쉬웠던 일을 쓰기도 했다. 아이들에게 나눠주는 것도 좋지만 한편으로는 금방 다 사라져버리게 된 젤리가 아까운 생생한 마음이 느껴졌다.

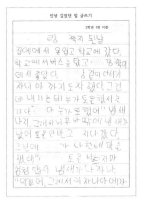
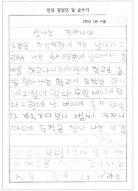

키자니아 직업 체험 – 인상 깊었던 일 글쓰기

글을 다 쓴 후에는 '코너 게임'을 이용하여 함께 나누었다. 인상 깊었던 일이 일어난 구체적인 장소나 일어난 일의 종류에 등에 따라 아이들을 네 그룹으로 묶고, 그룹별로 모여서 글을 돌려가며 읽고 나누었다. 글을 돌려 읽은 후에는 활동 중 기억에 남는 것이나 생각한 것 등을 전체를 대상으로 나누었다.

섞이고 – 짝 – 나누기(마인드맵으로 작성한 것 나누기)

코너 게임(쓴 글 나누기)

동네를 위해

■ 동네를 위해 할 수 있는 일 정하기

동네를 위해 할 수 있는 일에는 무엇이 있는지 알아보고, 그중에서 우리가 실천할 것을 정하는 것이 수업의 흐름이다. 아이들은 교과서에서 관련 내용을 살펴보고, 각자 질문을 적어 이를 짝과 서로 묻고 답한다. 그 뒤에는 모둠에서 나누었으면 좋을 것 같은 질문을 짝과 상의하여 한 가지 정한다. 그리고 이번에는 짝과 정한 질문을 모둠에서 묻고 답한 뒤 모둠에서 이야기 나눈 두 질문 중 대표 질문을 한 가지 정한다. 이렇게 정한 모둠의 질문을 칠판에 적고, 함께 묻고 답하는 과정을 통해 이야기 나눈다.

'우리가 쓰레기를 주우면 환경오염이 되지 않나요?'에 대해서는 먼저 아이들의 반응을 기다렸지만, 어른이 대답해도 회의적인 대답이 나올 질문이라, 선뜻 답을 기대하기는 어려웠다. 이 질문에 대해서는 가상의 동학년 학생인 '순이'를 등장시켜 '냄새가 줄어든다', '조금이라도 깨끗해진다' 정도의 희망적인 대답을 덧붙였다.

이어서 동네를 위해 할 수 있는 일을 이야기해보았다. '번호순으로' 구조를 통하여 모둠에 한 학생이 자신의 의견을 이야기하고 칠판에 적는다. 그리고 칠판에 적히지 않은 의견이 있으면 발표하여 우리 반 모두의 의견을 칠판에 정리하고, 토의·토론을 통해 우리가 실천할 일을 정한다. 다양한 의견이 나왔지만 우리는 최종적으로 동네를 위해 쓰레기를 줍기로 했다.

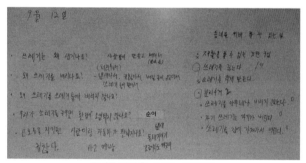
동네를 위해 할 수 있는 일(2018)

2017년에는 '개인 칠판을 이용하여 모두 발표하기' 형식으로 아이디어를 모은 후 토의·토론하여 결정하였다.

동네를 위해 할 수 있는 일(2017)

■ 동네를 위해 할 수 있는 일 실천하기

실제로 동네에 나가서 쓰레기 줍는 활동을 하였다. 쓰레기를 그냥 주우면 재활용품 분리가 안 되므로 학교 재활용품 분류 창고에서 분리하는 품목대로 비닐, 플라스틱, 캔류, 병류, 일반쓰레기로 각자 역할을 나누었다. 기본 준비물은 비닐장갑, 비닐봉투였고 집게를 가져온 아이들도 있었다. 보람은 있지만 궂은일이라 싫을 만도 했는데, 아이들은 역할을 나눌 때부터 이미 신이 났다. 앞다투어 "난 비닐", "난 플라스틱" 하며 역할을 고르고, 신이 나서 쓰레기를 줍기 시작했다.

건물과 건물 사이 공터는 손만 뻗으면 쓰레기였다. 아이들은 처음에는 신나서 주웠지만 비닐봉투가 금방 차올라 더 넣을 데가 없어지자 난감한 기색을 보인다. 쓰레기가 왜 이렇게 많은지 물어보는 아이들도 많았다. 어른들이 오염시키고, 마음껏 배출한 탄소로 인한 환경오염의 대가를 아이들이 치러야 하는 미래에 대해 씁쓸한 마음이 들었다. 분류하여 주운 쓰레기는 학교 쓰레기 재활용품 분류 창고에 잘 분류하여 넣고 교실로 돌아왔다.

동네를 위해 할 수 있는 일 실천

■ 우리 동네 사람에게 편지 쓰기

동네 사람 중 한 사람에게 감사 편지를 쓰는 수업이다. 먼저 누구에게 편지를 쓸지 생각한다. 개인적으로 아는 사람이 있을 수 있고 우리 동네 시설을 살펴보며 만난 사람에게 쓸 수도 있다. 우리 동네 그림지도를 보며 의사, 경비원, 환경미화원, 마트 직원, 은행원 등 각 시설에서 일하시는 분들을 되짚어보았다.

각자 감사 편지를 쓸 대상을 정하도록 한 뒤에 편지글에 대해 안내한다. 편지글 쓰기는 1학기 '가족' 프로젝트 등에서 이미 해보았지만 저학년 학생들에게는 반복이 필요하다. 다시 한번 예시글을 전자칠판에 띄워서 보여주고 편지글 형식도 설명하였다. 그리고 이번에는 1학년 때 배웠던 문장부호를 활용하여 써보고, 생생한 생각을 더하기 위해 큰 따옴표와 작은 따옴표도 이용하도록 했다. 그리고 그렇게 정성스럽게 쓴 편지는 각자 가져가서 개인적으로 전달하도록 하였다.

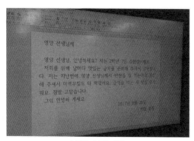 

본보기 편지글   편지 쓰기

살고 싶은 우리 동네

■ 우리 동네 분석하기

우리 동네에 어떤 가게나 시설물이 있고 어떤 사람들이 있는지도 알아보았다. 이를 이용하여 이번에는 우리 동네에 대한 분석을 해본다. 아이들이 살펴보고 그림지도로 표현한 우리 동네 가게나 시설물, 우리 동네 사람들의 직업 등이 완벽하지는 않겠지만, 직접 작성한 결과물을 분석하는 것은 의미 있을 것이다.

앞에서 아이들이 그림으로 표현한 우리 동네 가게나 시설물을 스캔한 후 작게 인쇄한 것을 이용하여 분류 활동을 하기로 했다. 저학년 학생들이기에 자료를 주고 그저 분류하라고만 하면 어려워한다. 그래서 우리 동네 가게 및 시설물을 표현한 아이들의 그림을 A4 1/4 크기로 인쇄하여 칠판에 붙인 후 '먹을 수 있는 곳'과 '먹을 수 없는 곳'이라는 기준에 따라서 아이들과 묻고 답하면서 먼저 분류해보고, 이후 아이들 스스로 분류하도록 했다.

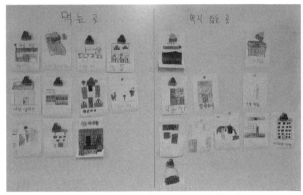

우리 동네에 있는 가게나 시설 분류하기(칠판)

아이들에게는 작은 크기의 가게 및 시설물 그림을 나눠주었다. 2018년에는 학급에 아이들이 20명이 넘었고 아이들 각자가 두 개씩 맡아서 그림을 그렸기에 카드 숫자가 많았다. 그래서 두 명당 1세트를 나눠주고 분류하도록 했다. 반면 2019년에는 학급 아이들 숫자가 16명이었고 한 사람당 하나의 그림만 그렸기에 카드 숫자가 그리 많지 않았으므로 각자 1세트씩 나눠주고 분류하도록 했다. 각각 장단점이 있는데, 짝과 함께하면 혼자 하는 것에 비해 참여의 기회는 줄어들지만 짝과 이야기를 나누며 활동하므로 다양한 아이디어를 교류하며 더 다양하고 우수한 결과물을 만들 수 있고, 의사소통 기술도 향상될 수 있다.

이를 보완하기 위해 짝 활동을 하되 번갈아가며 개별 분류 활동을 할 수도 있고, 개인 활동을 한 후 짝에게 설명함으로써 짝 활동을 추가할 수 있다.

분류 활동이 끝나면 2018년에는 모둠 내에서 분류 결과물을 나누었다. 2019년에는 모둠에서 나눔 활동을 한 후 전체에서 자신의 분류 결과를 나누었다. 지원하는 학생을 칠판으로 나오게 하여 처음에 시범용으로 제작한 자료로 분류하고, 분류 기준을 설명하도록 했다. 아이들은 우리가 공부하는 곳, 도움을 주는 곳, 무언가를 파는 곳 등으로 분류하기도 하고, 1층과 2층으로 분류하기도 했다.

자리에서 개인별 분류하기   앞에 나와서 분류해 보이기

이어서 아이들과 이야기 나누며 우리 반의 기준을 정했다. 2018년에는 간식, 식사, 재미있는 곳, 배우는 곳, 모두를 위한 곳, 그 외로 나누었고, 2019년에는 도와주는 곳, 배우는 곳, 식당, 마트나 편의점, 기타로 나누었다.

다음에는 우리 반의 기준을 정한 후 이 기준에 따라서 카드를 분류하여 표로 정리하였다. 수학 교과서에 나오는 표 양식에 제목을 적고 구분선을 그은 후, 분류 기준에 따른 항목명을 적고 각 항목에 해당하는 가게나 시설물의 숫자를 헤아려 적고 합계까지 적었다.

이렇게 아이들이 스스로 분류하고 표로 정리한 후 그래프를 그렸다. 물론 학생들은 아직 표와 그래프에 익숙하지 않으므로 중간중간 도움이 필요하다. 따라서 마지막 확인과 피드백을 위해 내가 칠판에 표와 그래프로 정리하였다.

이제 분석할 차례가 되니 또 다른 난관이 있었다. "이 표와 그래프를 보고 알 수 있는 것이 무엇인가요?"라고 발문했지만 쉽게 답이 나오지 않았다. 저학년 아이들에게는 보다 구체적인 발문이 필요했다. 발문을 바꾸어 표와 그래프를 봤을 때 어떤 것이 몇 개씩 있는지 묻고, 가장 많이 있는 것과 가장 적게 있는 것을 묻고 답하며 그래프를 통해 알 수 있는 것을 칠판에 정리하여 적었다.

- 우리 동네에는 간식 먹는 곳이 가장 많다.
- 우리 동네에는 재미있는 곳이 가장 적다.
- 먹는 곳이 많다.(절반가량)

■ 살고 싶은 우리 동네

작성한 그래프를 통하여 우리가 살고 싶은 동네에 필요한 시설을 생각해보았다. 우리 반 학생 수 22명이 하나씩 만들어 총 22곳을 만들기로 하고 아이들과 이야기 나누며 간식, 식사, 재미있는 곳, 배우는 곳, 모두를 위한 곳 등으로 할당해보았다. 지금 우리 동네는 재미있는 곳이 적고 간식을 사 먹을 수 있는 곳과 식사하는 곳이 다른 것에 비해 많으므로 간식 4군데, 식사 3군데, 재미있는 곳 4군데, 배우는 곳 4군데, 모두를 위한 곳 6군데를 할당하고 그 외에 필요한 것으로 마트 1군데를 할당하였다. 그리고 각 분류별로 구체적인 장소를 정했다.

- 간식: 치킨, 아이스크림 가게, 편의점, 빵집
- 식사: 중식 식당, 뷔페, 일식 식당
- 재미있는 곳: 놀이공원, 키자니아, 워터파크, 극장
- 배우는 곳: 학교(유치원 포함), 어린이집, 학원(태권도, 피아노)

◦ 모두를 위한 곳: 마을 도서관, 공원, 병원, 약국, 주민센터, 은행

◦ 기타 : 마트

우리 동네에 있는 시설 표와 그래프로 나타내기,
살고 싶은 우리 동네에 필요한 시설 정하고 역할 분담하기

• **살고 싶은 우리 동네 시설**

자신이 그리고 싶은 장소를 우선으로 하여 아이들에게 장소를 하나씩 정해주었다. 이에 따라 자신이 맡은 장소를 그렸다. 2018년에는 아이들과 이야기 나누는 과정을 통해 한 명당 자신이 그릴 하나의 시설을 정했는데, 2019년에는 도와주는 곳, 배우는 곳, 식당, 마트/편의점을 모둠별로 할당하여 그 분류에 해당하는 구체적인 장소는 모둠에서 선정하여 각자 두 개씩 그렸다. 또 2018년에는 장소 그림 아래 장소명만 적었는데 2019년의 활동지는 시설 이름, 모습 그림, 장소를 설명하는 간단한 말을 적는 부분 등 세 부분으로 나뉜다. 아이들은 그곳이 무엇을 하는 곳인지 적기도 하고, 좋은 점과 나쁜 점을 적기도 하였다.

살고 싶은 우리 동네에 있는 시설(2018)

살고 싶은 우리 동네에 있는 시설(2019)

• 살고 싶은 우리 집

먼저 다양한 형태의 집을 살펴보고, 자신이 살고 싶은 집을 상상하여 그렸다. 활동지는 살고 싶은 우리 동네에 필요한 시설과 동일하다. 맨 위에 자기 이름과 집의 명칭을 적고, 자신이 살고 싶은 집의 모습을 그린 뒤 이에 대한 간단한 설명을 적는다. 아이들은 나무에 지어진 집, 성 모양의 집, 모든 것이 앱으로 된 휴대전화 집, 즐겨 하는 게임을 주제로 한 집 등 독특한 집을 그렸다. 평소 곤충과 식물에 관심이 많은 한 아이는 2층 주택 앞에 각종 식물을 심어놓은 집을 그렸고, 또 한 아이는 창문이 크게 달려 있고 마당에는 물고기가 사는 연못이 있는 집을 그렸다.

살고 싶은 우리 집(2018)   살고 싶은 우리 집(2019)

• 살고 싶은 우리 동네 지도 완성

살고 싶은 우리 동네에 필요한 시설, 살고 싶은 우리 집 활동지를 완료했으면 이제 재료는 모두 갖춰졌다. 이제 살고 싶은 우리 동네 그림지도를 완성할 차례다. 플로터로 인쇄한 우리 동네 지도를 칠판에 붙였다.

우리는 배우는 곳, 먹는 곳(식사), 먹는 곳(간식), 재미있는 곳, 모두를 위한 곳, 그 외의 장소(마트)로 분류했는데 여기에 집을 그렸으니 주거지가 또 추가되었다. 아이들은 비슷한 종류의 시설들이 비슷한 장소에 있었으면 좋겠다고 하였다. 그래서 분류 기준별로 숫자를 붙이고 지도에서 위치하면 좋을 곳을 물어 지도에 숫자를 표시했다. 아이들의 생각을 들어보니 '집'은 학교 교문 앞 아파트 단지가 있는 쪽에 있으면 좋겠다는 의견이었다. 마을 도서관, 공원, 병원, 약국, 주민센터, 은행으로 이루어진 '모두를 위한 곳'은 지금의 주민센터와 공원 즈음이 좋겠다고 하였다. 그리고 '재미있는 곳'은 먹는 곳(간식)과 같은 곳에 있기를 원했으며, 위치는 지금 골프 연습장이 있는 산지를 희망하였다. 활동지를 작게 인쇄하여 만든 카드를 지도에 붙여서, 살고 싶은 우리 동네 그림지도를 완성하였다.

2017년에는 지도를 플로터로 인쇄하여 바닥에 놓고 각종 재활용품과 색종이 등을 이용하여 입체물을 만들어 살고 싶은 우리 동네를 완성했다.

살고 싶은 우리 동네(2018)

살고 싶은 우리 동네(2019)

우리 동네 설명서

■ 우리 동네 설명서 속지 모으기

우리 동네 그림지도와 살고 싶은 우리 동네 그림지도가 모두 완성되었다. 처음에 질문 만들기를 통해 공부할 내용을 살펴보고 방향을 정할 때 이야기한 것처럼,

이제는 설명서 구성을 생각해봐야 한다.

지금까지 학습한 결과물 중 우리 동네를 나타내는 것을 정리해보았다.

우리 동네 그림지도, 살고 싶은 우리 동네 그림지도, 우리 동네 시설물 소개 활동지, 살고 싶은 우리 동네에 있으면 좋을 것 같은 시설물 소개 활동지, 살고 싶은 우리 집 소개 활동지, 우리 동네 사람 조사 및 소개 활동지, 다섯 고개 활동지

두 가지 그림지도는 모든 아이들이 함께 완성했으므로 개인 결과물은 시설물을 소개하는 활동지밖에 없지만, 이것만 넣기에는 부족하다. 그래서 별도의 활동지를 구성하였다. '우리 동네 그림지도'를 카메라로 찍어서 위에 지도 그림을 넣고 아래에는 각자 이를 소개하는 글을 적는다. 마찬가지로 '살고 싶은 우리 동네 그림지도'도 카메라로 찍어서 위에 그림을 배치하고 아래에는 이를 소개하는 글을 적었다. 각자 소개하는 글을 쓴 후, 자유롭게 이동하며 '섞이고-짝-나누기'로 자신의 글을 친구들과 나누었다.

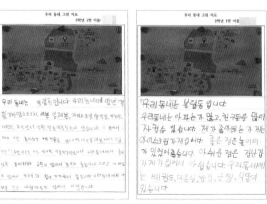

우리 동네 소개하기

■ 우리 동네 설명서 표지 그리기 및 완성

속지를 완성했으니 이제는 표지를 그릴 차례다. 각자 우리 동네 설명서 표지로 어울리는 그림을 그렸다. 아이들은 우리 동네 시설물 중 하나를 크게 그리거나 또는 작게 여러 개 그리고 위에 '우리 마을 설명서'라고 제목을 적었다. 속지와 표지가 완성된 뒤에는 스테이플러로 묶고 제본 테이프로 마무리했다.

지금까지 책자 형식으로 만든 것들은 우리 반 모두의 활동 결과물을 모아서 완성한 것이지만 이번에는 온전히 자신의 활동 결과물을 묶어 만들었으니 더 의미가 있었다.

우리 마을 설명서

'동네 한 바퀴' 프로젝트 번외 수업

■ 살고 싶은 우리 동네 시설물 조립하기

우리 마을 설명서를 엮는 것으로 '동네 한 바퀴' 프로젝트 수업은 사실상 종결되었다고 할 수 있다. 하지만 이대로 끝내기엔 아쉬워 일종의 서비스와 같은 수업을 진행하였다. 학년 학습준비물로 구입했던 조립 교구가 있었는데, 다른 반은 이를 이용해 재미있는 놀이 활동을 했다는 소문을 아이들이 전하던 중이었다. 나는 교육과정과 연계한 활동으로 디자인하여 활용하기 위해 아식 이 교구를 활용하지 않고 있었는데, 부러워하는 아이들의 이야기를 듣고 이를 사용하기로 마음먹었다. 그래서 조립 교구를 이용하여 '살고 싶은 우리 동네' 시설물을 만들기로 했다.

모둠 수보다 퍼즐 교구가 부족했으므로 부득이하게 한 모둠을 다른 모둠에 분산시켜 줄이고 퍼즐 교구를 한 박스씩 나눠주었다. 그리고 새로 구성된 모둠에 따라 배우는 곳, 모두를 위한 곳, 재미있는 곳, 먹는 곳 중 한 가지를 선택하여 주제에 맞는 시설물을 만들었다. 낱개 하나의 크기가 크다 보니 세밀한 표현은 쉽지 않았지만, 아이들은 어느 때보다 즐겁게 참여하여 살고 싶은 우리 동네 시설물을 만들었다.

블록 교구로 살고 싶은 우리 동네 시설물 만들기

■ 우리 반 장래희망별 학생 수 표와 그래프로 정리하기

다음은 앞의 서술에서 제외되었던 부분으로, 우리 동네의 시설을 표와 그래프로 나타낸 후 이어지는 수업에서 우리 반 학생들의 장래희망을 표로 정리하여 그래프로 나타내도록 했다. 표와 그래프를 작성하는 능력을 키우기 위해서는 한 차례만으로는 충분하지 않았기 때문이다. '동네 한 바퀴' 프로젝트 수업과도 연관되는 내용으로 각자 장래희망을 생각해왔다. 아이들은 스스로 고민하고 집에서 부모님과 상의도 하여 장래희망을 결정했다. 아이들의 장래희망을 묻고 손을 드는 과정을 통해, 칠판에 '우리 반 학생들의 장래희망별 학생 수'라는 제목의 표로 정리했다.

이제는 그래프를 그릴 차례다. 이미 우리 동네 시설을 분류해보고 그래프로 작성했으므로 처음에 비해 수월하게 그래프를 그렸다. 우리 반에서 가장 많은 학생이 희망하는 직업은 화가(5명)였고 과학자를 희망한 학생이 4명, 현재로서는 장래희망이 없는 학생이 4명이었다.

아이들의 장래희망은 우쿨렐레 연주자, 피아니스트, 야구선수, 경찰관, 가수, 육상선수, 크리에이터, 요리 강사 등 다양했다. 그래서 희망 학생 수가 한 명인 항목이 많았다. 예전에는 과학자, 판·검사, 의사, 교사 등 판에 박힌 듯 몇 가지밖에 거론되지 않았었는데, 직업 자체가 다양해진 측면도 있지만 아이들이 다양한 직업을 접할 수 있는 환경이 마련되었기 때문이라고 생각한다. 또 '동네 한 바퀴' 프로젝트 수업이 진로 교육에 조금이나마 기여했다고 생각한다.

우리 반 학생들의 장래 희망별 학생 수

6

알쏭달쏭 낱말 익히기
- 사고의 도구, 언어와 문법

1. 들어가는 이야기

국어과의 문법 영역 수업은 항상 재미가 없었다. 학창 시절 내가 공부할 때도 그랬지만 교사가 되고 난 후 내가 수업을 진행할 때도 마찬가지였다. 그러나 국어 문법은 일상생활과 국어 교육의 도구로서도 매우 중요하다. 또한 언어와 문법은 사고와 생활의 도구이기도 하다. 인간이 세상을 탐구하고 표현하는 데 언어만큼 중요한 것이 또 있을까? 물론 언어를 매개로 하지 않고 세상을 표현하는 예술도 있지만, 투입 대비 효과를 따지면 언어와 문자를 넘어서기는 쉽지 않다.

그림은 세세하게 표현할 수 있지만 그만큼 많은 노력이 들고, 단순히 전달하는 것 이상을 위해서는 언어의 도움이 필요하다. 인간의 문명 역시 문자를 통해 더욱 발전할 수 있었다.

사고 능력과 언어의 상관관계는 어떨까? 나는 언어가 있기에 고차원적인 사고가 가능하다고 생각한다. 사고력을 갖춘 인간이 언어를 발명한 것이 먼저이겠지만, 언어로 인해 인간의 사고력과 문명이 더욱 꽃을 피울 수 있었다.

그런 의미에서 국어와 문법은 매우 중요한데, 특히 문법은 학교 수업에서 너무 푸대접을 받는 것이 아닌가 하는 생각도 든다. 차지하는 비중도 적고, 실제 수업을 하는 교사의 입장에서도 어떻게 수업을 해야 할지 고민스럽다. 저학년 수업에서는 흥미의 요소가 중요한데, 문법은 '반복적으로 외워야 하는 재미 없는 수업'이라는 인식이 있기에 더 많은 고민이 필요하다.

2학년에서는 글자와 소리가 다른 낱말을 주로 다룬다. 지루해 보이는 문법 지식을 아이들이 재미있게 익히는 것을 목표로 구성하였다.

2. 교육과정 재구성 주제망

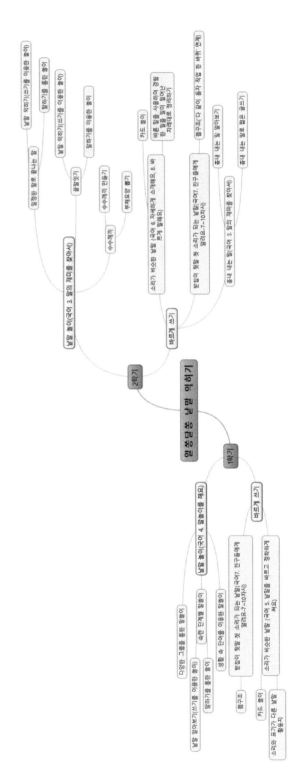

3. 교육과정 재구성의 방향 및 의도

낱말 익히기 수업에서 주안점은 재미이다. 생각만 해도 재미없게 느껴지는 문법 영역 수업에서 어떻게 흥미를 느끼게 할지 고민하였다.

말놀이는 기존에도 2학년 학생들이 국어과 교육과정 중 가장 재미있게 참여하는 단원이다. 처음에 재미있게 참여하는 것이 중요하므로 말놀이 활동으로 시작하였다. 그리고 넓은 것과 높은 것, 끝말잇기, 특정 소리로 끝나는 말 등을 이용한 말놀이와 생활에서 접할 수 있는 낱말을 알아보는 활동 등으로 구성했다.

'바르게 쓰기'에서는 그림을 이용하는 수업 전략으로 학생들이 재미있게 수업에 참여할 수 있도록 하였다. '소리가 비슷한 낱말'에서는 글자는 다르지만 소리가 비슷하여 그 뜻을 자주 혼동하는 단어들을 학습한다. 기존과 같이 딱딱한 수업 방식을 벗어나 '마음을 나타내는 말' 학습 때와 같이 카드를 제작하여 놀이하면서 학습할 수 있도록 구성하였다. 또 '받침이 뒷말 첫소리가 되는 낱말'은 웹구조를 이용하여 이해력을 높일 수 있도록 구성했다.

주제망에는 1, 2학기 내용을 모두 나타냈으나 여기서는 1학기 학습 내용만을 소개하기로 하고, 2학기 내용 중 일부는 사진으로만 제시한다.

4. 관련 교과 및 성취기준

교과	단원	성취기준
국어	4. 말놀이를 해요	[2국05-03] 여러 가지 말놀이를 통해 말의 재미를 느낀다. [2국04-04] 글자, 낱말, 문장을 관심 있게 살펴보고 흥미를 가진다.
	5. 낱말을 바르고 정확하게 써요	[2국04-02] 소리와 표기가 다를 수 있음을 알고 낱말을 바르게 읽고 쓴다. [2국03-05] 쓰기에 흥미를 가지고 즐겨 쓰는 태도를 지닌다.
	7. 친구들에게 알려요	[2국03-03] 주변의 사람이나 사물에 대해 짧은 글을 쓴다. [2국02-03] 글을 읽고 주요 내용을 확인한다. [2국04-02] 소리와 표기가 다를 수 있음을 알고 낱말을 바르게 읽고 쓴다.

5. 교육과정 재구성

소주제	학습내용
낱말놀이	◦ 쓰기를 이용한 말놀이 　– 번갈아 쓰기, 돌아가며 쓰기 ◦ 말하기를 이용한 말놀이 　– 짝과 말놀이, 모둠에서 말놀이 　– 전체 말놀이/소그룹 말놀이 ◦ 생활 속 낱말을 이용한 말놀이 　– 음식(라면, 김밥, 만두)
바르게 쓰기	◦ 소리가 비슷한 낱말 　– 소리가 비슷한 낱말 활동지 작성 　– 카드 놀이 ◦ 받침이 뒷말 첫소리가 되는 낱말 　– 웹구조

6. 수업 돋보기

낱말놀이

■ 쓰기를 이용한 말놀이

2학년 국어 교육과정 중 가장 즐겁게 참여하는 부분 중 하나이다. 먼저 짝과 번갈아 '넓은 것'을 적는다. 다음으로 짝과 번갈아 '높은 것'을 적는다. 짝 활동이 끝나면 모둠에서 같은 과정을 반복하고, 이어서 일정한 말로 끝나는 말을 모둠 안에서 '돌아가며 쓰기'로 활동하였다. 마찬가지로 끝말잇기도 모둠 안에서 '돌아가며 쓰기'로 활동했다.

번갈아 쓰기　　　　　　　　　　돌아가며 쓰기

'번갈아 쓰기', '돌아가며 쓰기'를 이용하면 아무래도 말로 할 때보다 속도감이 부족하지만, 그런 만큼 낱말놀이 주제에 맞는 단어를 생각할 여유도 생긴다. 짝이 쓰는 것을 보면서도 다음에 나는 어떤 낱말을 써야 할지 생각할 수 있다. 또, 말로만 하는 활동은 끝나고 나면 기록이 전혀 남지 않지만 글로 쓰게 되면 자신이 적은 것을 언제든 다시 볼 수 있다. 이때 짝과 서로 다른 색의 필기구를 사용하면 짝과 자신이 쓴 것을 구분하여 볼 수 있다.

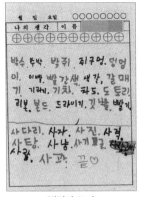

번갈아 쓰기   돌아가며 쓰기

■ 말하기를 이용한 말놀이

말놀이는 말을 이용한 놀이로, 속도감 있게 하는 것이 재미있다. 하지만 저학년은 아직 말놀이 주제에 맞는 낱말을 순발력 있게 생각해내고 말하기가 어렵다. 그래서 글을 이용하여 말놀이 주제에 맞는 낱말을 충분히 알아보고 난 후 비로소 속도감 있게 말로 낱말놀이를 하게 된다.

짝과 하는 말놀이와 모둠 친구들과 하는 말놀이를 충분히 하고 나면 학급 전체 아이들이 교실 중앙에 동그랗게 둘러앉아 말놀이를 했다. 이때 바로 말놀이를 해도 좋지만, 자리 배치가 원형이기도 했고 분위기를 띄워놓을 필요도 있으므로 먼저 자리 바꾸기 게임을 하여 활기찬 분위기를 만들었다. 이후 한층 분위기가 달아오르면 말놀이를 시작한다.

넓은 모양을 나타내는 손동작과 함께 '넓다 넓다 한라산'과 같은 형태로 '한라산' 대신에 넓은 것을 나타내는 낱말을 넣어 한 사람씩 차례로 말한다. 처음에는 또박또박 연습하듯이 시작하고 익숙해지면 점차 속도를 높인다.

처음에는 다른 사람의 낱말과 중복되는 것을 생각하지 않고 각자 자신이 말할 것을 정한 후 연습하듯이 시작하고, 점차 익숙해지면 중복된 낱말을 사용하지 못하도록 하는 등 규칙을 추가한다. '넓은 것'을 나타내는 낱말로 말놀이를 충분히 하면 '높은 것', '리'로 끝나는 말, 끝말잇기 등의 주제로 이어간다. 2019년에는 학급 학생 수가 16명이어서 처음부터 학급 전체가 참여했고, 2017년과 2018년에는 학생수가 25명 내외였으므로 소그룹으로 나누어서 진행했다.

'넓다', '높다' 몸동작 하며 낱말 익히기 연습

소그룹별 말놀이   학급 전체 말놀이

■ 생활 속 단어를 이용한 말놀이

생활 속의 단어로 말놀이를 하였다. 음식을 주제로 하고 라면, 만두, 김밥을 큰 줄기로 하여 칠판에 마인드맵을 이용하여 정리했다. 처음 수업을 계획할 때는 라면의 하위 분류로 치즈라면, 된장라면 등 재료에 따른 분류 등을 기대했지만, 아이들에게는 라면 봉투에 적힌 이름이 더 친숙하다.

"신라면이요."

"진라면이랑 너구리요."

이때는 재료를 이용한 분류나 맛에 따른 분류 등 하위 가지를 안내하면 처음에 기대했던 낱말들이 나오기도 한다. 그런 후 재료에 따른 분류, 맛에 따른 분류 등으로 진행할 수도 있다.

조금 더 원활한 진행에 중점을 둔다면 미리 숙제를 내주는 것도 좋다. 라면, 만두, 김밥의 여러 종류 중에 마음에 드는 것을 한 가지 적되, '치즈라면'과 같이 의도한 예시를 하나 들어주어 '신라면', '진라면'과 같이 브랜드별 분류가 아님을 알려준다. 물론 즐거운 수업 참여에 조금 더 중점을 둔다면 아이들의 반응을 자연스럽게 수용하여 진행하는 것도 효과적이다.

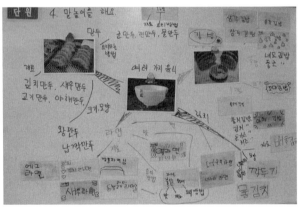

생활 속 단어를 통한 말놀이 수업

음식을 주제로 한 낱말을 칠판에 다 정리한 후에는 '나는 누구일까요' 구조를 활용하여 후속 활동을 진행하였다. 학생들이 칠판에 있는 음식 이름을 종이에 하나씩 쓰고 눈을 감고 있으면 내가 학생 등 뒤에 하나씩 붙여주었다. 자기 등에 붙어 있는 음식 이름을 자신은 볼 수 없으므로 이를 알아내는 것이 미션이다.

학생들은 각자 돌아다니며 친구를 만나면 '예/아니오'로 대답할 수 있는 질문을 두 가지 주고받는다. 이 과정에서 자신의 등 뒤에 있는 음식 이름을 알아차리면 목표 달성으로 자리에 앉을 수 있고, 맞히지 못하면 계속 돌아다니며 질문을 주고받는다. 앉아 있는 학생도 질문에 대한 답을 하며 학습 활동에 계속 참여하도록 했다.

이어 칠판에 있는 낱말을 이용하여 자리에 앉아서 돌아가며 하나씩 이야기한다. 아무래도 저학년 학생들이라 속도감 있게 자신이 정한 낱말을 말하거나, 중복되는 낱말을 사용하지 않는 규칙을 적용하기에는 무리가 있다. 그래서 아래 사진과 같이 칠판에 적은 낱말에 번호를 붙여 자신이 이야기할 낱말을 알려주는 것이 좋다.

몇 차례 연습이 되면 '정해진 낱말이 아니라 자신이 원하는 낱말을 이야기하기', '중복되는 낱말을 이야기할 수 없음' 등의 규칙을 추가하여 진행할 수 있다. 이러한 말놀이를 이용하여 음식에 관련된 낱말을 익히고 익숙하게 받아들이도록 하며, 말의 재미를 느끼도록 한다.

생활 속 단어를 통한 말놀이 수업

바르게 쓰기

- 소리가 비슷한 낱말
- 소리가 비슷한 낱말 활동지 작성

2부 7장 '[카드] 놀며 배우는 수업 전략, 카드 놀이'에서 소개한 학습 방법을 이용하였다. 먼저 소리가 비슷한 낱말들을 찾아 칠판에 적고 학생 수에 맞게 분담했다. 이때 '식히다', '시키다'와 같이 비슷하지만 서로 다른 낱말을 한 세트로 묶어서 한 사람이 맡도록 하였다. 학생들은 활동지를 작성한다.

2017년과 2018년에는 낱말과 이와 관련된 그림을 그리는 형태로 활동지를 만들었는데, 2019년 활동지는 낱말 쓰는 칸, 그림 그리는 칸, 낱말에 대한 설명을 적는 칸으로 나누고 그 낱말이 사용되는 맥락을 이해하여 예시문 적듯이 적도록 했다. 물론 저학년 학생이 처음부터 낱말 예시문을 적을 수는 없으므로 칠판에서 전체 학생을 대상으로 낱말 하나하나를 예를 들어 설명하고 활동지를 작성하도록 하였다. 그리고 활동지를 작성하는 동안 개별지도를 통해 낱말의 뜻을 잘 모르는 학생들에게 도움을 주었다.

활동지를 작성할 때 저학년 학생에게는 반드시 이야기해야 할 사항이 있다. 첫 번째는 그림을 자세히 그리지 않고 내용이 잘 드러나도록 간단히 그리도록 하는 것이다. 본 활동지에서 중요한 점은 간단한 그림을 통해 낱말의 뜻을 빠른 시간에 짐작하는 것이다. 그림을 자세히 그릴수록 본래의 목적에서 멀어지게 되므로, 낱말의 의미가 잘 드러날 수 있게 간단히 그리는 것이 좋다.

두 번째는 그림을 가운데 칸에 꽉 차도록 그리게 해야 한다. 저학년 학생들은 그림을 그릴 때 구석에 작게 그리는 경우가 정말 많다. 가만히 두면 대부분의 학생이 구석에 그리기 때문에, 반드시 중앙에 크게 그리도록 강조한다. 활동지를 스캔하여 그림 파일로 바꾸고 다시 작게 인쇄해야 하므로 되도록 알아보기 쉽고 크게 그린다.

세 번째는 낱말을 진하고 굵은 글씨로 쓰도록 하는 것이다. 두 번째와 같은 이유이며 아예 처음부터 활동지에 고딕체로 두껍게 인쇄하여 나눠주는 것도 좋다.

물론 여러 차례 설명을 해도 글씨가 진하지 않거나 그림을 복잡하게 그리거나 엉뚱한 그림을 그리는 경우도 있다. 이런 경우 그림을 함께 보며 어떤 것을 추가하여 그려 넣으면 낱말의 의미를 바르게 나타낼 수 있을지 이야기해서 수정한다. 그림을 구석에 작게 그린 경우에는 스캔하여 편집하는 단계에서 그림을 확대한다. 학생들의 활동 결과물이 완벽하지는 않지만 이를 활용하면 학생의 참여 자세나 흥미도에 긍정적인 효과를 준다.

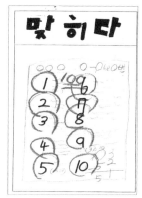

소리가 비슷한 낱말 활동지(2018)

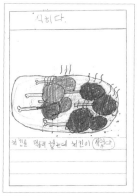

소리가 비슷한 낱말 활동지(2019)

- **카드 놀이**

2부에서 자세히 설명한 것처럼 활동지를 작성하고 나면 이것을 모아 스캔하고 그림 파일로 변환한다. 그리고 이를 이용하여 학생용 카드와 교사용 교구를 제작하였다.

학생용 카드를 두 명당 한 세트를 나눠주고 책상 위에 그림이 보이도록 늘어놓게 한다. TV 화면에 학생들이 그린 그림을 하나하나 보여주며 각 그림을 그린 학생에게 그림의 의미와 해당 낱말을 설명하도록 하고 필요 시에는 보충 설명을 해준다. 이렇게 하나하나 확인할 때마다 학생들이 해당 카드를 찾아 뒷면에 낱말을 적도록 하면 학생용 카드가 완성된다.

그림 확인하며 카드 완성하기

먼저 짝-카드 맞히기 놀이를 통해 낱말을 익혀간다. 가위바위보를 하여 이긴 학생이 카드를 모아쥐고, 뒤에서 앞으로 한 장씩 넘겨가며 그림을 보여주면 다른 학생이 그림에 맞는 단어를 맞힌다. 정답을 맞히면 카드를 주고, 틀리면 맨 뒤로 넘긴다. 끝까지 맞히지 못하면 힌트를 주고, 모든 카드를 다 맞히면 역할을 바꾸어 진행한다. 다만 짝과 학습 정도나 참여 의지 등에서 차이가 큰 경우 힘들어하는 아이들이 생길 수 있다. 이럴 때는 적당한 때 모둠-카드 맞히기 놀이로 변화를 주었다. 모둠에서 한 세트를 사용하고 방식은 짝과 할 때와 동일하다.

짝-카드 맞히기 놀이　　　　　　　　모둠-카드 맞히기 놀이

다음 시간에는 활동 방식은 동일하지만, 맞히는 것은 반드시 '왜 그 낱말에 어울리는 그림인지'를 말해야 맞히는 것으로 인정한다. 짝과 카드 놀이를 하다가 어느 정도 연습이 되면 나열식 카드 놀이로 전환하였다. 모든 카드를 책상에 그림이 보이도록 나열하고, 가위바위보를 하여 이긴 학생이 먼저 자신 있는 그림을 골라 해당 낱말과 그림에 대한 설명을 이야기한다. 뒤집었을 때 뒤에 적힌 낱말과 일치하면 가져갈 수 있고, 틀리면 다시 그림이 보이도록 놔둔다. 한 사람이 꽤나 긴 시간 동안 같은 역할을 지속하는 이전 방식과 달리 번갈아 참여하므로 집중력과 흥미를 높이는 데 도움이 된다. 이것도 익숙해지면 모둠에서 네 명이 한 번에 나열식 카드 맞히기 놀이를 하도록 했다.

나열식 카드 맞히기 놀이

다음 시간에는 그림 설명을 통한 예시문 외에도 다른 예시문을 말해야 맞히는 것으로 인정하고 놀이를 진행한다. 이렇게 변화를 주어가며 반복하여 지루할 수 있는 문법 영역을 재미있게 학습해간다.

또한 시간이 날 때마다 교사용 교구를 사용해 반복했다. 교사용 교구를 한 손에 들고 뒤에서 앞으로 한 장씩 넘기면 아이들은 입을 모아 해당 낱말을 대답한다. 여러 학생이 한 번에 대답하므로 흐름이 끊기는 일은 거의 없고, 답을 말하지 못하면 다시 한번 설명

교사용 교구

한다. 이러한 과정을 수업 시작 즈음에 한 번씩 하여 소리가 비슷한 낱말들을 반복적으로 접하도록 했다.

■ **받침이 뒷말 첫소리가 되는 낱말**

• **웹구조 활용**(2018, 2019)

2부에서 설명한 '|그림| 그림으로 공부한다' 전략을 사용하였다. 처음 접하는 웹구조를 활용한 것으로, 바로 개인 활동으로 할 수는 없으므로 내용 학습을 먼저 하고 이후 적용 측면에서 개별 활동으로 나아간다.

먼저 칠판에 웹구조 활동지 형태를 그리고 중간에 '구름'이라고 적었다. 그리고 구름 뒤에 올 수 있는 다양한 조사를 붙이며 활동지 구조를 채웠다. '구름과', '구름이' 두 낱말을 적고 학생들에게 또 무엇이 들어갈 수 있을지 물어본다. 칸을 모두 채운 뒤 이 낱말들을 어떻게 읽어야 하는지 묻고 답하며 소리 나는 대로 적었다. 그런 후 이 중에서 글자와 똑같이 소리 나는 경우와 다르게 소리 나는 경우를 찾아보니 다음과 같았다.

◦ 글자와 소리가 같은 낱말: 구름과, 구름도, 구름보다
◦ 글자와 소리가 다른 낱말: 구름을, 구름에, 구름이, 구름은

분류한 낱말을 보며 '받침이 뒷말 첫소리가 되는 낱말'에 해당되는 경우를 찾아보도록 했으나 저학년이라 쉽게 찾지는 못했다. 몇 차례 반복하여 살펴보고, 받침이 있고 바로 뒤에 오는 글자 초성이 'ㅇ'인 경우에 글자와 다르게 발음한다는 내용을 정리하였다.

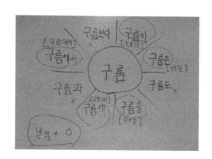

다음으로 개별 활동지에 있는 글을 읽고 '받침이 뒷말 첫소리가 되는 낱말'을 찾아서 동그라미로 표시하고, 그중 한 낱말을 골라 웹구조로 정리하였다. 아이들은 받침이 뒷말 첫소리가 되는 경우는 본문에서 곧잘 찾아서 표시했지만 이에 해당하지 않으면서 글자와 다르게 소리 나는 낱말, 예를 들어 '집도(집또)', '집과(집꽈)'와 같은 경우에 대해서는 정확하게 적지 못했다. 맞춤법에 맞게 정확히 쓰는 것도 아직 미숙한 저학년 학생들에게는 소리 나는 대로 적는 것이 한 차원 더 어려운 일이었다. 그러나 이러한 예는 2학년 교육과정에서 다루지 않는 내용이므로 차차 나아질 것으로 기대했다.

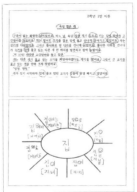

웹구조 활동지(2018)

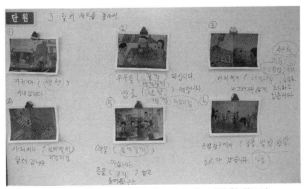

『7년 동안의 잠』 받침이 뒷말 첫소리가 되는 낱말 찾기(2017)

사진으로 보는 알쏭달쏭 낱말 익히기(2학기)

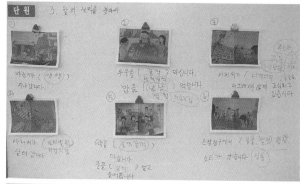

'동네 한 바퀴' 프로젝트 중 꾸며주는 말 익히기
- 『다 같이 돌자 직업 한 바퀴』 그림책 활용

수수께끼 – 협동학습 '부채모양 뽑기' 구조 활용

경험한 일 비주얼씽킹으로 표현
– 마음을 나타내는 말 사용(조급하다, 힘들다)

경험한 일 비주얼씽킹으로 표현
– 헷갈리기 쉬운 낱말 사용(느리다)

7

시㈜, 삶을 담다 – 시, 시집

1. 들어가는 이야기

얼마 전 도서관에서 책을 구경하다가 교과서 속 시를 다룬 책을 발견하고 꺼내 보았다. 교과서에 등장하는 친숙한 시를 통해 얼마나 재미있게 이야기를 풀어놓았을까 하는 기대로 책을 펼쳤는데, 불과 몇 초 만에 실망하고 다시 제자리에 두게 되었다.

내가 본 페이지에는 과거 중학교나 고등학교 자습서에서 보았을 법한 모습 그대로, 시가 실려 있고 특정 단어 아래에는 밑줄과 함께 친절한 해설이 줄줄이 적혀 있었다.

돌이켜보면 우리의 시 공부는 이와 같이 시를 더 어렵고 재미없게 만들고, 이미 정해진 해석을 기계적으로 암기하는 형태였다. 그래도 간혹 국어 선생님을 잘 만나면 문학 수업이 재미있었고, 나 역시 그때의 기억으로 한때 국어교육학과나 국어국문학과로 진학하는 것을 고민한 적이 있으며, 지금도 글쓰기는 즐거운 일 중의 하나로 남아 있다. 내가 가르치는 학생들만큼은 시에 거리감을 느끼지 않고 일상에서 쉽게 접할 수 있기를 바라는 마음으로 시 단원을 재구성하였다.

2학년에는 1학기와 2학기 모두 시 단원이 있으며, 주로 교과서 앞쪽에 있는 편이다. 집필진들이 엄선하여 선정한 시들이겠지만, 교과서에 나오는 몇 편의 시로 만족하지 않고 다양한 시를 접할 수 있도록 재구성했다.

궁극적인 목표는 시 수업을 통하여 아이들이 자신의 삶을 시로 담아내어 쓰는 것이다. 이를 위해 1학기에는 다양한 시를 접하고 감상하여 시선집 만드는 것을 위주로 구성하였다. 2학기에는 '마음을 나타내는 말' 학습과 연계시켜 삶을 담은 이야기를 통해 직접 시를 쓰는 활동으로 구성하였다.

2. 교육과정 재구성 주제망

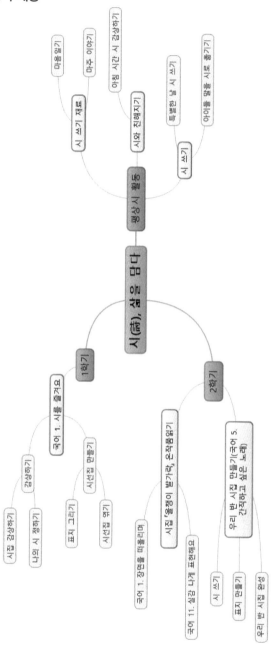

3. 교육과정 재구성의 방향 및 의도

시는 많은 사람들에게 익숙하지 않은 장르이다. 특별한 사람만 쓸 것 같고, 평범한 사람들로서는 감상하는 방법도 잘 모르겠고, 쓰는 것은 더욱 어렵게 느껴진다. 산문보다 짧아서 금방 읽을 것 같지만, 함축적인 표현으로 쓰여 내용 파악이 쉽지 않다. 또 동시는 일반 시에 비하면 접근하기 쉬울 수도 있지만, 아이들을 독자로 설정하고 어른이 쓴 시이므로 아이들의 이야기를 온전히 담았다고 하기는 어렵다.

아이들이 시를 어려운 장르로 인식해서는 안 된다. 1학기 시 단원을 이용한 교육과정 재구성의 목표는 시에 익숙해지는 것이다. 그래서 학급에 비치해둔 다양한 시집을 활용하였다.

먼저 각자 한 권씩 시집을 읽어간다. 대체로 어린이가 쓴 어린이 시를 활용하여 시라는 장르에 쉽게 접근하고 친숙함을 느끼도록 하였다. 시를 감상한 뒤에는 가장 마음에 드는 시 한 편을 선정하여, 우리 반 시선집을 만든다.

2학기에는 한국글쓰기교육연구회에서 발간하고 있는 시집『올챙이 발가락』온 작품읽기로 시 수업을 구성하였다. 시집을 보며 나의 시, 우리 모둠의 시, 우리 반의 시를 선정해보고 역할극도 해본다. 그리고 나의 이야기를 시로 적어서 우리 반 시집을 완성한다.

4. 관련 교과 및 성취기준

가. 1학기

교과	단원	성취기준
국어	1. 시를 즐겨요	[2국05-02] 인물의 모습, 행동, 마음을 상상하며 그림책, 시나 노래, 이야기를 감상한다. [2국02-05] 읽기에 흥미를 가지고 즐겨 읽는 태도를 지닌다.
	8. 마음을 짐작해요	[2국02-04] 글을 읽고 인물의 처지와 마음을 짐작한다. [2국01-02] 일이 일어난 순서를 고려하며 듣고 말한다.
	11. 상상의 날개를 펴요	[2국05-02] 인물의 모습, 행동, 마음을 상상하며 그림책, 시나 노래, 이야기를 감상한다. [2국03-05] 쓰기에 흥미를 가지고 즐겨 쓰는 태도를 지닌다.

나. 2학기

교과	단원	성취기준
국어	1. 장면을 떠올리며	[2국05-02] 인물의 모습, 행동, 마음을 상상하며 그림책, 시나 노래, 이야기를 감상한다. [2국01-03] 자신의 감정을 표현하며 대화를 나눈다.
	5. 간직하고 싶은 노래	[2국05-04] 자신의 생각이나 겪은 일을 시나 노래, 이야기 등으로 표현한다. [2국04-04] 글자, 낱말, 문장을 관심 있게 살펴보고 흥미를 가진다.
	11. 실감나게 표현해요.	[2국02-05] 읽기에 흥미를 가지고 즐겨 읽는 태도를 지닌다. [2국05-05] 시나 노래, 이야기에 흥미를 가진다.

5. 교육과정 재구성

가. 1학기

소주제	학습내용
감상하기	◦ 시 감상하기 ◦ 나의 시 정하기 　– 시화 그리기 　– 나의 시로 정한 이유 설명하고 낭독하기
시선집 만들기	◦ 우리 반 시선집 표지 그리기 ◦ 우리 반 시선집 만들기

나. 2학기

소주제	학습내용
시집 감상하기	◦ 시집 『올챙이 발가락』 온작품읽기 　– 나의 시 선정하기 　– 우리 모둠의 시 정하기 　– 우리 반의 시 정하기 　– 시 역할극하기(모둠의 시)
우리 반 시집	◦ 우리 반 시집 만들기 　– 시 쓰기 　– 시집 표지 만들기 　– 우리 반 시집 완성

6. 수업 돋보기

가. 1학기

감상하기

■ 시 감상하기

저학년 학생들에게는 많은 것들이 생소하다. 시라는 장르도 마찬가지이다. 시가 어떤 것이며 어떤 형태인지도 모른다. 그래서 시를 설명하는 것보다는 직접 접하고 감상하는 활동을 통해 만나도록 하였다.

나는 여러 권의 시집을 구입하여 시 교실에 두고 수업을 할 때 활용한다. 전문 동시 작가가 쓴 동시집도 있고 초등학교 교사가 시 수업을 하면서 교실 이야기를 동시로 적은 동시집도 있다. 하지만 가장 좋은 것은 어린이가 쓴 어린이 시다. 어린이 시에는 아이들의 삶이 고스란히 담겨 있다. 또 '시는 어려운 장르'라는 인식을 바꿔주고, 생활 속의 이야기를 솔직하게 적은 좋은 예가 된다.

아이들에게 한 권씩 시집을 나눠주어 읽게 했다. 우선순위를 어린이 시집, 초등학교 교사가 쓴 동시집, 전문작가가 쓴 동시집 순으로 하여 되도록 어린이 시집을 우선하여 나눠주었다. 학생 수에 따라 어린이 시집만으로 부족한 경우에만 교사가 쓴 동시집, 전문작가가 쓴 동시집 순으로 나눠주었다. 최근에 맡은 교실에서는 모든 학생에게 어린이 시집을 나눠줄 수 있었다.

아이들은 자유롭게 시집을 펴들고 시를 읽는다. 되도록 소리 내어 읽도록 하였다. 눈으로 읽어서는 시의 참맛을 느낄 수 없으므로, 되도록 소리 내어 읽도록 했다. 소리 내어 읽는 시는 자신의 이야기가 된다.

■ 나의 시 정하기

시집을 읽으며 그중에서 마음에 드는 시를 정한다. 그리고 자신이 정한 시를 활동지에 적고, 그에 어울리는 그림을 그린다. 이 과정이 끝나면 자신이 고른 시를 다시 한번 모둠 안에서 돌아가며 낭송한 후 각자 그 시를 고른 이유를 말하도록 했다.

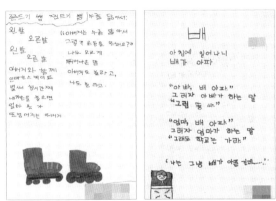
내가 고른 시 적고 어울리는 그림 그리기

시선집

■ 우리 반 시선집 표지 그리기

우리 반 시선집의 내용은 시집을 읽고 마음에 드는 시를 적었던 것을 이용한다. 시선집에는 표지가 필요하므로 각자 이에 어울리는 표지 그림을 그린다. 지난번에 각자 한 권씩 읽었던 시집을 다시 살펴보며 표지를 참고하기도 한다. 아이들은 편안한 자세로 시집을 읽고 있는 모습을 그리기도 하고, 기억에 남는 시의 한 장면을 그리기도 한다.

우리 반 시선집 표지

　다 그린 후 학생들의 표지 그림을 칠판에 붙인다. 스티커를 두 장씩 나눠주고 투표하여 우리 반 대표 표지를 정했다. 이 과정에서 자기와 친한 친구의 것에 투표하는 것이 아니라 우리 반 시선집 표지로 가장 잘 어울리는 그림을 고르도록 강조하였다.

　그래서 이름을 앞면에 적지 않고 붙이도록 했지만 실수로 앞에 이름을 적은 아이도 있고, 그림만 봐도 누구 것인지 아는 아이들이 비밀을 누설하기도 했다. 아이들의 특성상 친한 친구의 그림에 투표하는 아이도 있고, 잘 그린 그림에 투표하는 아이들도 있었다. 물론 정말로 우리 반 시선집에 어울리는 표지 그림이 어떤 것인지 생각하여 투표하는 아이들도 있었으리라. 투표할 때는 진지하게 우리 반 시선집에 가장 어울리는 표지를 정하라고 했지만, 아이들 마음이 모두 내 마음 같지는 않은 모양이다.

　이렇게 정한 대표 표지는 선생님용 시선집에 사용했다. 대표 표지는 우리 반 시선집의 표지를 생각해보는 정도의 의미만 두었고, 각자가 가질 시선집은 자신이 그린 표지를 사용한다. 가장 의미 있는 것은 역시 자신이 그린 그림을 자기 시선집의 표지로 사용하는 것이기 때문이다. 그래야 오래도록 곁에 두고 읽을 수 있다.

■ 우리 반 시선집 완성하기

속지를 학생 수만큼 복사하고 각자 그린 표지를 앞에 놓고 시선집을 완성한다. 표지를 만들고 투표할 때까지도 눈에 띄는 반응이 없었는데, 각자의 시선집을 받아들자 아이들은 다른 어떤 책보다 푹 빠져들어서 읽었다. 각자 음미하는 시간을 가진 후 이전에 정한 모둠의 시를 다시 떠올려 모둠별로 암송하는 시간을 가졌다.

우리 반 시선집-링 제본

우리 반 시선집-A5 소책자

시선집은 A4 크기로 링 제본을 이용하여 만들거나 A5 소책자 형식으로 만들기도 했다. 링 제본으로 만든 것이 완성도는 더 높을 수 있지만 시집은 손에 딱 들어오는 작은 크기여야 자주 손에 들고 읽게 된다. 다만 속지 작업을 할 때는 글자를 크고 눈에 잘 들어오게 적도록 강조하는 것이 중요하다.

나. 2학기

시집 감상하기

■ 『올챙이 발가락』 온작품읽기

· 나의 시 정하기

2학기에는 여러 시집이 아니라 한 권의 시집으로 온작품읽기 활동을 했다. 1학기와 마찬가지로 시집 감상하기로 시작한다. 한국글쓰기교육연구회에서 발간한 『올챙이 발가락』 창간 준비호를 활용했다. 다른 시집도 많지만 이 시집을 선택한 이유는 무엇보다 아이들이 쓴 시를 모은 시집이기 때문이다. 아이들 자신의 이야기를 솔직한 시로 표현한 시집이야말로 우리 아이들에게 안성맞춤인 교재이자 길잡이다.

먼저 각자 책을 읽는다. 일반 시집에 비해 얇지만, 아이들이 쓴 시는 때로는 눈물도 흘리게 하고 때로는 웃음도 나오게 한다. 아이들의 생활이 묻어나는 진짜 이야기이고 진짜 시다. 아이들은 1학기 때와 마찬가지로 시집에서 가장 마음에 드는 시를 정한다. 그리고 모둠 안에서 낭독한 뒤 그 시를 선택한 이유를 이야기한다.

• 우리 모둠의 시 정하기

각자의 시에 대해 충분히 이야기를 나누었으면 그중에서 모둠의 시를 정한다. 꽃에 대한 짧은 시나 시냇물에 대한 시와 같이 자연에 대한 시를 고른 모둠도 있고, 아이들의 일상을 그린 시를 고른 모둠도 많았다. 아이들이 모둠의 시를 고른 이유를 살펴보니, '아가시꽃'이라는 꽃 이름이 신기해서 골랐다는 경우도 있고, 내용이 재미있어서 고른 경우도 많았다. 아이들에게 실제로 아가시꽃을 보거나 사진으로나마 보여줄 걸 그랬다는 뒤늦은 후회도 생겼다.

이렇게 정한 모둠의 시를 A3 용지에 적고 어울리는 그림을 그린다. 이제 친구들 앞에서 낭독할 차례다. 모둠에서 낭독 연습을 하고 차례로 나와서 낭독하도록 했다.

낭독은 항상 고민이다. 어른들의 낭독을 들으면 분위기는 있지만 너무 거창하고 무겁다. 그렇다고 무미건조한 목소리로 빠르게 읽기만 하면 낭독의 묘미가 느껴지지 않는다. 결국 최대한 시 내용을 잘 들을 수 있도록 천천히 낭독하라고 요청한다. 나는 고민이 많았지만 아이들은 즐겁게 낭독한다. 좋은 낭독도 중요하지만, 시의 내용을 즐기고 재미있게 낭독하는 정도로도 충분히 괜찮다는 생각이 들었다.

모둠의 시 정하기

모둠의 시 낭송하기

• 우리 반의 시 정하기

각 모둠의 시를 들어본 후 시화를 칠판에 붙인 뒤에는 우리 반의 시를 투표로 정했다. 각자 받은 스티커 두 장을 원하는 시에 붙였다. 결과적으로 재미있는 내용의 시가 우리 반의 시로 선정되었다. 결과물은 교실 벽면에 전시하여 자주 볼 수 있도록 했다.

우리 반의 시 정하기

• 시 역할놀이

다음은 '모둠의 시' 내용으로 하는 역할놀이다. 먼저 시를 보고 역할놀이 내용을 생각한 후 대본을 작성해야 한다.

경험이 드러난 시는 한결 수월하지만 꽃이나 시냇물과 같이 자연물을 표현한 시는 언뜻 생각해내기가 쉽지 않다. 더구나 '아가시꽃'은 단 한 줄이라 더 어렵다. 가능하다면 모둠의 시를 이용하라고 했지만, 선정한 시로 역할놀이 내용을 생각해 내지 못하면 다른 시를 이용해도 좋다고 안내하였다.

학생들은 대부분 생활을 표현한 시를 선정했다. 오빠와 싸우다가 엄마에게 혼나게 되었는데, 회초리를 든 엄마 앞에서 오빠가 자기 뒤로 숨으라고 하며 혼자 혼나는 내용의 시를 결정한 모둠이 많았다. 늦잠을 자서 학교에 지각하게 생겼는데 엄마가 "실컷 먹고 고마 지각해뿌라." 하며 밥을 먹고 가라고 하는 내용의 시를 선택한 모둠도 많았다. 한 모둠은 밤늦게까지 공부하다가 빨리 잠자고 싶은 마음에 엄마 몰래 침대에 누워 양 한 마리, 양 두 마리를 속으로 세며 잠을 청하는 시를 선택하였다.

이어서 아이들은 역할을 나누고 역할놀이 대본을 작성하였다. 시에 따라서 등장인물이 모둠 학생 인원보다 적다면 새로운 인물을 만들어서 작성하도록 한다.

대본 작성이 완료되면 대본 읽기 연습을 하는데, 이 과정에서 인물의 마음에 어울리는 목소리, 속도, 크기를 짚어보고 상황에 어울리는 몸짓이나 행동도 점검한다. 그리고 대본을 외울 수 있는 사람은 외우도록 하루의 시간을 주었다.

친숙한 어린이 시의 내용을 이용한 것이어서 1학기 때의 『7년 동안의 잠』 역할놀이에 비해 대사가 적었으므로 기억하기는 더 쉬웠을 것이다. 저학년 교실에서 대단히 완성도 높은 수준의 역할놀이를 기대하기는 어렵지만, 아이들은 더없이 즐겁게 참여하였다.

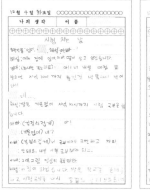

시 역할놀이 대본

시 역할놀이

우리 반 시집

■ 우리 반 시집 만들기

겨울방학을 보낸 후 2월, 아이들 각자의 시를 쓰고 이를 모아 우리 반 시집으로 엮었다. 아이들은 그동안 썼던 마음일기와 부모님과 이야기를 나눈 것을 기록한 '마주 이야기'를 소재로 시를 썼다.

어느 날 갑자기 시를 한 편씩 쓰고 이를 시집으로 묶을 수도 있을 것이다. 하지만 글쓰기는 평상시에 일상적으로 하는 것이 효과나 의미 측면에서 좋고, 자신의 이야기를 솔직하고 생생하게 쓰는 시를 위해서는 신선한 재료가 중요하다.

아이들 각자 시를 쓴 뒤에는 이에 어울리는 그림을 그렸다. 그리고 다른 소책자 엮기 활동에서와 마찬가지로 자신만의 표지를 그렸다. 제목도 자유롭게 적을 수 있도록 하자 아이들은 '우리 반 시집'이라든지 '나의 시집' 등의 제목을 적기도 하고 3학년이 오기를 기대하며 '드디어 3학년' 같은 제목을 붙이기도 했다. 또 이모저모로 고민하다 마침내 '마음의 소리'라고 적고 만족스러운 표정을 보인 아이도 있었다.

우리 반 시집

2017년에는 색지를 깃발 모양으로 접어서 각자 시를 적었다. 학급 학예회를 앞두고 했던 활동이라 학예회에 관한 내용을 시로 적은 학생들도 많았고, 엄마를 잃어버렸던 경험, 비에 관한 경험 등 다양한 내용을 담았다. 학예회 때 몸과 마음이 떨리는 것을 '춥다'라고 표현한 것이 돋보이는 시도 있었으며, 비가 와서 놀지 못하자 비는 참 제멋대로 내린다고 토로하는 시 등 학생의 마음이 잘 느껴지는 작품들이 눈에 띄었다.

시를 적어 깃발 만들기

시 쓰기를 위한 일상 활동

▪ 시 쓰기 재료 마련하기

에세이나 시 쓰기에서는 자신의 이야기를 솔직하게 쓰는 것이 미덕이라고 한다. 그러나 나 자신을 솔직히 드러내는 것에 대한 부끄러움의 감정, 잘 써야 한다는 마음 등이 발목을 잡기 때문에 쉽지 않다. 이를 해소하기 위해 평소에 생활 속의 이야기를 쓰도록 하였다. 생활 속에 일어난 자신의 이야기를 습관처럼 자주 쓰면 자신의 마음을 솔직하게 쓰는 일에 익숙해질 것이다.

마음일기는 마음을 나타내는 말을 실생활에 사용하는 의미가 있으며, 자신의 이야기를 기록하며 얻을 수 있는 정서적 이점과, 시 쓰기의 소재가 된다는 면에서 일석삼조 이상의 효과가 있다.

마음일기는 일주일에 3회 정도, 하교하기 전 마지막 시간에 알림장을 쓴 뒤에 쓰도록 하였다. 숙제로 써오게 하면 자신의 생활을 담은 이야기를 생생하게 쓰기 어려운 면이 있어, 많은 이야깃거리가 발생하는 학교에서 쓰게 한 것이다. 물론 학교에서 일어난 일뿐만 아니라 학교 밖이나 집에서 일어난 일도 쓸 수 있도록 했다. 마음일기를 쓰다 보면 일상의 이야기 속에서 다양한 감정을 표현하고 느낄 수 있다. 이를 통해 자칫 지나칠 수도 있었던 보석 같은 글쓰기 소재도 발견할 수 있다.

2학기 때는 부모님이 자녀와 대화한 것을 글로 정리하는 '마주 이야기'를 시작하였다. 저학년의 경우 학생들이 하는 말을 적으면 그것이 시가 되기도 한다. 어찌 보면 부모님의 숙제이기도 하지만, 마주 이야기를 통해 부모님은 자녀의 생활이나 마음을 잘 이해하게 된다. 또 학교에서도 상담 자료로 참고할 수 있고, 시 쓰기의 중요한 재료가 되기도 한다. 자주 쓰면 부담이 되므로 1주일에 한 번 써오도록 했다.

■ 시와 친해지기

시는 아무래도 생소한 장르이다. 성인에게도 그러한데 아이들에게는 더욱 생소하다. 노래 가사로 만나거나 알게 모르게 생각보다는 많이 시를 접하기는 하지만, 막상 쓰라고 하면 아무래도 부담을 갖게 마련이다.

시를 자주 접하도록 하기 위해 아침 시간을 이용하여 주 2회, 어린이 시집에서 한 편씩 시를 감상하는 시간을 가졌다. 2학기에는 온작품읽기로 활용하던 시집 『올챙이 발가락』을 이용했는데, 내가 칠판에 시를 쓰고 아이들과 몇 차례 읽은 뒤 종합장에 시를 쓰도록 했다. 그리고 시를 읽으며 떠올린 장면을 그림으로 표현하여 시화를 완성한다. 시를 낭독하고 장면을 떠올려 표현함으로써 시와 친숙해지고 깊이 있게 감상하게 된다.

4. 시 쓰기 활동 사례

서툴지만 저학년 아이들이 직접 시를 써보는 것도 의미가 있다. 하지만 그보다 먼저 시가 될 수 있는 원석 같은 이야기가 아이들 입에서 흘러나온다. 예술가들에게 '뮤즈가 다가오는 순간'이 있듯이, 생활이 묻어나는 아이들의 이야기도 그 순간을 포착하면 생생한 시가 된다. 바로 그 순간에 적어놓는 것이 가장 좋고, 기억이 사라지기 전에 정리하는 것이 그다음이다.

다음은 아이들과의 생활이 시가 된 사례이다. 여기 등장하는 학생들의 이름은 모두 가명이며 글의 내용과 관련이 없음을 밝힌다.

■ 비 오는 날

아침에 비가 왔다. 제법 세차지만 나가서 걸어도 젖지 않을 정도로 왔다. 문득 지난번에 아이들이 우산을 가지고 나갔을 때 비가 별로 안 와서 아쉬워했던 생각이 났다. 그날은 1교시부터 우산을 가지고 건물 밖으로 나갔다. 평소에는 아이들의 학습 태도가 거슬리는 면도 있었는데, 비오는 날 나와서 비를 체험하는 수업에서는 그것이 아무런 문제가 되지 않았다.

우산이 있는데도 비를 맞는 아이, 우산으로 물을 튀기며 노는 아이, 선생님 말씀에 따라 식물에 빗물이 맺힌 모습을 관찰하는 아이, 가만히 빗소리를 들어보는 아이, 민달팽이와 풀벌레 잡기에 여념 없는 아이. 다들 각자의 방법으로 빗속에서 놀았다.

그러던 중 태율이가 다가왔다.

"선생님, 애들이 내가 우산이랑 신발을 어릴 때 쓰던 것 쓴다고 일곱 살이래요."

나는 농담 반 진담 반으로 말했다.

"어린 게 좋지. 다른 아이들이 아흔 살 되면 너는 여든여덟 살이잖아."

농담 반 진담 반으로 던진 어른의 말이 위로가 될 리 없다.

"그래도 싫어요."

그때 갑자기 하연이 목소리가 들렸다.

"야, 김태율 동생아."

태율이가 하소연하듯 말했다.

"보세요. 저래요."

그렇게 10여 분 더 비를 맞으며 놀다 교실로 들어갔다. 사실 비를 체험한 것은 시 쓰기를 한번 해보기 위해서였다. 나는 어린이들이 직접 쓴 시가 있나 싶어 찾아봤지만, 그때 교실에는 전문 시인의 동시집만 있을 뿐이었다. 아무것도 제시하지 않고 삶이 드러나는 시를 쓰라고 할 수 없어, 아까 태율이와 있었던 일을 급히 시 형식으로 썼다. 아이의 성격에 따라 자기가 놀림당한 일을 시로 써서 수업 시간에 제시하는 것이 문제가 될 수도 있지만, 태율이의 성격에는 괜찮았다. 아이들은 "역시 태율이는 개그맨 같다"고 했고, 태율이도 은근히 즐거워했다.

일곱 살 김태율

선생님
애들이 내 우산이랑 신발
어릴 때 쓰던 것 쓴다고
일곱 살이래요.

어린 게 좋은 거야.

다른 애들 아흔 살 되면

너는 여든여덟 살이네.

그래도 싫어요.

야, 김태율 동생아!

봐요. 저래요.

교사교육과정은 단위 수업으로 완성된다

프롤로그에 알베르 카뮈의『페스트』를 언급했는데, 에필로그에도『페스트』이야기를 하려 한다. 인간이 접하는 부조리에 대한 저항과 그 속에서의 희망을 보여주는 작품인『페스트』에는 리외와 타루같이 영웅적인 인물이 많이 등장한다. 하지만 카뮈는 영웅이라고 부를 만한 모델로 그랑을 이야기한다. 보잘것없어 보이는 인물이지만 그는 자신이 할 수 있는 작은 일을 찾아 실천함으로써 페스트를 극복하는 데 기여한다. 또한 페스트에 걸리지만 결국 이겨내는 인물이기도 하다.

요즘 이와 겹쳐 보이는 것이 단위 수업이다. '교육과정 재구성', '교사교육과정' 같은 키워드가 주류를 차지하는 가운데, 단위 수업에 대한 이야기는 과거의 영광을 뒤로한 채 물러난 형세다. '단위 수업을 이야기하는 것은 의미가 적다'며 그 의미가 평가절하되고, 단위 수업 공개에 대해서도 '쇼하는 듯이 한 차시 수업을 공개하는 것은 의미가 없다'와 같이 다소 경멸적인 대우를 받기도 한다. 물론 교육과정이라는 큰 방향성과 기획이 중요하다는 것을 강조하는 것이기에 이해하지 못할 바는 아니다. 하지만 내실 있는 배움을 위한 단위 수업 디자인과 성실한 실천이 없는 교육과정 구성은 겉만 번지르르한, 종이로 만든 집에 불과하다. 아무리 탁월한 교사교육과정도 결국 한 차시의 단위 수업이 기본으로 뒷받침되어야 한다.

『페스트』의 등장인물을 이와 연결해보면, 교육과정을 구성하는 역할은 리외, 타루, 랑베르 같은 인물이 할 법하다. 반면 눈에 띄지 않고 어쩌면 홀대받는 것도 같지만, 성실한 단위 수업을 실천하는 데 어울리는 인물은 그랑이다. 물론 성실하게 자신의 역할을 하는 인물이 그랑만은 아니며, 단위 수업도 군집으로서 그 의미를 더할 수 있다.

나는 『페스트』에서 나와 약간이나마 비슷한 성향을 가진 인물을 고르라면 그랑을 고를 것이다. 본디 앞에 나서서 떠들썩하게 무언가를 하는 것은 내 성격에 맞지 않다. 어쩔 수 없이 나서서 이끌어야 할 때를 제외하고는 조용히 우리 반 교실에서 할 수 있는 일을 찾아서 실천하는 데 주력했고, 대외적으로 눈에 띄는 활동은 피했다.

그런 이유로 이 책의 실천 사례들은 주로 교실에서 조용히 실천할 만한 것들이다. 교사교육과정의 큰 그림을 그린 후에는 차분하게 진행할 수 있는 일상의 단위 수업에 집중하려 했다.

교사교육과정은 각 차시를 이루는 내실 있는 단위 수업의 실천으로 완성된다. 성실한 한 차시 수업의 실천이 모였을 때 비로소 빛나는 교사교육과정이 완성되는 것이다.

| 저자의 말 |

　첫 책을 쓰고 나니, 마치 오랜 숙제를 끝낸 것 같은 기분이다. 교실 수업에서의 성취를 바탕으로 책을 쓰고 싶은 소망은 4~5년 전, 아니 그 이전부터 있었다. 그래서 3년간 2학년 담임을 하며 나만의 수업을 생각하고 만들고 기록하고자 했다. 하지만 기록은 쉬운 일이 아니었고 사진을 찍어두는 정도로만 그 흔적을 남겼다. 그러다가 3년이 다 지나고 나서야 비로소 기록으로 남기기 시작했다. 완성을 앞두고 있는 지금은 5년째를 지나고 있는 시점으로, 짧기도 하지만 또 길기도 한 시간이었다.

　이 기간을 지나는 동안 또 다른 몇 가지 소망이 생기기도 했고, 사라지기도 했다. 그러나 내가 꿈꾸던 소망을 내팽개치고 다른 방향으로 떠날 수는 없는 법이다. 시작했으면 끝을 맺어야 하고, 그래야 다른 걸음을 내디딜 수 있다. 처음이 있어야 그 다음도 있을 테니 말이다.

　수업이든 다른 어떤 것이든 내가 가진 것을 나누거나 발표하지 않고 가지고만 있다면 제자리에 머물 수밖에 없다. 내가 가진 것을 다른 사람들에게 나누고, 또 보이고 나서야 새로운 내 것을 만들기 위한 걸음을 또 내디딜 수 있다. 이 책을 펴내는 것도 그러한 걸음 중 하나라고 할 수 있겠다.

　1년 수업의 모든 내용을 정리했지만 출판 과정에서 아무래도 책의 분량을 고민하지 않을 수 없었고, 일부 프로젝트는 생략할 수밖에 없었다. '봄이 오면' 프로젝트나 『한밤중 달빛식당』 온작품읽기 활동은 완성도가 높았기에 아쉬움도 있다.

3년간의 실천을 돌아보면, 2017년은 기반을 마련하는 시기였다. 국어 수업에 중점을 두고 나만의 내용을 만들어갔는데, 1년 내내 모든 단원과 모든 차시를 빠짐없이 준비하고 실천해나가는 것이 상당히 힘들었다. 하지만 이때의 노력이 있었기에 2018년에는 완성도 있는 1년을 보낼 수 있었고, 2019년에는 더 깊이 있게 실천할 만한 부분을 찾아 보완할 수 있었다.

이 책을 쓰기로 마음먹었던 그해부터 곧바로 수업 내용을 정리하여 책을 쓰지 않고 뒤늦게 정리한 것은 '나의 작은 실천이 나에게는 의미가 있지만, 과연 다른 선생님들에게도 의미가 있을까?' 하는 의문이 있었기 때문이다. 또 세상에는 너무나 많은 책이 있고 계속 새로운 책들이 나오는데, 그런 책의 홍수 속에서 나의 기록이 얼마나 가치가 있을까 하는 생각에 망설이기도 했다.

하지만 밤하늘은 널리 알려진 커다란 별들만이 아니라, 이름 모를 수많은 별들이 있기에 아름답다. '누군가에게 커다란 별이 되지는 못하더라도, 은은하게 빛나는 작은 별이 되는 것도 좋지 않을까?' 하는 마음으로 책을 쓰게 되었다. 이 책이 소박하게나마 은은하게 빛나는 가치를 가질 수 있기를 바란다.

움베르토 에코의 소설 『장미의 이름』에는 "거인의 무등을 탄 난쟁이"라는 표현이 나온다. 내게는 아이함께 연구회 역대 회장님 이하 많은 선생님들, 그리고 광주에 계신 한형식 선생님께서 거인이 되어 무등을 태워주셨다. 그런 인연들이 있었기에 이런 날을 맞이할 수 있었다는 것을 잘 알고 있다. 감사의 인사를 드린다.

이 책이 세상에 나올 수 있도록 도움을 준 출판사 '행복한미래'의 식구들에게도 감사의 마음을 전한다. 그리고 누구보다도 내 인생의 버팀목이 되었던 소중한 가족에게 감사하고 싶다. 이외에도 언급하지 못한 많은 분들께 감사 인사를 전한다.

에필로그에 언급한 알베르 카뮈에 대한 부분은 2019년 여름에 일찌감치 작성해두었던 글이다. 그런데 그해 겨울, 전 세계인의 일상을 바꿔버린 코로나19가 시작되었고, 이 글을 수정해야 할지 고민도 했지만, 고민 끝에 수정하지 않기로 했다.

이제는 소설 『페스트』의 결말에서처럼 우리에게도 평범한 나날이 조금씩 다가오고 있는 듯하다. 햇볕이 따스하게 비치는 일요일 아침, 카페 창가에 앉아서 즐기는 한잔의 커피. 그런 소소한 행복을 맞이할 날도 멀지 않았으리라.

행복한 수업을 위한 베이스캠프,
초등저학년 교사교육과정

기획 홍종남

"교사를 위한 교육과정의 모든 것을 담고 싶었습니다."

[행복한 교육학®] 시리즈를 통해 교사의 이야기를 담고자 하였고, 선생님들이 행복한 수업을 할 수 있는 환경이 되었으면 합니다.

'함께하는 교육, 100년의 약속!!'의 캐치프레이즈에 맞는 인문·역사, 교육학·교육서 분야의 책을 기획하고 있습니다. 〈행복한미래〉 대표이자 출판 기획자로 20년 이상을 책과 함께 살아가고 있습니다. 『교육과정 콘서트』, 『프로젝트 수업, 배움을 디자인하다』, 『수업은 기획이다』 등의 교육서 책을 기획하였습니다. [행복한 교과서®] 시리즈를 총괄 기획하고 있습니다.

'함께하는 교육, 100년의 약속'을 위한 행복 교육 프로젝트

No.01 김성효 글 | 홍종남 기획

학급경영 멘토링

No.02 김성효 글 | 홍종남 기획

기적의 수업 멘토링

No.03 이경원 글 | 홍종남 기획

교육과정 콘서트

No.04 김성효 글 | 홍종남 기획

행복한 진로교육 멘토링

No.05 이성대 외 글 | 홍종남 기획

프로젝트 수업,
교육과정을 만나다

No.06 이성대 글 | 홍종남 기획

혁신학교,
행복한 배움을 꿈꾸다

No.07 정민수 글 | 홍종남 기획

수업도시락,
성찰과 협력을 담다

No.08 조정래 글 | 홍종남 기획

스토리텔링 교육의
모든 것

No.09 최무연 글 | 홍종남 기획

나는 수업하러 학교에
간다

No.10 정민수 글 | 홍종남 기획

수업성숙도,
교사의 강점을 담다

No.11 이현정 외 글 | 홍종남 기획

프로젝트 수업,
배움을 디자인하다

No.12 김진수 글 | 홍종남 기획

행복한 수업을 위한
독서교육 콘서트

No.13 이성대 글

배움이 없는 학교,
프레임을 바꿔라

No.14 최무연 글 | 홍종남 기획

수업은 기획이다

No.15 정선아 글 | 홍종남 기획

교사는 아이들과 함께
성장한다

No.16 하건예 글 | 홍종남 기획

교사, 교육전문가로
성장하다

No.17 이경원 글 | 홍종남 기획

교사의 탄생

No.18 김경훈 글 | 홍종남 기획

토의토론수업,
배움을 디자인하다

No.19 최무연 글 | 홍종남 기획

교육과정 문해력,
배움을 디자인하다

No.20 김진수 글 | 홍종남 기획

교사가 성장하면,
수업도 성장한다

'함께하는 교육, 100년의 약속'을 위한 행복 교육 프로젝트

No.21 김경희 글 | 홍종남 기획

교사에게는
제자가 있다

No.22 엄주하 글 | 홍종남 기획

학교 속의 힐링캠프,
보건교사 사용설명서

No.23 권경희 · 노미향 글

교육연극, 프로젝트 수
업을 만나다

No.24 박재찬 글 | 홍종남 기획

학생참여수업, 배움을
디자인하다

No.25 최현정 글 | 홍종남 기획

발칙한 성교육,
학교를 품다

No.26 김동렬 글 | 홍종남 기획

교사 20년,
배움을 디자인하다

No.27 부재율 · 정민수 글

교육평가 콘서트,
배움을 디자인하다

No.28 이경원 글 | 홍종남 기획

학급의 탄생

No.29 신지승 글 | 홍종남 기획

교육과정 문해력,
교사 전문성을 완성하다

No.30 최우연 글 | 홍종남 기획

학생중심수업,
교육과정을 디자인하다

No.31 강하은 글 | 홍종남 기획

나는 1년 차 교사입니다

No.32 표혜빈 글 | 홍종남 기획

학생참여수업,
수업 생동감을 만나다

No.33 조욱 글 | 홍종남 기획

교사에게
철학이 필요한 순간

No.34 김경훈 글 | 홍종남 기획

슬로리딩수업,
토의토론을 만나다

No.35 정민수 · 홍근하 글

나는 선생님이
처음입니다

김희 글

든 것,
다

행복한미래

함께하는 교육, 100년의 약속